改訂版

安心と自信を手に入れる!

Business manners

ビジネスマナー講座

フリーアナウンサー・ビジネスマナー講師
田巻 華月

同文舘出版

改訂版に寄せて

――なぜ、ビジネスマナーを身につけるのか――

多くのビジネスマナー本があるなかで、拙著を手に取っていただきありがとうございます。本書初版は、全国の大学や専門学校、高校などで教科書に採用していただき、さまざまな企業でも研修にご活用いただいております。そしてこのたび、その改訂版として本書を出版できたことに心から感謝申し上げます。

授業や企業研修で、「なぜビジネスマナーを学び、身につけたいのですか」と質問すると、いろいろな理由が返ってきます。そのなかに必ず「恥をかきたくないから」という答えがあります。確かに誰でも恥はかきたくないでしょう。恥をかく回数は少ないに越したことはありません。しかし、どれだけ学んでも、社会に出ると教科書どおりにはいかないことが多いものです。そもそも、「恥をかきたくない」という“自分のため”の前に、まずは、マナーは相手への「思いやり」であることを心に刻むことです。では「思いやり」とは何でしょう。それは相手に対しての「優しさ」です。人を思いやる「優しさ」があってこそ、よい人間関係が生まれます。よい人間関係を保ち、お互いが気持ちよく仕事をするためにマナーは欠かせません。相手を思う気持ちを、行動や言葉にして届けます。

たまには恥もかき、臨機応変に対応しながら覚えていくこともあります。経験が師です。そして臨機応変に対応するには、基準となるビジネスマナーの知識が必要です。しかし、定番のマナーを守るだけでは人の心に響かないこともあります。例えば、挨拶やお辞儀の仕方も業界によって違います。丁寧な言葉遣いとお辞儀の角度まで気を配るおもてなしが必要な現場もあれば、元気で明るいことが一番である現場もあります。何が一番よい対応なのか、それを考えること自体が相手に対する思いやり、優しさ、気遣い、いわゆるマナーだと考えます。

「現場の声」や「こんなときは?」「Goodマナー」「check」「column」などもさらに追加しましたので参考になさってください。今後ますます多様化するであろうビジネスシーンに、臨機応変に対応するための一助となることを願います。

はじめに

「どう働くか」は「どう生きるか」——自分自身がブランド——

はじめまして。田巻華月と申します。地方テレビ局にアナウンサーとして入社し16年経験を積んだ後、同社で社長秘書を務めました。秘書として異動した当初は、アナウンサーとして言葉のプロであっても、ビジネスマナーを知らないばかりにそれを生かしきれず、自分の言動が本当にこれでいいのか不安でたまらなかったことを思い出します。その後、秘書検定1級やサービス接遇検定1級などを取得し、小さな自信を少しずつ積み重ねていきました。現在はフリーアナウンサーとして活動しながら、同検定面接試験の審査員を務め、大学でビジネスマナーを教える立場にいます。

ビジネスマナーとは、仕事をするうえでのルールや礼儀で、根底にあるものは「相手を思いやる心」です。

働き方改革、新しい生活様式、私たちを取り巻く環境は目まぐるしく変化しています。それに伴い、テレワークやオンライン会議も定着し、ビジネスシーンは今後ますます変化していくでしょう。働き方が多様化している現代では、お互いの環境を想像できない場合があるかもしれません。違いがあるなかで、さまざまな人と関わりながら仕事を進めていくことになります。

しかし、一定のルールを理解していれば、お互いに気持ちよくビジネスを進めることができます。そのためにビジネスマナーは必要なのです。

また、多様な価値観を持つ人が互いに敬意を払いながら仕事をしていくためにも必要不可欠です。

ビジネスマナーを身につければ、常識がある人だと好印象を持たれ、良好な人間関係を築くことができ、信頼を得て仕事もスムーズに進められます。ビジネスマナーは必ず自分を助けてくれる武器になるのです。

ところが、ビジネスの現場は、教科書どおりにはいきません。

相手と場面、自分の立場を踏まえて、自分ができる「今、一番よい対応」を導き出さなければなりません。答えは一つではありません。状況によって対応を変えるということです。

しかし、経験が浅いと、どれが正解なのか、なかなか答えを出せません。だからこそ、まずは型から入ります。お辞儀や言葉遣い、さまざまなビジネスマナーの基本の形式や型から入ることで、心が耕されます。心が耕され磨かれると、さらに型が身につきます。定番である基本と時代と共に変わるマナーを知ることで自信を持ち、安心して仕事に取り組むことができるでしょう。

一番大切なのは、基本に沿いながら、相手にどのように接すればいいのかを臨機応変に自ら考え、自分の型を創り上げることです。その対応こそが相手を思いやっているマナーです。

これまで多くの学生や社会人の皆様と接してきましたが、「本当にこれでいいのか不安」「自信がない」という声が多く聞かれました。そこで本書では、その不安を少しでも取り除き、自信を持っていただくために、「安心と自信を手に入れる！」をテーマに、これまで多かった質問や現場の声を交えてお伝えします。また、言葉のプロとして、相手を思いやり、その場面で生きる言葉遣いもご紹介します。

働くことは、人としてどう生きるかにつながります。ビジネスマナーに磨きをかけることは、人間力を磨くことになるでしょう。本書がきっとあなたを応援し、助けてくれるはずです。自分自身がブランドになるためにも、本書を手に取ってくださった皆様が「安心」を手にし、「自信」を持って自分の道を進まれることを願います。

フリーアナウンサー・ビジネスマナー講師　田巻 華月

安心と自信を手に入れる！　**改訂版　ビジネスマナー講座**　目次

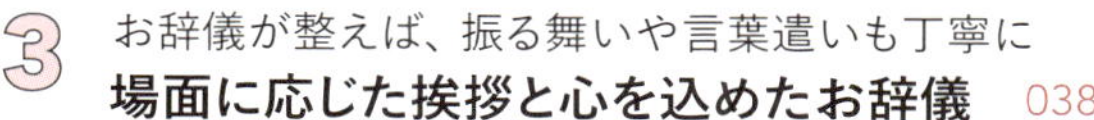

第2章 言葉遣いでビジネスを成功させる！ 敬語・接遇用語の基本

第3章 言葉遣いは心遣い　言葉を磨く会話術
ワンランクアップの言葉遣い・話し方

第4章 声と言葉遣いが印象を左右する 電話応対

第5章 もう迷わない！ ご案内・席次・名刺交換 来客応対と訪問

第6章 第一印象は会う前から決まる！ ビジネス文書
──社内文書・社外文書・郵便の知識・FAX・メール・SNS──

第章　問われる大人のマナー　おつき合い・冠婚葬祭・食事

第章 会社はチーム
コミュニケーションの重要性とモチベーションアップ

カバーデザイン　池田香奈子
本文デザイン・DTP　マーリンクレイン
カバー・本文イラスト　pai

プロローグ

これで安心!

社会人としての基本

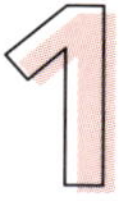

常に自問自答してみよう

働くことの意味

なぜ、何のために働くのか

皆さんは、なぜ、何のために働くのでしょう。

働いて対価を得ることは生きていくために必要なことです。家族を養うためという答えもあるでしょう。やりがいや自己実現のためと答える人もいます。人によってさまざまな考え方があるはずです。就活生、新入社員、慣れてきた3年目頃、後輩指導をする立場、管理職、転職者、それぞれの立場や年齢で考えも違うでしょう。

人生の節目や行き詰まったときだけでなく、順調なときにも考えていただきたいのです。**働くことへの意欲や目的意識の有無が、社会人としての成長を大きく左右するからです**。何のために働くのかという問いに、**正解はありません**。それぞれが働きながら考えていくことなのかもしれません。

人のために働いた結果が、実は自分のためにもなる

働くのは食べていくため。これは自分のためです。それだけではなく、世の中のため、人のために働くという考え方もあります。自分が働いたことで人が幸せになることに喜びを感じる人も多いでしょう。

働いて得た賃金で家族を楽にすることも「傍（はた）楽（らく）」ことで、地域や弱者のために動き、何らかの負担を軽くして楽にしてあげるのも「働く」ということです。**「人」が「人」のために動くことが「働く」ことの真意でしょう。**

「働く」の意味

「人が動く」＝労働する

傍（はた）を楽（らく）にする。傍（他者）の負担を軽くし、楽にしてあげること。

お客様、周囲の人、家族の役に立てるよう、喜んでもらえるよう、人のために時間を使い労働をすると、結果、それは対価ややりがいとして自分のためにもなっているのです。収入というリターンだけでなく、社会人としての成長が得られるでしょう。

「働く」ことは、決して楽しくうれしいことばかりではありません。乗り越えなければならない試練もあるでしょう。**なぜ、何のために働くのか自問自答することが、今の自分の仕事に向き合うこととなり、モチベーションアップにつながるかもしれません。**

「すべきこと」「できること」「したいこと」

組織のなかで働く場合、入社1年目は周囲も温かく見守ってくれるでしょう。2年目以降は利益に貢献できるように基礎固めの時期に入ります。会社に勤める社員は、利益を上げることを目的として業務に取り組むことになります。その会社の期待に応えるためにどのように考え行動するでしょうか。自分の能力に自信がある人は、最初から即戦力になるために精力的に働き、結果を出そうと考えるかもしれません。

では、その組織で「したいこと」は何ですか。採用試験の質問にもよくあるように、この会社で「こんな仕事をしたい」と志高く希望に溢れることは前向きで素晴らしいことです。しかし、**したいことをさせてもらうためには、周囲に認められ、納得させるだけの実力をつける必要があります。**

自社製品の知識を身につけたり、顧客と折衝するためのコミュニケーション力やビジネスマナーを身につけること、いわゆる**仕事の基礎力を養うことが最初にすべきことです。まずは、「すべきこと」を「する」のです。**簡単なことでも毎日のルーティンワークにしっかり取り組むことで、実力がついていきます。そうすることで、**「できること」が増えていくでしょう。**小さな仕事や簡単なことでも、一つひとつ真剣に取り組むことで、周囲から信頼されるようになり、**「したいこと」に近づいていきます。**

「すべきこと」にしっかり取り組み、「できること」がどんどん増えると、「したいこと」に挑戦することができるのです。

この三つの順番を間違えないようにしましょう。**「すべきこと」をせず、「できること」があまりないのに、「したいこと」ができるようには決してなりません。**

ビジネスマナーはなぜ必要か

仕事をうまく進める秘訣

互いに敬意を払いながら仕事をしていくために必要不可欠

名刺交換の仕方や電話応対の言葉遣いなどを、なぜ学ぶ必要があるのでしょう。自分に自信を持ち仕事に生かせるのは言うまでもありません。マナーを身につけることで、上司や同僚、仕事関係者やお客様から、「仕事を安心して任せられる人」「きちんとした人」「一緒に仕事がしたい人」と思われたいのではないでしょうか。

働き方が多様化する現代は、お互いの環境を想像できない場合もあるでしょう。違いがあるなかで、さまざまな人と関わりながら仕事を進めていかなければなりません。しかし、**一定のルールを理解していれば、お互いに気持ちよくビジネスを進めることができます。**そのためにビジネスマナーは必要です。**多様な価値観を持つ人が互いに敬意を払いながら仕事をしていくために必要不可欠なものです。**

ビジネスマナーとは、仕事をするうえでのルールや礼儀で、**根底にあるものは「相手を思いやる心」です。**自分が働いたことで、人が喜ぶ、人が豊か

こんなときは？

Q. 介護士として働いています。デイサービスを利用する高齢者の介護が主な仕事で、外部の方と接する機会もありません。それでも、ビジネスマナーは必要なのでしょうか。

A. 介護士さんであれば、デイサービスなどで毎日接する高齢者の方は、そもそも外部の方で、いわばお客様です。そのご家族も同様です。施設に出入りする関係者もいらっしゃるでしょう。また、電話での問い合わせに対応することもあるでしょう。施設で働く職員以外はすべて外部の方であるという意識を持つことが必要です。また、職員同士でもお互いが気持ちよく働くためにビジネスマナーは役立ちます。

になる、人が便利になる、人が楽になる……。その結果、働いている多くの人たちは、毎日、たくさんの人からお礼を言われたり、褒められることもあります。しかし、仕事の中身は立派でも、その進め方が上手ではないために周囲の人から認められない人も多くいます。

この**「仕事をうまく進める秘訣」**がビジネスマナーです。ビジネスマナーを身につければ、**常識がある人だと好印象を持たれ、良好な人間関係を築くことができ、信頼を得て仕事もスムーズに進められます。**

そのすべてが**いい仕事につながり、その積み重ねがよい人間関係を生み、業績にも影響します。**ビジネスマナーがあるかないかが、仕事全体の評価にもつながるのです。

また、**マナーの知識があれば相手のマナーのよさもわかりますが、知らなければ気づかないこともあるでしょう。**

ビジネスマナーは相手中心に考えますが、それは必ず自分のこととして返ってきます。**マナーは相手のためですが、マナーのスキルを身につけることは自分のためでもあるのです。**

ビジネスマナーはなぜ必要か

お互いに気持ちよくビジネスを進めるため

相手（会社等）に

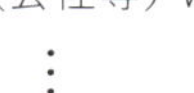

- 不愉快な思いをさせず、一緒に仕事をする
- 好感を持っていただく
- 快く仕事を引き受けていただき、または依頼していただく
- 心地よく仕事をしていただく
- 信頼していただく

ビジネスマナーを身につければ、仕事はうまく進む！

おはようございます。

ビジネスマナーの効果

①自分を助け、守ってくれる武器

マナーがきちんとしていると、社内であれば、何か困ったことが起きた場合もサポートしてもらいやすくなる。取引先との人間関係も良好に築くことができる。

②人間関係を円滑にする

仕事は、**一人でできるものではなく、また、一人でするものでもない。**仕事は人との関わりのなかでコミュニケーションを取りながら進めていくもの。さまざまな人との連携を取るために、その**潤滑油**となるのがビジネスマナー。

③仕事がスムーズに進む

ビジネスでは初対面の人も多く、**心地よく感じていただくポイントの判断が難しい場合もある。**そこで武器になるのがビジネスマナー。相手は気遣いをされていると感じ、仕事もスムーズに進む。

④ミスを防ぎ、効率が上がる

コミュニケーションが図られ、意思疎通ができていると、互いの思い込みや確認不足によるミスが減り、効率も上がる。

□ ビジネスマナーの効果

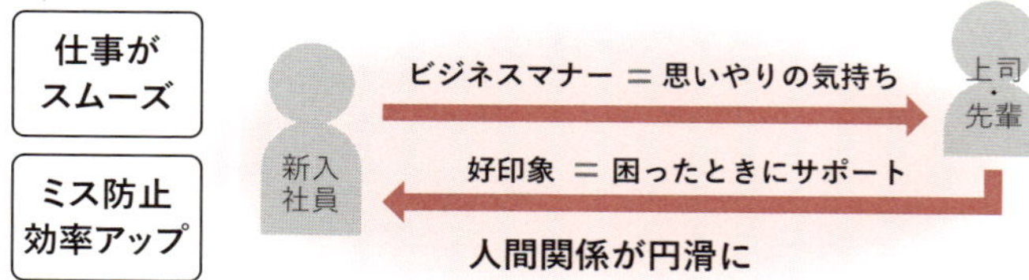

現場の声

勤務先のコピー機のリース期限が迫ってきたので、何社かに見積もりを取った。今までと同じA社で契約するつもりだったが、結局新しく契約したのはB社。金額的にはほとんど変わらず、決め手となったのは、窓口となったそれぞれの営業社員。A社は悪い人ではないが、電話をすると言ったのにこなかったり、ボロボロの手帳を使っていてルーズな印象。また、社内で情報共有がされていない様子が垣間見えた。B社は細かい疑問点にも丁寧に答えてくれ、身だしなみにも清潔感があり、真摯な態度に好感が持てた。何かあったときにすぐ対応してくれそうだということでB社に決定した。

（事務職 30代）

本質を理解しよう

「ルール」「モラル」「マナー」の違い

意味と違いを理解し、マナーを学ぼう

●ルールとは「規則」

必ず守らなければならない決まり事。法律はもちろんだが、会社の就業規則や仕事上の細かい決まり事も。守らない場合は罰則もある。

●モラルとは「道徳・倫理」

普遍的なもので、常に人として正しい行動を取るための意識。自分の良心によって、善を行い悪を行わないこと。例えば、人が見ていなくてもゴミやタバコのポイ捨てをしないなどの意識。電車内で高齢者や体が不自由な方、妊婦さんなどが目の前に立っていても席を譲らないのは、「モラルがない、低い」ということになる。人柄が疑われたり、評判も悪くなる。

●マナーとは「礼儀・礼儀作法」

相手への「思いやり」の気持ち。相手や周囲の人に不愉快な思いをさせないための**気遣いや心配りのスキルであり、相手に嫌な思いをさせない最低限のルール**と言える。相手や状況により変わり、態度や言葉遣いに注意するなど、臨機応変な対応が必要。

モラルとマナーは土台　マインドにも影響する

モラルとマナーは切っても切り離せない関係にあります。この二つには罰則はありませんが、だからこそ重要なのです。**モラルとマナーのどちらか一方でも欠けると人間性を疑われ、信用もされないことになります。どちらが欠けてもゼロになるのです。**

モラルがなければ、ルールを守るべきという考えにも至りません。ビジネスマナーは、仕事上で必要なルールとマナーなので、プロ意識につながる心の持ち方、マインドにも影響します。

想像力を働かせよう

マナーは相手や周囲への「思いやり」

例えばこんなマナー

マナーで一番忘れてはならないのは、「相手」がいるということです。**マナーは相手や周囲への「思いやり」です。**では「思いやり」とは何でしょう。それは相手に対しての**「優しさ」**です。

こんな言動をすると相手や周囲がこう思うのではないかという**想像力も大きな手助け**となるでしょう。過去の経験を生かした**先を読む力**も影響します。相手の立場を考え、他者への想像力を働かせることは、社会人としての常識です。例えば下記のような場面があるでしょう。

明るく大きな声で挨拶をするのは社会人として大切なこと。しかし、近くに電話中の人がいたり、打ち合わせをしている人がいる場合は、声のトーンを落とす配慮も必要。

接客業には丁寧さが必要だが、駅の売店など急いでいるお客様には迅速さのほうが求められる。

タクシーの上座は、運転席の後ろの席。しかし、足が悪い人に奥の席をすすめるよりも、本来は下座でも開閉ドアから近い席のほうが便利。

自分の型を創り上げる　臨機応変な対応こそマナー

ビジネスマナーは、「これが絶対に正解！」というものばかりではありません。時代やシチュエーション、年齢などによっても変わります。相手が嫌な思いをしないのであれば、どれも正解です。しかし経験が浅いと、どれが正解なのか、なかなか答えを出せません。**だからこそ、まずは型から入ります。**お辞儀や言葉遣い、さまざまなビジネスマナーの基本の形式、型から入ることで、心が耕されます。心が磨かれると、さらに型が身につきます。

基本のスキルと時代と共に変わる最新のマナーを知れば、自信を持って仕事に取り組むことができるでしょう。

一番大切なのは、基本に沿いながら、相手にどのように接すればいいのかを臨機応変に自ら考え、自分の型を創り上げることなのです。その対応こそが相手を思いやっているマナーです。

ビジネスの現場は、**教科書どおりにはいきません。相手と場面、自分の立場を踏まえて、自分ができる「今一番よい対応」を導き出さなければなりません。答えは一つではありません。**「マナーは思いやり」を念頭に、まずは基本の型を身につけ、さらに自ら考えて自分の型を創り上げ、自信を持って仕事に取り組みましょう。

check

多少言葉遣いが間違っていても、表情や態度で補えます。型だけにとらわれていては、表面だけをきれいに取り繕ったメッキにすぎません。心がない形だけのマナーは虚しいものです。

言葉遣いは丁寧でも表情は？
心はある？

先日作成していただいた資料を
拝読いたしました。
ご多忙のところご対応いただき、
御礼申し上げます。
御社のA案で進めさせて
いただきたく存じます。

自己管理・時間管理・働く姿勢

社会人としての心構え 自覚と責任

「学生」と「社会人」の違い

①学生時代にアルバイトで対価を得た経験は貴重だが、学生の本分は勉強。社会人の責務は働いて対価を得ること。

②学生は基本的に個人の責任だけで行動しても支障はない。社会人になると、組織に所属する場合、その組織の信用やイメージに影響を与える立場になる。

③学生の人間関係は、ある程度限定されている。しかし、社会人のその範囲は、社内外で幅広い。初めての人間関係のなかで、適切にコミュニケーションを取っていかなくてはならない。

□ **学生と社会人の違い**

学生

- 自分のために授業料を払って学ぶ＝勉強が目的
- 個人の責任で行動
- 人間関係の範囲は限定的

社会人

- 働いて対価を得る
- 組織の信用やイメージを負う
- 社内外に幅広い人間関係

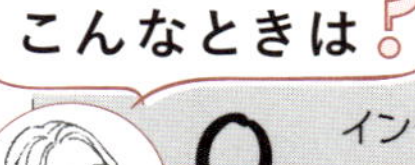

Q. インターンシップで企業へ行く際、「服装は、ワイシャツと長ズボンにしてください」と会社側から指定されました。仕事内容は主にパソコンの入力のみ。それでも、服装がそんなに重要ですか？　Tシャツではダメなのでしょうか。

A. インターンシップとは、企業が学生の皆さんに就業体験の場と機会を提供する制度です。就業体験なので、「働く」ことを体験するいい機会です。社会人にとって服装に気を配ることは当り前で、身なりを整えること自体が社会人として働くことの経験になります。仕事内容で勝手に服装を決めるのではなく、会社側から指定された場合はそれに従いましょう。

自己管理の基本

社会人になったら、身につけなければならないことは山積しています。業務上必要となる専門知識や技能はもちろんですが、業界や会社独自のルールもあり、まずはそれらに慣れることが求められます。

実際の仕事ではさまざまなケースに直面しますが、臨機応変に対応できてこそ「デキる」社会人です。

しかし、**仕事だけできればいいというわけではありません。**どんなに仕事ができる優秀な人でも、休みや遅刻が多ければ仕事関係者に迷惑をかけ、信用をなくしてしまいます。そのためにも、まずは自己管理の基本を確認しましょう。

①健康管理

健康管理も仕事のうち。基本は、規則正しい生活。暴飲暴食や寝不足などで体調や生活のリズムを崩したり、ストレスにより精神的に不安定になると仕事にも影響が出る。疲れた顔ややる気のない態度で仕事をしていると、周囲の人を不愉快にさせるばかりでなく、余計な気を使わせてしまう。

②時間管理（詳しくは次項）

①時間を守る

②時間を有効に使う

③時間当たりの作業効率を上げる

③金銭管理

収入と支出、貯蓄をバランスよく配分し、きちんと管理する金銭感覚が求められる。さらに職場における金銭の取り扱いは、より厳重に管理しなければならない。

④感情のコントロール

好き嫌いに左右されないよう、うまく感情をコントロールし、誰とでも仕事ができる協調性が求められる。取引先やお客様から苦情を受けることもあるが、相手が感情的に話してきても、冷静に対処するなど感情のコントロールも重要。

また、プライベートで起きた不安定な感情を仕事に持ち込めば、周囲の人も気を使い、仕事以前の問題に。日頃から自分で自分の機嫌を取るためにはどうすればいいのかを知っておき、感情のコントロールを心がける。

時間管理の重要性

①時間を守ることの意義

- 始業時刻は仕事を始める時刻で、そのための準備にかかる時間などを予測して早めに出社することを心がける
- 電車遅延などやむを得ない理由の場合は、遅れることがわかった時点で必ず連絡する
- 仕事のアポイントの際は、約束の10分前には到着し、身だしなみを整え、携帯電話をマナーモードにするなど面会に備える
- 社内会議だからと、甘えや油断で開始時刻に遅れるのは厳禁。全員が揃わなければ始められない会議もあるため、接客や電話などで遅れる場合はあらかじめ連絡する

②時間を有効に使う

ビジネスの世界では、その人の時間管理の技量が問われる。1日に与えられた時間はすべての人が同じでも、いかに工夫して時間を有効に活用するかが大切。

③時間当たりの作業効率を上げる

時間当たりの作業効率は人によって異なる。指示されたパソコンの文書作成で、1時間に10枚作成できる社員と、20枚作成できる社員とでは、時間当たりの作業効率が違うということ。もちろん、「速い」だけではなく、そこには「正確」で「丁寧」であることも求められる。常に時間当たりの作業効率を考え、手際よく仕事を処理することに努力を惜しまない姿勢が大切。

check

約束した時刻に遅れる=約束した相手の時間を無駄にすること

社員の給料などが時間を基準として計算されるように、ビジネスの世界でも「時は金なり」、時間はお金と同じくらい大事なもので、金銭に換算されます。例えば、30分遅れることは、相手の労働時間30分に相当する金額の損をさせたことになるのです。20人が参加する社内会議で、30分遅刻してスタートを遅らせてしまったなら、10時間分の損失を会社に与えることと同じです。それは社員一人の1日分以上の金額の損失に相当します。

check

早すぎるのもNG

約束の時刻より早すぎるのもマナー違反です。約束した相手は、その時間に合わせてスケジュールを組み、準備をしています。相手の都合を考えずに押しかけるのは相手の時間を奪うことになります。直前になって、約束した時刻より15分以上早めたい場合は、可能かどうかを事前に連絡しましょう。

check

メモを取る重要性

一度聞いたことを忘れてもう一度聞くなど、相手に余計な手間を取らせてしまうことは、相手の時間を無駄にするということです。メモも取らず、ただ忘れたから教えてほしいという甘い考えは通用しません。

こんなときは?

Q. **体調が悪くて休むときには、親に連絡してもらってもいいですか。**

A. 電話もかけられないほどの重症となれば、家族からでも、まずは会社に連絡することが重要です。しかし、基本は自分で連絡します。また、「休んでもいいですか」と許可をもらう言い方が大切です。休みを許可するのは上司であることを忘れてはいけません。さらに大事なのは、休みから復帰したときです。上司や同僚など迷惑をかけた人に、急な体調不良で休んだことをお詫びすると共に、回復したこともきちんと報告しましょう。

組織人としての心得　部下力は補佐能力

職場には、役職による上下関係や、年齢・経験による先輩・後輩、また中途採用も珍しくない昨今は、年齢に関係ない社歴による上下関係もあります。そうした上下関係のなかで、**下の人が上の人を「補佐する」**ことによって仕事が成り立っています。

部下の適切な補佐は、上司の業績向上に寄与することになり、間接的に企業の業績に貢献していることになります。“**部下力**”は、上司の有能な補佐役として組織に必要な**補佐能力**です。

人に頼られて補佐業務をするには、さまざまな視野が求められます。それを自覚すれば、社内、社外の人との関わりのなかで自分を客観的に見ることができるようになるでしょう。それによりヒューマンスキル、自分自身が磨かれ、さらに自信がつき、人としての魅力も増すでしょう。

仕事に取り組む姿勢

①会社全体を把握する

関係部門はもちろん、他部署の仕事にも関心を持つ。会社の歴史や自社製品についても、ある程度の知識を持つことは常識。

②仕事の流れを理解する

会社全体の仕事の流れを知ったうえで自分の仕事を把握する。自分の都合だけでなく、上司や同僚の仕事の流れや行動を理解し、次の展開を推測することが必要。所属部署やチームの仕事のスケジュールを頭に入れ、全体的な流れを考えて仕事を進める。

③上司の了承を得ることが原則

定型業務は上司と事前に打ち合わせのうえで進めているので、上司の指示を待たずに自分の判断で行ってよい。しかし、判断がつかない場合は上司に相談する。クレームなどの予期せぬ事態が起きたときは、必ず上司の指示や判断を仰ぎ、了承を得ることが原則。

④優先順位と作業効率を考える

個々の仕事のつながりを考え、優先順位を間違えないように計画を立てる。優先順位は、緊急性や重要性を考慮して決め、迷ったときや複数の仕事の指示を受けたときは、上司に判断を仰ぐ。

⑤仕事を指示されたら必ず期限を聞き、時間配分を考える

「急がなくてもいい」と言われたときでも、人によって感覚は違うため、大体の期限を聞くようにする。

⑥ルーティンワークで効率化

ルーティンワークとは、毎日、あるいは週や月に必ずしなければならない作業のこと。「決まりきった仕事、繰り返し、習慣」の作業だが、仕事を効率的に行うためにはとても重要。習慣化することでミスや漏れがなくなり、熟練度が増して作業スピードが上がるというメリットがある。また、今までルーティンワークと認識していなかった作業をルーティン化することで、効率化を実現することができる。

□ 一週間のルーティンタスクを立てる

	MON	TUE	WED	THU	FRY
AM	郵便確認	請求書確認	月末締め準備		切手・印紙補充
PM	チームの予定確認			経費忘れ呼びかけ	小口精算の集計

⑦向上心を持ち、常にアップデートする

パソコンやOA機器をはじめ、自分の知識や技術を、常に新しいもの、より高度なものにアップデートしていく向上心を持つ。また、困難な仕事や未経験の仕事を指示されたときも、挑戦する勇気を持つことが大事。克服して仕事を成し遂げたら、その経験が大きな自信に変わる。「現状維持」では発展はない。

⑧職務範囲と越権行為

上司や先輩社員の補佐をすることも仕事の一つだが、自分の職務範囲と職責を心得ることは大切。上司や先輩社員に指示めいたことを言ったり、来客に対して上司と同等の権利があるように振る舞うことも、**定められた範囲を超えて出過ぎた行為である越権行為**となる。

⑨法の順守

企業の不祥事に対して、社会の目は大変厳しいものがある。コンプライアンスの徹底はもちろんだが、その前に個人として法を守ることは当り前。

⑩機密を守る

企業の機密を守るのは、社員の義務。機密を守り切ること自体が「信頼のおける社員」という評価にもつながる。例えば、次のようなこと。

- 社内外問わず機密事項について聞かれたら、たとえ知っている場合でも、「知る立場にない」ときっぱりと言う
- 家庭内や電車内、タクシーの車内でも注意を払い、仕事上の話は控える
- 保管から廃棄まで、機密書類の取り扱いには細心の注意を払う
- 上司や同僚、仕事関係で知り得た個人の情報は口外しない

⑪コミュニケーション力（第８章参照）

どんな職種でも、人との関わりなしに仕事はできない。周囲と積極的にコミュニケーションを取り、情報を共有することは仕事を成功させる秘訣。

⑫身だしなみと印象（第１章参照）

身だしなみを整えることは、相手への気遣い、思いやりの表れ。第一印象は、その人はもちろん、所属する会社のイメージも左右する。組織の代表であるという意識を持つ。

⑬公私を区別する

仕事とプライベートをきっちりと分け、けじめをつける。

ビジネスコミュニケーションの基本

ホウ・レン・ソウ「報告・連絡・相談」＋「確認」

「報告・連絡・相談」＋「確認」は、ビジネス成功の秘訣

「報告・連絡・相談」略して「ホウ・レン・ソウ」は、組織で仕事を進めるうえでとても重要です。報告が遅れる、連絡が行き違う、相談せずに独断で動くなどの行為はチームワークを乱すだけでなく、重大なトラブルを招くことになりかねません。また、**それぞれに「確認」をプラスする**ことで、ミスを防ぎ、社会人として一歩リードすることができます。「報・連・相・確」は仕事での大事なコミュニケーションです。

上司はもちろん、同じ仕事に携わる同僚やお客様、取引先などへ**「報・連・相・確」が的確にできる人は「安心して仕事が任せられる人」「有能な人」として評価されます。**お客様から見ても「報・連・相・確」が行き届いている会社は、「信用できる会社」として評価されます。

「報告」のコツ　マイナスな情報ほど早く伝える

上司、先輩から指示された事に対しては、その経過や結果を伝えます。自分がつかんだ情報や告げる必要があると感じた用件も報告します。しかし、仕事に慣れるまではどんな情報が重要で、誰にどこまで知らせるべきか判断がつかない場合もあるでしょう。迷ったら上司や先輩に相談することはもちろんですが、日頃から周囲と気軽に情報交換をして、どの情報を誰に伝えるべきかを学んでいきましょう。**特に自分や会社側にマイナスな情報ほど早く伝えることが重要です。**

例
- 指示された仕事が完了
- 仕事の進捗状況
- 仕事の進め方の変更
- ミスやトラブル発生時　など

□報告のポイント

聞かれる前に報告	指示された仕事は、聞かれる前に自分からまめに報告するのがデキる社員。順調でも、問題ない旨を報告。指示された業務の5割、また、一日の終わりなど区切りのいいところで、中間報告を怠らない。
報告内容を整理	進捗状況や今後の見通しなどを簡潔にまとめて伝える。
相手の都合を聞く	「今、お時間よろしいでしょうか」などと声をかけ、相手の都合を聞いてから話す。
結論から手短に述べる	まわりくどい言い方をすると、肝心なことが伝えられない。
結論に至った理由は事実を報告	自分の意見や憶測ではなく、結論に至った事実を簡潔に。
自分の考えは最後に	自分の意見がある場合は最後に話し、相手の意見を聞く。

悪い報告ほど、早く！ 正直に！ 正確に！

自分のミスを叱られたくないばかりに後まわしにすると、後々、重大な問題に発展しかねません。時間が経てば経つほど言いづらく、打つ手も少なくなります。対応が早ければ、損失を最小限に抑えられます。

メモを取る習慣

覚えられると思っていても、時間が経つと記憶が曖昧になることも。「言った」「聞いていない」などのトラブルを回避するためにも、文字に残しておくことは重要です。

現場の声

感じがよく、仕事にも一生懸命な他部署の後輩は、なぜかまわりからの評価がイマイチ。どうやら「報・連・相」ができないために迷惑を被っている人が多数いるらしい。残念なことに本人はまったく気づいていない。「小さなことでもそれが続くと信用をなくし、信頼されなくなってしまうのは残念だ」と上司も嘆いていた。　（事務職　40代）

「連絡」のコツ　常にコミュニケーションを取って円滑に

上司を含め、業務に関連する部署や取引先などと情報を共有します。

例
- 朝礼での伝達事項
- 打ち合わせの日時
- 仕事内容の変更
- 会議の議事録や決定事項
- 出張の行き先や連絡先
- 電話を受けたときの伝言メモ
- 社内イベント　など

□ **連絡のポイント**

密な情報共有	**文字に残す意味でメールで共有する場合、同じ部署内であれば、口頭でメールを送った旨を伝える**など、常にコミュニケーションを取ることも仕事を円滑に進めるコツ。
理解してから伝える	右から左へ情報を流すだけでは意味がない。不明な点があれば確認し理解することで、相手にも伝わりやすくなる。
情報をゆがめず、正確に	自分の解釈や意見を加えることなく、ゆがめずに正確に事実を伝える。

check

連絡するときのチェックポイント

①状況を判断して連絡!
対象・内容・緊急度・重要度は?
②連絡方法は?　口頭・メモ・電話・メール・FAX・文書、確実に相手に伝えられる方法を選ぶ。
③連絡相手は一人か、多数の関係者に連絡するべきか。

「相談」のコツ　自分なりの答えや対策を用意

業務上、どうするべきか判断に迷ったときなどは、上司や先輩、同僚に参考意見やヒント、アドバイスをもらいます。**自分なりの答えや対策を用意して相談すれば、相手も的確なアドバイスがしやすくなるでしょう。**仕事だけでなく、人間関係なども一人で悩まず、打ち明ける勇気を持ちましょう。

例
- 仕事の進め方
- 自分では判断できない場合
- お客様からのクレーム対応
- 仕事での行き詰まり
- 職場の人間関係　など

□ 相談のポイント

早目に相談	不安な点やミスが発生した場合は、上司に早めに相談。自己判断は禁物。
相談内容を整理	相談したいこと、事実関係、自分の考えを簡潔にまとめる。
都合を聞いたうえで相談する	「今、お時間よろしいでしょうか」など声をかけ、相手の都合を聞いてから話す。
些細なことや何でも相談するのはNG	業務関連で、自分では解決できそうもないことなどに限る。

「確認」のコツ

「ホウ・レン・ソウ」において、相手が言ったことを自分なりに解釈してしまうと、そこからその情報は間違った内容として伝わる可能性があります。**自分の解釈が間違っていないか、確認をしっかり行うことでミスが防げます。**

column 「プロ」とは？

今、どんなお仕事をされていますか。その仕事に誇りを持っていますか。その道の「プロ」ですか。

「プロとは何か？」と聞かれたら、どのように説明するでしょうか。

辞典には、「ある物事を職業として行い、それで生計を立てている人」とあります。「給料をもらっていれば、それがプロ」。辞典の説明では正解です。

日本の物流を支えるトラックドライバーに同じ質問をしてみました。ある人は、「自分が運んでいる荷物について把握し、預かった時と同じ状態でお客様に届けることができる人」と言いました。これから運ぶ荷物が壊れやすいものかなどを把握し、どう運べばいいかと考え、届けるまでのプロセスを考えられるのがプロというわけです。またある人は、「どんな状況でも、いつもどおりに安全に運べる人がプロ」と答えました。プライベートでイライラすることがあっても、忙しくて気持ちが焦っていても、雨天で路面状況が悪くても、どんなときでも、手を抜かずに同じ手順で運転をすることができる人ということです。

職種によって「プロの仕事」は具体的には違います。しかし、すべての職業に言えることは、どんな環境や状況においても、相手の期待を超える成果を出そうという心意気こそ、「プロ意識」ではないかと思うのです。

期待通りのサービスを提供すれば満足してもらえますが、それを下まわると不満になり、クレームも発生します。期待を上まわると感動していただき、ファンになってもらえるでしょう。「期待を超えなければ、仕事ではない」をスローガンに掲げている会社もあります。

華々しい仕事でなくても、自分の知識や技術を、相手の想像を超えるものとして提供できれば、プロなのです。そして、常に向上しようと思う心がけこそ「プロ意識」。プロであるという意識と誇りを持ち、仕事に向き合うことで成果が生まれ、周囲から「プロ」と呼ばれるようになるでしょう。

第　章

第1章

第一印象の重要性　一人ひとりが会社の顔

挨拶・振る舞い・身だしなみ

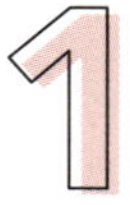

第一印象がビジネスを左右する

自分は会社の顔 代表であるという意識

ビジネスで求められる人柄の要素

一人ひとりの社員がお客様や仕事関係者から信用、信頼されることは、会社の業績に大きく影響します。社外の人は、あなたを通して、あなたが所属する組織を見ています。身だしなみや挨拶の仕方、態度や振る舞いなどから与える印象が、そのまま会社のイメージにつながっていることを忘れずに、**常に自分は「会社の顔」「代表」であり、見られている意識を持つことが必要です。**第一印象で「感じがいいな」と思っていただければ、その後の人間関係や仕事でのやり取りもスムーズに運ぶことが多いでしょう。

「人柄がよい人」とは、相手に「感じがいい」という印象を与えられる人のことです。「人柄」とは、その人に備わっている性質や品格で、「お人柄」や「人柄がよい」などと表現されます。ビジネスの場ではそれとは別の基準で求められる人柄もあり、採用試験の面接で人を選ぶ基準にもなっています。

さらに内面が磨かれると、それが身だしなみにも表れ、すべての人生経験やスキルなどが話す内容にも影響し、人格をもつくり上げると言っていいでしょう。

ビジネスで求められる人柄の要素

表情・態度・振る舞い・言葉遣い・話し方　など
これらが、きちんとしているか、丁寧か、好印象か
がポイント!

人柄の要素①　表情は相手のため　表情もマナー

感じがいい人の条件のトップは、**笑顔が素敵な人**です。

基本は、**「微笑みの表情」**です。つくり笑顔ではなく、自然な笑顔を心がけましょう。笑顔は顔全体で表すものですが、ポイントとなるのは目元と口角です。特に**目の印象**だけで、相手に笑顔であることは伝わります。口を開けて笑ったり、口を閉じて口角を上げても、目が笑っていなければ不自然な笑顔になってしまいます。つまり、目が笑わなければ好印象を与える表情にはならないのです。

笑顔は誰のためでしょうか。自分自身の気持ちにも影響を与える表情ですが、自分の笑顔で相手に警戒心がなくなり、話しやすく感じていただければ、お互い気持ちよく仕事ができるでしょう。**笑顔は相手のため**でもあるのです。

ただし、状況や話の内容に合わせて表情を変えることも大切です。相手の話を聞いているときは、態度はもちろんですが表情がとても大切だということです。つまり、**表情もマナー**と言えるでしょう。

check

人の話を真剣に真面目に聞いているつもりでも、相手から見ると、「無表情」「つまらなそう」「不機嫌」と取られることも。真面目に取り組むことはよいことですが、真面目な表情が誤解を与えることもあります。真面目に接しているつもりでも、相手に誠意が伝わらずマイナスイメージになるのは残念です。一度、動画撮影をして表情チェックをしてみるのもいいでしょう。

一番のメイクは笑顔

女性にとっては身だしなみの一つであるメイク。メイクをする男性も珍しくありません。社会人として人前に出るときは、その場に応じたメイクをすることがマナー。笑顔同様にメイクは相手のためとも言えます。しかし、テクニックとしていくらきれいなメイクで表面を飾っても、一番のメイクはやはり笑顔です。

check

感じのよい笑顔トレーニング

❶ 紙などで目から下を隠す

❷ 目が微笑むように目元を意識し、表情筋を動かす。口角も自然と上げる

❸ 感じのよい目の表情ができたら、紙をはずして表情をチェックする

（同僚などとペアになって、目だけで微笑みが表現できているか、お互いにチェックし合うのもいいでしょう）

特に医療関係などマスクをする職業の場合、目だけで好印象を与える表情をつくることは心ある接客につながります。

職種によって、または感染症対策などでマスクをする際もよい表情を心がけましょう。
ある実験によると、お互いがマスクをせずに話した場合の表情筋の動きを基準に、お互いがマスクをした場合の表情筋の動きを測定したところ、4分の1にまで減少したそうです。

人柄の要素②　態度・振る舞い──心は「しぐさ」に表れる──

態度や振る舞いがきちんとして丁寧であるかは感じのよさに影響します。**しぐさにはちょっとしたところにその人自身が出るもので、心があるかないかがわかります。**例えば、物の受け渡しで、ハサミの刃を人に向けて渡す人はいないと思いますが、こちらが両手で渡したものを片手で受け取られると、どんな気持ちになるでしょう。

座っていた椅子をテーブルの下に入れて席を離れることも、通路の邪魔にならない心配りです。鞄をテーブルの上に置いている人を見かけますが、それもマナー違反。鞄は床に置いたりトイレに持ち込んだりするので、衛生的に清潔とは言えません。小さなことの積み重ねが、「この人はきちんとした人」という評価につながります。

check

定番動作も好感度アップ!——書類を渡す・受け取る——
書類を大事に扱う気持ちと相手に対する敬意を表すために、文字の向きを相手が見やすい向きにして両手で渡す。受け取るときは胸の高さで両手で受け取ると丁寧な印象に。

人柄の要素③　言葉遣い・話し方

たった一言でも、人の心を温かくしたり、逆に傷つける凶器にもなります。同じ言葉でも、言い方や気持ちの入れ方で、与える印象は随分違うものです。

例えば、朝、「おはようございます」と目を見て笑顔で言われると気持ちいいものですが、下を向いてボソボソと言われると、あまり気持ちのいいものではありません。また、**聞こえない挨拶なら、していないのと一緒です。**挨拶はできているつもりの人でも、パソコンを打つなどの他のことをしながら、相手を見ずに声だけ発していないか注意しましょう。

これはNG

こんなしぐさは意外と気になる

- **パソコンのキーボードを打つ音が大きい**
  自分では気づいていない人が多く、仕事に集中するあまりキーボードを強く連打していることが。この音を気にする人は案外多いもの。新幹線や飛行機などの移動中に休みたい人に迷惑がかかる場合も。
- **ペンまわし**
  周囲からは落ち着きがない人に思われる。
- **貧乏ゆすり**
  落ち着きのない印象。視界に入ると気になる人もいる。
- **人を指でさす**
  批判したり、相手の立場を下に見ているということになり、失礼にあたる。
- **飲食時の咀嚼音**
  一緒に食事をする人に不快感を与え、マイナスイメージ。

相手に心を開いている意思表示

デキる社会人は挨拶上手

本当の挨拶とは？　挨拶は“先手必笑”

挨拶はコミュニケーションの始まり、人間関係の第一歩です。禅宗の言葉である**「一挨一拶（いちあい　いっさつ）」**が語源とされています。

自分から心を開き、先手で相手に近づいて心を開きましょう。挨拶は、**笑顔で先にしたもの勝ち！“先手必笑”です。**

しっかりと**相手に体を向けることもポイント**です。首だけ相手に向けて話していないでしょうか。立ち姿勢なら、つま先、膝、体を相手に向けると、**「あなたに心を向けています」**と言葉にしなくても態度で伝わります。通りすがりの会釈でも、一瞬立ち止まることでその人の人柄が垣間見られるものです。そこから想像を超える会話が生まれるかもしれません。

□ **挨拶とは**

禅宗の言葉が語源

一（いち）挨（あい）一（いっ）拶（さつ）

挨：
- 押す
- 迫る
- 心を開く

拶：
- 迫る
- 相手に近づく

相手に心を開いている意思表示

先手必笑

これはNG

こんな挨拶はイメージダウン

- 相手の目を見ない
- 何か他のことをしながらの「ながら挨拶」
- どのような場面でも「どうも」で済ませる
- ボソボソと聞こえない小さな声
- 無表情
- 相手の状況を考えない挨拶

□ 基本の挨拶　定番フレーズ

＊出社したとき
（一言添えるとコミュニケーションしやすくなる）

おはようございます。

きょうは寒いですね。

きょうもよろしくお願いいたします。

＊遅刻したとき

遅くなりました。申し訳ありません。

＊長い休暇明けに出社したとき

休暇中はいろいろご対応
いただき、ありがとうございました。

＊上司と飲みに行った翌日

昨夜は遅くまで
ありがとうございました。

＊打ち合わせなどで外出するとき

行ってまいります。

今から〇〇まで
打ち合わせに行ってまいります。

＊帰社したとき

ただいま戻りました。

＊外出先などから戻って来た人へ

お帰りなさいませ。

お疲れさまです。

お疲れさまでございます。

＊お昼休みを取るとき

お昼（食事）に行ってまいります。

＊報告などで上司に話しかけるとき

失礼いたします。
今、よろしいでしょうか。

＊来客を出迎える

いらっしゃいませ。

＊来客を見送る

本日はありがとうございました。
お気をつけてお帰りください。

＊初めて会う人に

はじめまして。鈴木と申します。
よろしくお願いいたします。

＊久しぶりに会う人に

ご無沙汰しております。

＊取引先への挨拶

いつもお世話になっております。

＊退社するとき

お先に失礼します。

＊退社する人を見送るとき

お疲れさまでした。

＊警備、清掃、宅配、運送等で社内に出入りする人へ

いつもありがとうございます。

助かります。

またよろしくお願いします。

お辞儀が整えば、振る舞いや言葉遣いも丁寧に

場面に応じた挨拶と心を込めたお辞儀

形には心が伴う

お辞儀は日本の伝統的な文化として、私たちの生活に根づいています。

「よろしくお願いいたします」「ありがとうございました」「申し訳ございません」。

さまざまな場面で、相手に対する気持ち、敬意がなければ、その場しのぎの形だけのお辞儀になり虚しいものです。本来は気持ちが形となって表れるのが理想ですが、誰もが最初からきれいできっちりした、しかも心まで伝わるお辞儀ができるわけではありません。**だからこそ、まずは型から入りましょう。**

お辞儀が整っていれば、そこから連動する態度や振る舞い、言葉遣いも、しっかり丁寧になります。

お辞儀とは

辞は「ことば」

儀は「作法に合った振る舞い・かたち」

正しい基本姿勢――立ち方――

背筋がぴんと伸びた立ち姿は、見ていて気持ちがいいものです。立つだけなら誰にでもできそうですが、実際は難しいもの。モデルのように美しく見せる必要はありません。ホテル、デパート、レストラン、ショールームなど、業種により多少異なるものの、見られている意識を持つことは共通です。**信頼していただく安定感を演出しましょう。**好感を持たれるお辞儀をするためにも、**お辞儀前の立ち姿が重要です。**立ち姿がだらしないと、正しいお辞儀もできません。

□ 基本の立ち姿

正面

横

手の重ね方

指先まで意識してしっかり揃えて伸ばし、
おへその下のあたりで重ねる
（親指を交差、または中に折るようにして
組む。男性はズボンの縫い目に指先を
沿わせてもOK）

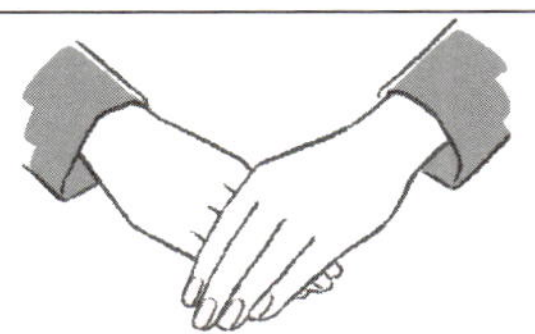

つま先

つま先は少し開いて
（男性は自然な外向きに）
安定させる

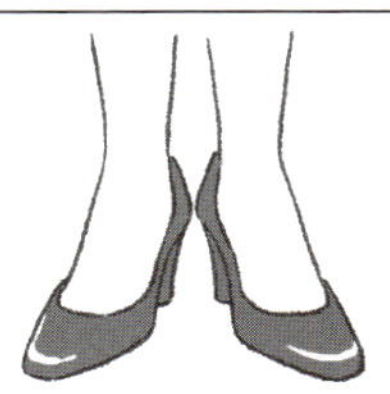

人の話を聞くときは前傾姿勢

前傾姿勢とは、人前で改まって話をするときの姿勢です。手は前に重ね、会釈をするときと同じくらいの角度で、体を前に傾けたままの姿勢のことです。相手の話を聞くときに関心を示すことになり、**棒立ちではなく前かがみになることで謙虚な印象を与えることができます。**

- 上司やお客様に接するときは、前傾姿勢で聞く
- 座っている上司に、立って業務の報告をするときは、前傾姿勢にすることで見下ろすことなく目線の高さを同じにでき、謙虚で誠実な印象になる
- 相手をしっかり見て、キョロキョロしないように注意

正しいお辞儀の仕方　ピタッと止まることがポイント

●分離礼（語先後礼（ごせんごれい））

言葉が先でその後にお辞儀をする丁寧なお辞儀。挨拶は相手に伝えるもので、目を見て言葉を発し、床や地面に向かって言うものではない。

●同時礼

言葉と同時に頭を下げる略式のお辞儀で、手を抜いているわけではない。日常の挨拶がすべて語先後礼だと、時間がかかり堅苦しい雰囲気も与えかねない。仕事でも場面によって状況を判断し、最善の行動で使い分けるとよい。

●お辞儀はリズムが大切

1（1秒）サッと倒す
相手よりも先に頭を下げ
1・2（2秒）ピタッと静止
しっかりと敬意を表し
1・2・3（3秒）ゆっくり起こす
相手より先に頭を上げないよう

①基本の立ち方で相手の目を見る。
②背筋を伸ばしたまま、お尻を後ろに突き出すように腰から倒す。
③首を曲げず、真下ではなく斜め前を見て頭から背中を一直線にする。
④再び相手と目を合わせる。

三つの基本のお辞儀　角度は目安として臨機応変に

「1（1秒で下げる）、1・2（2秒止まる）、1・2・3（3秒で上げる）」のリズムで覚えるとよい。

種類	会釈 15度くらい	敬礼（普通礼） 30度くらい	最敬礼 45〜60度くらい
場面	• 入・退室時 • 廊下ですれ違うとき • 人に話しかけるとき • 人の前を通るとき	• ビジネスの場でよく用いられる • 来客を迎えるときなど	• お願いをするとき • お礼・お詫びのとき • 特に謝罪は深いお辞儀
使用例	「失礼いたします」	「いらっしゃいませ」 「よろしくお願いいたします」	「ありがとうございました」 「申し訳ございません」

これはNG

こんなお辞儀はイメージダウン

- **他の動作をしながら**
  「ながらお辞儀」は、作業を優先しているため失礼な印象に。
- **相手を見ながら**
  首とあごを突き出した違和感のあるお辞儀になる。
- **ペコペコお辞儀**
  首だけを動かしたり、頭を何度も下げる姿は誠実さが感じられない。

自分にも相手にもよい作用が働く

相手に与える印象すべてが身だしなみ

自分の心を整える

身だしなみを整えることがマインドにプラスに作用することは多々あります。こぎれいにしたら気分が上がった、前髪がきまった朝は気分よく出勤できるなど、誰もが経験があるでしょう。また制服でオンとオフの気持ちの切り替えをする人もいるでしょう。

身だしなみを整えることは、**自分の心を整えるという役割・効果**があることを忘れてはいけません。

仕事は「見た目９割」　身なりを整えることも仕事

「人を見た目で判断してはいけない」とよく言われますが、ビジネスで初対面の場合はどうでしょう。人間、中身が大事なのは言うまでもありません。しかし、**相手のことがよくわからない段階では、その人の人となりや仕事に対する姿勢は、「身だしなみ」から判断せざるを得ません。仕事は「見た目9割」で、身なりを整えることも仕事なのです。**

□ 身だしなみとは

「身を嗜(たしな)む」に由来する言葉

「嗜み」＝好み、慎みや節度、普段の心がけという意味

身のまわりについての心がけのこと。人に不快な印象を与えないように、髪や衣服など身なりを整えると共に、礼儀作法を身につけて言葉や態度をきちんとすること。

相手に与える印象すべてが身だしなみ

□「身だしなみ」と「おしゃれ」の違い

身だしなみ

他者評価

相手や周囲の人が
どう思うかが基準

身だしなみは相手のため
おしゃれは自分のため

おしゃれ

自己評価

自分の好みが基準

身だしなみに気を配らなければならない理由

①社員一人ひとりが会社の顔。会社のイメージにつながる

正社員に限らず、契約社員・派遣社員・パートやアルバイト、すべての従業員がお客様から見ると会社やお店の顔であるという自覚を持つことが重要。

②感じのよい装いは、社内はじめお客様や仕事関係者に好感を与える

よい第一印象は、仕事が円滑に進むことにつながり、よい出会いに恵まれる。身だしなみを整えると、同じような志の人に出会い、目をかけてもらえる可能性も広がる。

③服装によって、仕事に取り組む姿勢が評価される

ビジネスの場にふさわしくない装いでは、仕事に対する信頼性を欠くことになりかねない。

④装いは、立ち居振る舞いに影響を与える

大きなイヤリングなどは電話応対の際に邪魔になり、短すぎるスカートやハイヒールなどは立ち居振る舞いに支障が出る。

⑤気持ちを切り替えられる

身だしなみを整えることで、オンとオフなど、気持ちを切り替えることができる。

身だしなみの３原則＋αポイント　演出力と努力

① 清潔感

② 機能性 ＋ ＋α 品格

③ 調和

①清潔感

他人から見て清潔だと感じられること、さわやかな印象を与えることを指します。

②機能性

仕事がしやすく、立ち居振る舞いに支障がない装いを心がけます。例えば、作業服も機能性が重視されている服装の一つ。作業をする際、動きやすく汚れてもいいように着ますが、もう一つ重要な理由は、安全、品質管理のためでもあるのです。

③調和

業種・場所・状況・周囲の人との調和が取れていること。他の社員や職場の雰囲気と違和感がなく、調和が取れていることが求められます。

＋αポイント　品格

品のよさ。好印象を持たれる装いの心がけは、その人から醸し出される雰囲気につながります。その人から伝わってくる印象はとても大事です。

身だしなみは**演出力！**
センスではなく**努力！**

check

なぜ制服を着るの?

①イメージアップ
②お客様へ仕事に対する責任感を示す
③安全な業務の遂行
④社員同士の一体感

制服を着れば、会社の代表。制服への信頼を裏切らないようにしましょう。

こんなときは?

Q. 制服のある会社ですが、通勤時は服装を気にしなくてもいいですか?

A. 出勤時や帰宅時にもお客様に会う可能性があります。また、仕事に行くという心構えからも、あまりラフすぎない服装を選ぶのがいいでしょう。

breaktime

見た目だけでその人のすべてを判断することはできませんが、仕事ができる人は「**自分を客観的に見る能力**」があり、自分を演出する力、「**演出力**」がある人が多いようです。TPOを考えて、髪型を考え衣服を選び、相手にどんなイメージを持ってもらいたいかを常に意識し、自分自身を演出するのです。また、おしゃれには、それぞれの個性やセンスが生かされますが、身だしなみは資質やセンスではなく、**努力でよりよくできるもの**です。身だしなみは、**演出力と努力**が重要なのです。

機能性を重視　清潔感で好印象に

男性の身だしなみ（スーツ・靴・ヘアスタイル・ひげ等）

男性のスーツスタイル

- ベーシックなのは、**濃紺、黒やグレー系**の落ち着いた色のシンプルなデザイン
- 無地や目立たないストライプがおすすめ
- サイズが体に合っていて動きやすく、仕事がしやすいことが機能性の必須条件
- シミ、シワ、汚れがないか、ボタンが取れていないか、ポケットに物を入れすぎていないか確認
- ジャケットの胸の内ポケットには、財布やスマホなど薄いものなら入れてもシルエットに影響は少ない
- ジャケットの左右にある腰ポケットは型崩れしやすいので、何も入れずに空けておくのがベスト
- 腰ポケットにフラップ（ふた）がある場合、左右揃える。本来、屋外で雨や埃などを避けるためのもので、屋外では出し、屋内では中に入れるものだが、実際はそこまで使い分けることは難しいため、左右統一、中途半端に出ていないかなど、最低限のことに気をつけておくことが大切
- パンツのお尻のポケットに長財布などを入れると、形が浮き上がりスマートな着こなしとは言えない
- パンツに折り目が入っているか、裾は靴の上でダブつかない長さかを確認。**長すぎる丈はだらしない印象になり、短いと頼りない印象になる。足の甲にあたる程度がすっきり見えておすすめ**
- 三つボタンの場合は上から二つを留め（デザインによって真ん中のボタンだけを留める）、二つボタンの場合は上の一つを留める。**一番下のボタンは飾りとされ、留めないのが正式なスタイル**

ヘアスタイル

- 長すぎる前髪、フケ、寝ぐせ、整髪料のつけすぎに注意
- カラーリングで明るすぎる色も避ける
- サイドは耳が出るくらいの長さでもみあげは自然に
- フェイスラインが見えると清潔に感じられる

まゆ・ひげ・鼻毛・爪

- 男性の不自然な細いまゆは軽薄な印象を与えてしまうため、ほどよい太さに整える
- おしゃれを意識した無精ひげでも、そうは見られないことがほとんど。業界や役職によって認められる場合もあるが、その場合はきれいに手入れする
- 鼻毛は恥をかくだけでなく、まわりに気を使わせてしまうため、日頃からチェックを
- 営業職などは男性でも爪のケアを

ネクタイ

- スーツやシャツとの組み合わせを考えて選ぶ
- 柄や色味、素材、また結び方によっても印象が変わる
- 代表的なものは、ストライプ、ドット（水玉）、小紋（細かい紋様）、無地など。特に新入社員は、派手すぎない控えめなものがおすすめ

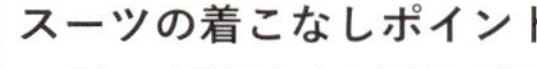

スーツの着こなしポイント

- ボタンを留めたまま椅子に座ると不格好なシワが寄ってしまうため、座るときははずし、立っているときは留める

シャツ

- 無地の白シャツが基本
- 色シャツは業界・会社のルールに従う。薄いブルーやピンク、イエロー、ストライプという選択も
- 自分の体形に合ったサイズを選び、シワや汚れなどがないか注意
- 上着の袖口からワイシャツの袖が1センチほど見えるくらいがベスト

ベルト

- 黒や茶色の革製を
- シンプルなデザインで靴の色に合わせるとよい
- 布製のものはカジュアルな印象になるため避ける

靴

- 黒や茶系などベーシックなものを中心に揃える
- 磨いてあるか、かかとはすり減っていないかチェック

靴下

- ビジネス仕様の黒や紺が基本。スーツや靴の色に合わせて選ぶ
- 靴を脱ぐ場面になっても恥ずかしくないよう、生地が薄くなったり穴があいていないかチェック

品格を大切に、落ち着きと安心感で信頼を得る

女性の身だしなみ（スーツ・靴・ヘアスタイル・メイク・ネイル等）

女性のスーツスタイル

- **働きやすく、控えめ**であることがビジネススーツの基本。女性のスーツはデザインが多様なので、周囲との調和を考え、TPOに合わせた色や形を選び、自分に合った着こなし術を身につける
- 品格を大切に、落ち着きがあり、安心感を与えられるものを揃える。**黒、紺、ベージュなどベーシックな色や形**のスーツは、他のスカートやパンツとも組み合わせやすく、着まわしがきく
- ジャケットは**体のラインが強調されるものは避ける。**女性のスーツのボタンは、男性と違ってすべて留めることできれいなシルエットになる
- スカートは、ミニ丈やスリットが深く露出が多いものは避ける。スカート丈は**座ったときに膝が隠れる長さ**を基準にするとよい
- 仕事内容によってはパンツスーツも活躍するが、動きやすいだけに動作が雑になりやすいため、立ち居振る舞いに注意

こんなときは？

Q. 受付業務ですが、メイクが不得意で、できればしたくありません。“最低限これだけは”というメイク方法を教えてください。

A. 社会人の女性にとって、「メイクは仕事」です。派手なメイクが必要と言っているわけではありません。働いている職場に相応しい服装や髪型、メイクでお客様応対をすると、おもてなしの気持ちが伝わるでしょう。コツは、最低限、眉と口紅です。「メイクは面倒くさい」「私はそこまでしなくても」と自分中心的な考えはやめましょう。“相手のため”、これは、マナーの原点です。

ヘアスタイル

- どんなヘアスタイルでも忘れてはならないのが「清潔感」
- お辞儀をしたときに髪が顔にかかる場合はすっきりとまとめる
- 明るすぎる髪色は信頼性を損ねてしまう

シャツ・ブラウス

- 白や淡い色の無地で、襟つきのシャツやブラウスがベスト
- シンプルなカットソーをインナーにしてもOK
- 胸元が大きく開いたものや派手な柄のTシャツなどは避ける

メイク

- 濃いメイクはNGだが、ビジネスシーンにおいてはノーメイクもマナー違反
- ナチュラル、清潔、健康的であることを意識
- 職種によっては華やかさが必要な場合もあるため、何が求められているかを常に考える

ネイル

- 爪は意外と相手の目に入るもの。手入れを怠らずきれいに整えておく
- 凝ったネイルアートは避け、薄いピンクやベージュなど透明感のある色合いでオフィス向きのものを
- 剥げたマニュキュアはだらしなく見えるので、塗るなら完璧にお手入れを

アクセサリー

- 仕事に支障をきたすような大ぶりなものは避ける
- 小ぶりでシンプルなデザインのものを選ぶ

靴

- 女性の靴は多種多様のデザインがあるが、服装に合わせるためにも、黒、茶、ベージュなどの落ち着いた色合いを中心に揃える
- 派手な飾りがないベーシックなパンプス
- ヒールの高さは3～5センチが定番
- 「歩きやすさ」もビジネスシーンでの大切な靴選びのポイント

ストッキング

- ビジネスシーンではナチュラルカラーの薄手のストッキングが基本
- 色柄もの、素足はマナー違反
- 冬場のタイツも本来はカジュアルスタイル。薄手のタイツなら黙認される場合もあるが、会社の規則に従い、周囲との調和を心がける

こんなときは？

Q. ネイルやマニキュアは、していないほうがよい印象を持たれますか。

A. ジェルネイルやマニキュアは、職種によって印象が違います。例えば飲食業で働く人が、長い爪にキラキラとしたパーツをつけていたら、衛生的によいイメージを持たれないでしょう。爪は短くし、表面を磨くなどするのはOKです。オフィス勤務の女性で肌なじみのよい色のネイルは、「指先まで気を使っている」と好印象を持たれるでしょう。会社の規定に合わせて指先まで気を配りましょう。

あくまでもビジネスシーンであることを意識

身だしなみ カジュアル編

カジュアルが許されても、職場&仕事であることを忘れない

「クールビズ」や「ウォームビス」という言葉が一般的になり、普段よりカジュアルな服装を推奨する職場も増えています。しかし、あくまでもビジネスシーンでの着こなしであることを意識し、**清潔感があり、機能性の高い服装**を心がけましょう。お客様はじめ社外の人に会う場合は、ジャケットを着るだけでも印象を変えることができます。

こんなときは?

Q. クールビズのまま取引先へ行ってもいいでしょうか。

A. お客様に合わせるのが基本です。取引先から「クールビズを採用しています。クールビズでお越しください」と言われたら、クールビズで訪問してもかまいません。しかし、その場合も男性ならジャケットを羽織っていくのが無難です。最近はカジュアルウエア限定というイベントも多いので、TPOに合わせて対応しましょう。相手や周囲に溶け込むことを考えるのもマナーと言えます。

帽子のマナー

制帽がある職業もありますが、一般的なビジネスの場で帽子をかぶったまま対応することは控えましょう。さまざまなタイプの帽子をどんな場所でかぶり、取るのか、脱ぐタイミングなどマナーを明確に定義づけるのは難しくなってきたように思います。男女ともに帽子のおしゃれが定着したとはいえ、プライベートな場であっても、室内では基本的に帽子を取ることはまだまだ常識です。制帽でも、帽子を取って挨拶をする振る舞いは、相手に対して敬意を示すことで、感服するという意味で使われる「脱帽」という言葉につながっています。

ノージャケット・ノーネクタイ

- クールビズスタイルとして通勤時や社内ではOK
- 急用のためにネクタイとジャケットを準備しておくと安心

シャツ

- 襟元がだらしないと清潔感が損なわれる
- 襟のしっかりしたシャツやボタンダウンがよい
- 夏場は汗や臭いを吸収しやすい素材を選ぶことも清潔感を保つポイント

ジャケット

- 業種や役職によって、場違いにならないよう適したものを選ぶ

パンツ

- 綿のパンツなどもOK
- あくまでも清潔感のあるものを選び、短パンやジーンズは避ける

男性

女性

全体のスタイル

- 業種により、スタイルの自由度が異なる。制服がある場合、つい通勤着が派手になりすぎることもあるが、たとえ通勤時でもカジュアルすぎる服装は避ける

準備を怠らない

- 急に接待や会食の予定が入ることも考慮し、ビジネスパーソンらしい服装を心がける
- 原色や蛍光色などの派手な色使いや露出の多い服装、派手すぎるデザインや柄物、ブランドマークが目立つものなどは避ける

8 質のよいものを選び、ワンランク上の印象を ビジネス小物で知的さを演出（鞄・名刺入れ・時計・財布等）

意外と見られているビジネス小物

スーツの着こなしがよくても、身につける小物の選び方一つで、マイナスのイメージになってしまうこともあります。意外と他人から見られているビジネス小物こそセンスのよいものを選びたいものです。流行のものやブランドマークが目立つものよりも、質がよく長く使えるものを上手にコーディネートし、さりげなくセンスのよさと個性をアピールしましょう。

現場の声

銀行の窓口業務が仕事で、朝のミーティングではお互いの服装チェックをしている。ある日、新しく購入した時計をつけて行ったところ、先輩から「とても素敵だけど、デザインが個性的でキラキラしすぎている。外したほうがいいかもしれない」と注意を受けた。ブレスレットタイプでラインストーンが付いていたが、小ぶりだったため、自分では「これくらいは大丈夫」という認識だった。指摘してもらえてよかった。（金融業　20代）

こんなときは？

Q. スーツにリュック姿で取引先を訪問するのは失礼ですか。

A. リュックは両手が空いて便利なうえ、パソコンなど重いものを持ち運ぶ場合にも便利です。一方、スーツ×リュックのスタイルを好ましく思わない人がいるのも事実。金融関係など、身だしなみに厳しい職種では歓迎されないこともあります。スーツにリュックはマナー違反とは一概には言えませんが、例えば会社にビジネス鞄を用意しておき、通勤の際はリュックを使い、他社を訪問する際はビジネス鞄を使うなどの使い分けをするとスムーズでしょう。長方形の革製のリュックに持ち手が付いていて、ビジネス鞄に変身するものもあります。自社の規則を基本に、鞄とリュックの使い分けをするのも一種のマナーと言えるでしょう。

鞄

- A4サイズの書類が入る大きさ
- 底面のマチが広めで床に置いたときなどに倒れず自立するもの

時計

- スマートフォンで代用せずに身につける
- 奇抜なデザインは避け、カジュアルすぎないシンプルで見やすいものを選ぶ
- 高級すぎるものもNG

名刺入れ

- 黒や茶系の落ち着いた色でシンプルな革製品が基本
- 自社ロゴ入りの名刺入れで士気を高めたり、自社製品の素材のものなど、PRを兼ねている場合は、職場のルールに従う
- 定期入れとの兼用は避ける

筆記用具

- ボールペンや手帳は必需品
- スマートフォンでスケジュールなどを管理する場合も、紛失など万が一のためにもメモを残す

スマートフォン

- 充電切れに備えてモバイルバッテリーも準備しておくと安心
- スマホケースは派手なものは避ける

財布

- 落ち着いた色が無難
- ポイントカードやレシートなどでパンパンになって型崩れしないよう常に整理する

においも身だしなみの一つ

ボディケアの基本 においのマナー（足・靴・体臭・口臭・香水・柔軟剤等）

嫌な「におい」の印象はなかなか消えない

ビジネスシーンで気をつけたい「におい」のマナー。相手に与える印象のなかでも、タバコのにおいや過度な体臭といったものから、あまりにも強烈すぎる香水や柔軟剤など、嫌なにおいの印象はなかなか消すことはできません。においにより周囲の人に不快な思いをさせることをスメルハラスメント（スメハラ）と言います。

目に見える身だしなみに気を配ることはできても、目には見えない「におい」については、自分では気がつかない場合もあるため要注意です。家族や友人に意見を求めるなど、日頃からチェックすることも必要でしょう。

check

喫煙者は、スーツや持ち物にタバコのにおいがついていても自分では気がつきにくいものです。周囲の人はそのにおいを不快に感じているかもしれません。喫煙する場合、できればスーツのジャケットなどは脱いでにおいがつかないようにしましょう。さらに、におい消しのスプレーなどをうまく活用するのもいいでしょう。

現場の声

職場の先輩が、「柔軟剤の強すぎる香りって苦手なの」と言っていて驚いた。そんな人がいるのかと思ったと同時に、自分のにおいで不快にさせていないかと心配になった。植物そのもののにおいは大丈夫だが、人工的なにおいが苦手とのこと。自分では「いい香り」と思っても、皆がそう感じるわけではないということに気がついた。今後、柔軟剤の分量を守るのはもちろん、職場での香りのマナーには十分注意しようと思った。

（接客業　20代）

体臭

- 入浴し清潔に保つことは当たり前
- 夏場など汗をかきやすい季節には、制汗剤を使用するなど工夫を
- シャツの脇汗が目立つなども不快に思われることが多いため、汗対策を心がける

口臭

- 人と話す機会の多い人は、職場や外出先にも歯磨きセットを携帯し、食後は歯磨きをする習慣を
- 口臭を抑えるタブレットも効果的

香水・整髪料

- 香りの好みは個人差が大きいため、男女共に仕事中の香水は基本的にはNG
- 特に強い香りは、同じ空間で長時間共に仕事をする同僚にとっては迷惑になる
- 香りを楽しめる環境があってつける場合も少量で十分。つけすぎに注意
- 男性の整髪料の香りが強すぎるのも要注意。あくまでも清潔な髪につけるのが基本

衣類・洗濯洗剤や柔軟剤

- 衣類を洗わないことによるにおいも困りもの。こまめな洗濯が必要
- 洗濯物に香りづけする商品や香りが強い柔軟剤は、自分ではいい香りだと思っても苦手な人もいる。人工的な香りの商品については、適量を守り香りを楽しむよう心がける

足・靴

- 懇親会や接待などで靴を脱ぐ機会もあるので、脱いだときににおってくる嫌なにおいで印象を台無しにしないように
- 足の不快なにおいは靴にもうつり、靴から足にもうつるため、どちらのケアも必要
- ストッキングやナイロン製の靴下は汗を吸収しにくく、においの原因になることも

自分には“ちょうどいい香り”でも、人にはきつく感じることもある

現場の声

新入社員の指導の仕方で悩んでいる。新卒の女性社員だが、強烈な香水の“におい”が鼻につき、男性からは注意がしにくい。女性の先輩社員から注意してもらったが、逆に反抗的な態度を取られ気まずくなったようだ。どうしたものか……。

（営業職　40代）

column 「心化粧」

美しいメイクを施すと、心にも彩りが生まれ、表情も豊かになるものです。化粧療法（メイクセラピー）という治療法もあるように、化粧が気持ちを整えたり、日常にいいリズムをもたらす手段だと感じる女性も多いでしょう。

「心化粧」という言葉は、日本の風土と日本人の暮らしが言霊になった大和言葉の一つです。「心化粧」とは、心がけ。心構えをすることで、相手に好感を与えるための心の準備です。自分自身が「心化粧」しておくことで、相手の心の扉を開くことができるのでしょう。人生で出会う人々や関わる物事に、しっかりと素直な気持ちで、わくわくと「心化粧」をして向き合えば、美しいメイクを施したときのように人生を彩ることができると思うのです。

また、「メイク」と「マナー」には、ある共通点があります。それは、「相手のため」という点です。マナーは相手に不愉快な思いをさせない気遣いや心配りのスキル。女性にとってのメイクは身だしなみ。社会人であれば、メイクをしないで相手に会うことは相手のことを大事に思っていないと思われても仕方ありません。「どうでもいい相手だと思われている」などと思わせてしまっては失礼です。

また、メイクには「清楚系」から「華やか系」までいろいろな種類がありますが、その場に合った化粧ができるのも大人の女性としての嗜みです。メイクが上手な人は、自分の顔の特徴や美しいところを生かします。気になるところを塗り隠すのではないのです。

「心化粧」は、社会人としてしっかりと心構えをして、スッピンの心を正し、気持ちを整える感覚でしょう。しかし、きれいな素肌を保つにはメイクはしっかりと洗い流すことも大事です。同じように心をスッピンにすることも、大事なことでしょう。

仕事でもプライベートでも、ご縁がある方に出会えることに感謝して、日頃から心化粧をしたいものです。

第2章

言葉遣いでビジネスを成功させる!

敬語・接遇用語の基本

言葉はコミュニケーションを取るための道具

社会人としての必須スキル 敬語・接遇用語

相手・場面・自分の立場を踏まえて、生きた日本語を使う

言葉はコミュニケーションを取るための道具です。誰もが平等に使えます。しかし、言葉選びや使い方、話し方でその効果はまったく違うものになります。

たった一つの言葉でも、人の心を癒し救うこともできれば、逆に傷つける凶器になってしまうこともあります。同じ言葉でも、話し方や態度、気持ちの入れ方で大きな違いが出てくるものです。

言葉は生きています。私たちが普段の会話で使う日本語は日々変化しています。**相手・場面・自分の立場を踏まえて、さまざまな言葉の中から、その状況に適した言葉を選び出して使うことができるのが理想です。**心地よく会話ができれば、上手なコミュニケーションを図ることにつながります。

言葉遣いはプロとしての必須条件

ビジネスの世界では、「縦」の人間関係に接する機会が増えます。学生の頃は一度も使ったことがないような言葉を、必要に応じて使いこなさなければなりません。

上司や先輩、取引先、お客様など目上の人と話す場合は、言葉遣いを変える必要があります。顧客満足を大切にする企業の一員として、お客様に満足していただくためには、言葉遣いはプロとしての必須条件なのです。

また、ビジネスシーンでは、取引先や顧客など外部の人は、内部の人よりも「上位の人」になるので、商談などの場では、内部の上位者よりも強い敬意を表す敬語で話す必要があります。

敬語と接遇用語の役割

敬語は、相手との間にある「地位の差」や「年齢の差」などを埋める働きをします。社会生活のなかで人と人がコミュニケーションを円滑に行い、よい人間関係を築いていくために不可欠な働きを持っています。

さらに、**接客の際に慣用的に使う言葉がありますが、これを「接遇用語」**と言います。例えば、上司が外出中に訪ねてきた来客に対して、「小林はただいま外出しております」と事実だけを伝えるのではなく、「わざわざお越しいただいたのに、申し訳ございません」といった接遇用語を用いて、相手の期待に応えられなくて申し訳ない気持ちを表現します。

うまく使えないと損をする　「覚える」のではなく、「磨く」

これらの敬語や接遇用語は社会人としての必須スキルです。しかし、うまく使えないと損をします。**マニュアルどおりや機械的ではなく、**例えば、「わざわざお越しいただいて」という言葉の前に付け足す言葉として、「お足元が悪いなか」「お寒いなか」「遠いところを」など、臨機応変に言葉を選び出し、相手を思いやって、適切な言葉で接することに努めましょう。**基本を押さえたうえで、自分自身の言葉で表現することが大切です。言葉を「覚える」のではなく、「磨く」ことを目的にしましょう。**

check

丁寧すぎる言葉遣いは逆効果!　柔軟な使い分けを身につける

言葉は丁寧でありさえすればそれでいいというわけではありません。丁寧すぎる言葉遣いは、嫌味に受け取られることもあります。表面上は丁寧でも、相手を見下しているさま、誠意が感じられないさまが見えると、いわゆる慇懃無礼（いんぎんぶれい）で冷たい雰囲気を与えかねません。敬語は敬意を表す言葉であると同時に、人と人の間に、ある程度の距離を保つ言葉でもあるため、丁寧すぎると逆効果です。また、同期入社で普段は気軽な話し方をしていても、会議や接客など場によっては改まった話し方が必要です。

敬語は立場や関係性で種類が違う

敬語の基礎知識

基本は、尊敬語・謙譲語・丁寧語の３種類

敬語は、大きく分けると「尊敬語」「謙譲語」「丁寧語」の３種類です。

平成19年に文化庁は「敬語の指針」を発表し、さらにより深く理解するために、５種類に分けて示しました。

３種類	５種類	
尊敬語	尊敬語	相手や相手側、または第三者の行為・物事・状態などについて、その人物を立てて敬意を表す言葉。 例：**「先ほど帰られました」** **「先生がおっしゃるとおりです」**
謙譲語	謙譲語Ⅰ 「伺う・申し上げる」型	自分側から、相手側または第三者への行為・物事などにへりくだることで、その人物を立てて述べる言葉。 例：**「書類をお届けに伺います」** **「謹んで申し上げます」**
	謙譲語Ⅱ（丁重語） 「参る・申す」型	自分側の行為・物事などを、相手に対して丁重に述べる言葉。 例：**「ただいま参ります」** **「わたくし、佐藤と申します」**
丁寧語	丁寧語	相手に対して丁寧に述べる言葉。いわゆる「ですます」調にし、相手に敬意を払う。接遇の際には、特に「改まった言い方」を用いる。 例：**ある　➡　あります　➡　ございます**
	美化語	物事を美化して述べる言葉。「お」や「ご」を付けて言葉そのものを美しい言い方にする。 例：**「お茶」「ご祝儀」**

「お」と「ご」を使い分ける

「お」あるいは「御（ご）」を付けて敬語にする場合の使い分けは、「お＋和語（訓読みの言葉）」「御（ご）＋漢語（音読みの言葉）」が原則です。

お+和語（訓読みの言葉）	ご+漢語（音読みの言葉）
お住まい　お所　お名前 お祝い　お祈り　お出かけ お考え	ご住所　ご氏名　ご祝儀 ご祈願　ご出発　ご意見

音読みでも「お電話」「お時間」「お名刺」となる例外もあるので気をつけましょう。

こんなときは？

Q. 「お返事」「ご返事」どちらも聞きますが、どちらが正しい使い方ですか。

A. 「返事」は、「お」「ご」両方付く例で、どちらも正しい使い方です。使い方は個人差がありますが、「ご返事」はより改まった印象があり、「お返事」はやや美化語的な響きもあり主に女性が多く使う傾向が見られます。

「主語が誰か」「誰に対して使うのか」

敬語の基本 尊敬語・謙譲語の使い分け

主語で使い分ける

尊敬語と謙譲語の使い分けはわかりにくいかもしれませんが、尊敬語は相手側のこと、謙譲語は自分側のことについて話す言葉です。「主語が誰か」「誰に対して使うのか」という視点で考えると、判断しやすいでしょう。

尊敬語

主語が

相手
相手側の人
第三者

上司、先輩、お客様、取引先の人などの行動、物事、状態に対して用いる。
相手を主語にしたときに表現が変わり、言葉の前後や語尾に言葉を加えたり、言葉自体を言い換えるものもある。

謙譲語

主語が

自分
自分側の者

主語は自分を指す「私」や自分側の人物。自分のことや家族のことなど身内の者の話をするときや、社内の人のことを社外に話すときなどに使う。

こちらの資料も**ご覧になり**ますか。

資料を**拝見**します。

＊「見る」の尊敬語は「ご覧になる」、謙譲語は「拝見する」

○○様が**おっしゃる**とおりです。

先日、わたくしが**申し上げた**件ですが。

＊「言う」の尊敬語は「おっしゃる」。謙譲語は「申す」「申し上げる」を使う。
取引先の人に対し、自分の会社の部長のことを話す場合は、「先日、部長の中村が申し上げた件ですが」となる

お客様が**いらっしゃいました。**

課長の福山がただいま**参ります。**

＊「来る」の尊敬語は「いらっしゃる」、謙譲語は「参る」を使う

「敬語」を使うことで、立場や関係が明確に

相手や場に応じて敬語を使い分けることで、自分の立場や相手との関係性を明確にできます。尊敬語は相手を敬い、謙譲語は自分のことをへりくだることによって、間接的に相手を高める言い方です。

敬語は日本語の歴史のなかで重要な役割を担ってきました。

敬語が必要な理由

① 相手への敬意を表す
② 立場や関係を明確にする
③ どんな人とでも、堂々と話せる
④ 信頼を得ることができる
⑤ 人間関係を円滑にする

□ 立場や関係と敬語

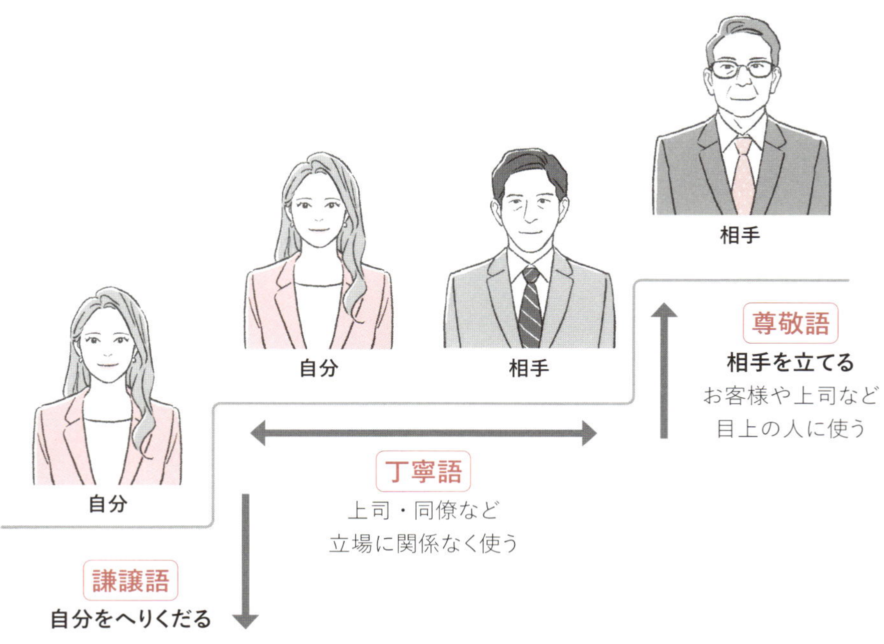

よく使う敬語の表現を覚える

敬語の基本の形

尊敬語

尊敬語は、相手を高めて敬意を表します。「相手が～する」ことを伝える表現です。「話す」であれば、言葉の形を変えて「おっしゃる」という言い方があります。また、「お○○になる」という形の「お話しになる」も尊敬語です。「れる・られる」を付けて「話される」という言い方もあります。動詞に関するもの以外では、相手に属するものや関係するもので、お名前の「お」、また「ご主人」「奥様」という言葉も、相手を高める尊敬語です。

動詞の尊敬語の形

①言葉の形を変える特定形の例（p72に詳細）

言う ➡ **おっしゃる**　行く／来る／いる ➡ **いらっしゃる**

食べる ➡ **召し上がる**

②一般形の例

お（ご）～になる

会う ➡ **お会いになる**　聞く ➡ **お聞きになる**

利用する ➡ **ご利用になる**

～れる・～られる

書く ➡ **書かれる**　出席する ➡ **出席される**　帰る ➡ **帰られる**

～なさる　＊「～する」の動詞のみ、「する」を「なさる」に変えてつくることができる

出席する ➡ **出席なさる**　外出する ➡ **外出なさる**

利用する ➡ **利用なさる**

ご～なさる　＊「～する」の動詞のみ、「する」を「なさる」に変えると共に、「ご」を付けてつくることができる。ただし、「ご」がなじまない語についてはつくることができない

挨拶する ➡ **ご挨拶なさる**　卒業する ➡ **ご卒業なさる**
出席する ➡ **ご出席なさる**

お（ご）～だ　＊「だ」を「です」に変えた「お～です」の形で用いられることが多い

聞く ➡ **お聞きです**　帰る ➡ **お帰りです**　出席する ➡ **ご出席です**

お（ご）～くださる　＊「くださる」は、相手側に敬意を表す一般の尊敬語に加えて、「相手側から恩恵が与えられる」という意味も併せて表す

書く ➡ **お書きくださる**　指導する ➡ **ご指導くださる**
連絡する ➡ **ご連絡くださる**

③可能の意味を添える場合

＊動詞に可能の意味を添えて、かつ尊敬語にするには、まず、尊敬語の形にしたうえで可能の形にする

食べる ➡ 召し上がる ➡ **召し上がれる**
「まだ食べることができるか」という意味で ➡ **まだ召し上がれますか**

名詞の尊敬語の形（p91、p229 に詳細）

「お」または「ご（御）」を付ける　＊相手に属するもの

➡ **お名前　お手紙　ご住所**

「御」「貴」「玉」を付ける　＊ほとんどは書き言葉専用

➡ **御地**（おんち）　**貴信**（きしん）　**玉稿**（ぎょっこう）

「ご」と共に、「高」「尊」「令」を付ける　＊ほとんどは書き言葉専用

➡ **ご高配　ご尊父（様）　ご令室（様）**

形容詞などの尊敬語の形

①形容詞や形容動詞は、語によって「お」「ご」を付けて尊敬語にすることができる。

➡「**お忙しい**」「**ご立派**」

②「お」「ご」になじまない語でも、「～くていらっしゃる」「～でいらっしゃる」の形で尊敬語にすることができる。

➡（指が）細**くていらっしゃる**　積極的**でいらっしゃる**

③「お」「ご」を付けられる語の場合は、付けたうえで、「～くていらっしゃる」「～でいらっしゃる」の形と併用することもできる。

➡ お美し**くていらっしゃる**　お忙し**くていらっしゃる**
ご立派**でいらっしゃる**

「名詞＋だ」に相当する尊敬語

「名詞＋だ」に相当する内容を述べる場合は、「名詞＋でいらっしゃる」とする。

➡ 木村さんは**努力家でいらっしゃる**

謙譲語Ⅰ

自分の側を低くして、相手を高める表現です。「話す」を言葉の形を変えて「申し上げる」。「お○○する」という形に当てはめて「お話しする」も謙譲語Ⅰです。動詞に関するもの以外では、「わたくしども」や、「粗茶」「弊社」なども謙譲語Ⅰに当たります。

動詞の謙譲語Ⅰの形

①言葉の形を変える特定形の例（p72 に詳細）

会う ➡ **お目にかかる**　訪ねる／尋ねる／聞く ➡ **伺う**
見る ➡ **拝見する**

②一般形の例

お（ご）～する

案内する ➡ **ご案内する**　届ける ➡ **お届けする**

お（ご）～申し上げる

案内する ➡ **ご案内申し上げる**　連絡する ➡ **ご連絡申し上げる**

～ていただく

指導する ➡ **指導していただく**　読む ➡ **読んでいただく**

お（ご）～いただく

指導する ➡ **ご指導いただく**　読む ➡ **お読みいただく**

③可能の意味を添える場合

＊動詞に可能の意味を添えて、かつ謙譲語Ⅰにするには、まず、謙譲語Ⅰの形にしたうえで可能の形にする

訪ねる ➡ 伺う ➡ **伺える**　届ける ➡ お届けする ➡ **お届けできる**

名詞の謙譲語Ⅰの形

「お」または「ご（御）」を付ける

➡ 先生への**お手紙**　➡ 先生への**ご説明**

＊このほか、「拝眉」「拝顔」のように、「拝」の付いた謙譲語Ⅰもある
＊「拝見」「拝借」などは、「拝見する」「拝借する」のように動詞として使うほうが一般的

謙譲語Ⅱ

「参る」などいくつかの特定形の他には、一般的な形として「～いたす」のみ。謙譲語Ⅰが自分側の行為の向かう先についての敬語であるのに対して、謙譲語Ⅱは自分側の行為、物事などを相手に対して丁重に述べる語で、丁重語とも呼ばれます。「私が行きます」という場合、「私が参ります」と言えば、相手に対して改まった言い方になり、丁重さが伝わります。

動詞の謙譲語Ⅱの形

①言葉の形を変える特定形の例（p72に詳細）

言う ➡ **申す**　いる ➡ **おる**　する ➡ **いたす**　行く／来る ➡ **参る**

②一般形の例

～いたす　＊「～する」の形をした動詞のみ適用可能

出勤する ➡ **出勤いたす**　「出勤いたします」

察する ➡ **お察しいたす**　「お察しいたします」

③可能の意味を添える場合

＊まず謙譲語Ⅱの形にしたうえで可能の形にする

行く ➡ **参る** ➡ **参れる**　「申し訳ございません。明日は参れません」

④「謙譲語Ⅰ」兼「謙譲語Ⅱ」の一般形

お（ご）～いたす

待つ ➡ **お待ちいたす**　「駅で先生をお待ちいたします」

名詞の謙譲語Ⅱの形

「愚」「小」「拙」「弊」を付ける　＊ほとんどは書き言葉専用

➡ **愚見**　**小社**　**拙著**　**弊社**

丁寧語

丁寧な言葉にすることで、相手に敬意を表す言い方。「～だ」ではなく、「～です」「～ます」。さらに、「～でございます」とすると、より丁寧、丁重な言い方になります。接遇の際は、特に改まった言い方が求められます。

普通の言い方		丁寧な言い方		より丁寧で改まった言い方
～する 確認する	➡	～します 確認します	➡	～いたします 確認いたします
～だ 担当は木村だ	➡	～です 担当は木村です	➡	～でございます 担当は木村でございます
ある 資料がある	➡	あります 資料があります	➡	ございます 資料がございます
そうだ	➡	そうです	➡	さようでございます

形容詞＋「ございます」の形

＊末尾から２番目の母音に注目

＊「…ei」という形の形容詞はない

①「…ａい」の場合

高い（takai）➡ **たこうございます**

②「…ｉい」の場合

おいしい（oishii）➡ **おいしゅうございます**

③「…ｕい」の場合

軽い（karui）➡ **かるうございます**

④「…ｏい」の場合

重い（omoi）➡ **おもうございます**

美化語

名詞あるいは、「名詞＋する」型の動詞で、一般に「お茶」「お酒」「お料理（する）」「ご馳走」のように、「お」や「ご」を付けます。また、「水」を「おひや」など、言い換えて上品にする言葉遣いです。

尊敬語でも「お」や「ご」を付けますが、それはあくまでも相手に属するものに対して「お車」「ご自宅」と言って相手を立てる言葉です。美化語では、自分が話す言葉を美しくするための表現です。「お」や「ご」を付けても違和感がない言葉もあれば、付けないほうが正しい言葉もあります。使い方や感じ方は男女や個人によっても差があります。過剰に使うことは避け、相手に違和感を与えないことも、上品さにつながるでしょう。

「お」「ご」を一般的に付ける語の例

お菓子　お金　お米

お財布　お刺身　お酒

お酢　お茶　お花　お土産

ご馳走　ご祝儀　など

言い換える例

水 ➡ おひや

めし ➡ ごはん

うまい ➡ おいしい

便所 ➡ お手洗い

腹 ➡ おなか　など

「お」「ご」を付けない言葉

外来語	✕おコーヒー	✕おビール	✕おテレビ
公共物	✕お公園	✕お学校	✕お電車
カタカナ語	✕おパン	✕おラーメン	
動植物	✕お犬	✕お桜	
自然現象	✕お雨	✕お雪	
悪い意味の言葉	✕お事故	✕ご離婚	✕ご頭痛

breaktime

「オイタミありませんか?」

「オイタミありませんか?」。まつ毛エクステサロンのスタッフにかけられた言葉です。心のなかで「オ・イ・タ・ミ?　あっ、『お痛み』ってこと?」と、理解まで時間がかかってしまいました。まつ毛エクステの施術の際は目のまわりにテープを貼ります。よく美容院で、「かゆいところはありませんか?」と聞かれるのと同じだと思いますが、非常に違和感を覚えました。名詞の「痛み」に「お」を付けたのではなく、動詞の「痛む」に「お」をつけて変化したのでしょうか。「痛みますか?」「痛みはありますか?」「痛いところはありませんか?」などで済むところを、無理に「お痛み」を使った結果、おかしな日本語になったのでしょう。

丁寧でスマートな印象を与える

よく使う敬語表現・特定の語に置き換える言葉

ビジネスにふさわしい言葉遣いを身につける

尊敬語や謙譲語は、いくつかの形でつくることができますが、特定の語に置き換える表現を使うと、より丁寧で洗練された感じを与えます。例えば、「言う」を尊敬語の形でつくって「言われる」とするより、「おっしゃる」に言い換えるとより強い敬意を表現できます。謙譲語も同様で、「見る」や「聞く」を「見せていただく」「聞かせていただく」とするよりも、「拝見する」「伺う、拝聴する」としたほうがスマートでビジネスシーンに適した表現と言えるでしょう。

また、「れる」「られる」を付けても尊敬語になりますが、この表現には「尊敬」以外に「可能」「受け身」「自発」の意味も含まれ、「見られる」「言われる」「来られる」など、どの意味で使っているのかわからない場合もあります。そこで、「ご覧になる」「おっしゃる」「いらっしゃる」など形を変えると、尊敬語であることがはっきりします。敬語表現も、その場にふさわしい形で使いこなせるようになりましょう。

ふさわしい敬語を使ってスマートなコミュニケーションを

＊以下、「れる」「られる」以外のよく使う敬語表現と特定の語に置き換える言葉一覧に、ビジネスシーンで想定される言いまわしの例を記載しています

	尊　敬　語（相手側が主語）	謙　譲　語（自分側が主語）
会う	**お会いになる** 「私どもの鈴木にお会いになりましたか」 「先日の懇親会で、社長が〇〇様とお会いになったそうです」	**お目にかかる** 「お目にかかるのは初めてです」 「〇〇様にお目にかかれて光栄です」 **お会いする** 「研修会で〇〇会社の〇〇様にお会いしました」 「ぜひお会いしたいです」
与える	**くださる** 「会長が視察旅行のお土産をくださいました」 「そちらは〇〇様がくださったお花です」	**差し上げる** 「こちらの本を差し上げます」 「キャンペーン期間中は無料でこちらの冊子を差し上げております」
言う	**おっしゃる** 「部長のおっしゃるとおりですね」（部長との会話で同意するとき） 「～と社長がおっしゃいました」（社長が言っていたことを、社内で他の人へ報告するとき）	**申す** 「〇〇会社の田中と申します」 「弊社の社長が、くれぐれもよろしくと申しておりました」（他社の人へ伝えるとき） **申し上げる** 「先日申し上げましたように～」 「心からお詫び申し上げます」
行く	**いらっしゃる** 「ご一緒にいらっしゃいませんか」	**伺う** 「明日の午後1時に伺いますので、よろしくお願いいたします」 「御社へ伺う際に資料をお持ちします」 **参る** 「明日、出張で鹿児島に参ります」 「会場へは電車で参ります」
いる	**いらっしゃる** 「〇〇様はいらっしゃいますか」 「社長はただ今、ご自宅にいらっしゃいます」（社内へ向けて）	**おる** 「先週から大阪におります」 「そのとき、私はこちらにおりませんでしたので、わかりかねます」（「～かねます」p112参照） 「午後5時までおります」

	尊敬語 （相手側が主語）	謙譲語 （自分側が主語）
（引き）受ける	**お（引き）受けになる** 「来年度の委員をお（引き）受けになったそうです」	**承る** 「弊社では、デザインも承ります」 「ご注文を確かに承りました」
思う	**お思いになる** 「～の件について、どうお思いになりましたか」 「社長は～とお思いになったそうです」（社内の人に対して）	**存じる（存ずる）** 「お読みいただけたら幸いに存じます」（メール、文書にて） 「イベント内容について皆様のご意見を伺いたく存じます」
帰る	**お帰りになる** 「このままお帰りになりますか」 「社長は先ほどお帰りになりました」（社内の人に対して）	**失礼する** 「そろそろ失礼いたします」 「昨晩の懇親会では急用が入ったため、お先に失礼しました」
借りる	**お借りになる** 「こちらの写真は、部長が○○会社よりお借りになったものです」（社内の人に対して） 「初めて商品をお借りになる方は、こちらの用紙にご記入をお願いいたします」	**拝借する** 「お知恵を拝借できませんか」 **お借りする** 「こちらは先生からお借りした本です」 「何か書くものをお借りしたいのですが」 「この場をお借りして、ご挨拶申し上げます」
聞く	**お聞きになる** 「～の件について、お聞きになりましたか」 「ただ今、ショールームでお客様が新製品の説明をお聞きになっているところです」	**伺う** 「いえ、まだ伺っておりません」 「明日の会議について、伺いたい件がございます」 「○○様のお話はかねがね伺っております」 **承る** 「私でよろしければご用件を承ります」 「ご注文を承ります」

	尊敬語 （相手側が主語）	謙譲語 （自分側が主語）
聞く		**拝聴する** 「先生のお話を拝聴し、大変勉強になりました」 「先日の講演会で、〇〇様の貴重なお話を拝聴しました」
来る	**いらっしゃる** 「お車でいらっしゃる際は、駐車場を確保しますので、事前にご連絡くださいますようお願い申し上げます」 **お見えになる** 「お客様がお見えになりました」 **おいでになる** 「〇〇会社の〇〇様がおいでになりました」 **お越しになる** 「理事長がお越しになりました」	**参る** 「担当の者が参りますので少々お待ちいただけますか」 「ただいま、部長の伊藤が参ります」 「山田は午後3時に戻って参ります」 **伺う** 「明日、担当の者がこちらに伺います」
知る（知っている）	**ご存じ（だ）** 「部長はご存じのことと思いますが～」 「本日の講師〇〇様をご存じですか」 「部長がご存じの方です」	**存じる（存ずる）＊物事に対して** 「～の件について存じております」 「会議について詳細は存じません」 **存じ上げる ＊人や人に関することに対して** 「お名前は存じ上げております」 「その方は存じ上げません」
する	**なさる** 「部長はゴルフをなさいますか」	**いたす** 「会議の準備はこちらでいたします」 「企画からデザイン制作まで、すべて弊社が担当いたします」
訪ねる	**いらっしゃる** 「先ほど〇〇会社の〇〇様がいらっしゃいました」	**伺う** 「ご自宅へ伺う予定です」 「今、先方へ伺っております」（上司と電話にて） **お邪魔する** 「明日、そちらにお邪魔してよろしいでしょうか」

	尊 敬 語 （相手側が主語）	謙 譲 語 （自分側が主語）
訪ねる		**お寄りする** 「近くに参りましたので、ご挨拶だけでもと思いましてお寄りしました」 **参上する** 「本来ならば参上すべきところをお許しください」（文書、メールにて）
尋ねる	**お尋ねになる** 「詳しい方にお尋ねになってみてはいかがでしょうか」	**伺う** 「きょうは日本語表現について、先生に詳しく伺いましょう」 **お尋ねする** 「少々、お尋ねしてよろしいでしょうか」 「先日お尋ねした件ですが～」
食べる	**召し上がる** 「よろしければ皆様で召し上がってください」 「社長は、甘いものをよく召し上がるそうです」	**頂く** 「お土産のお菓子を皆で頂きました」
飲む	**召し上がる** 「食後のコーヒーか紅茶を召し上がりませんか」 「どうぞお茶を召し上がってください」	**頂く** 「ありがとうございます。では、コーヒーを頂きます」
見せる	**お見せになる** 「社長が旅行の写真をお見せになっていました」（社内の人に対して）	**お目にかける** 「準備ができましたらお目にかける予定です」 **ご覧に入れる** 「珍しい絵画をご覧に入れましょう」
見る	**ご覧になる** 「今朝の新聞記事、ご覧になりましたか」 「あちらのお客様が新商品をご覧になりたいそうです」	**拝見する** 「はい、拝見しました」 「そちらの資料を拝見してよろしいでしょうか」 「チケットを拝見します」

	尊敬語 （相手側が主語）	謙譲語 （自分側が主語）
もらう	**お受け取りになる** 「書類をお受け取りになりましたら、内容をご確認ください」 **お納めになる** 「ささやかですが、お納めください」	**頂く** 「○○様からお歳暮を頂きました」（上司へ報告する際） 「結構なお品を頂きまして、恐れ入ります」 **頂戴する** 「お名刺を頂戴します」 「ありがたく頂戴します」（贈答品を受け取る際など）
読む	**お読みになる** 「社長はあちらで新聞をお読みになっています」（社内の人に対して）	**拝読する** 「今朝メールを拝読しました」 「メールマガジンを毎週楽しみに拝読しております」
死ぬ	**お亡くなりになる** 「昨晩お亡くなりになったそうです」 **逝去** 「作家の○○さんが○月○日、逝去されました」 「ご尊父様のご逝去を悼み、謹んでお悔やみ申し上げます」（弔電など文書での表現）	**死去・亡くなる・他界・永眠** 「弊社専務が死去いたしましたので、ご報告します」 「すでに父は他界しております」

尊敬語と謙譲語の
使い分けを確認しましょう。

こんな表現も使いたい！ 上品な言い方例

	上品な言い方
着る	**召す／お召しになる** 「お召しのワンピース、とても素敵です」 「〇〇様は、茶色のコートをお召しになっている方です」
気に入る	**お気に召す** 「新製品はお気に召されましたか」
風邪をひく	**風邪を召す** 「風邪など召されませんよう」
年をとる	**お年を召す** 「お年を召された方です」
帰る	**おいとまする** 「遅くなりましたので、そろそろおいとまいたします」
寝る	**おやすみになる** 「そろそろおやすみになりますか」
集まる	**お揃いになる** 「皆さまお揃いになりましたので、そろそろ始めたいと思います」
聞かせる・知らせる	**お耳に入れる** 「～の件について、部長のお耳に入れておこうと思いまして……」 *「内密に話して聞かせる」「こっそりと知らせる」というニュアンスが強い。マイナスな情報を伝えるときに多く使われる

使ってしまいがちな言葉遣いを確認しよう

間違いやすい敬語表現

尊敬語と謙譲語の混同・混用

✕ お食事は**頂かれ**ましたか。

○ お食事は**召し上がり**ましたか。

「頂かれ」は、「食べる」の謙譲語「頂く」に、尊敬語をつくる「～れる」を付けて混同・混用している。

✕ 受付で**伺って**ください。

○ 受付で**お尋ねください（お聞きになってください）**。

「伺う」は、「聞く」の謙譲語なので、自分側に使う言葉。相手側に使うのは間違い。

✕ ○○工業の○○様が**参られ**ました。

○ **○○工業の○○様がお見えになりました。（いらっしゃいました。お越しになりました。おいでになりました）**

「参る」は、「行く」「来る」の謙譲語で、自分や身内の者の行動に対して使う。

✕ ○○様はどちらに**いたし**ますか。

○ **○○様はどちらになさいますか。**

「する」の謙譲語「いたす」は、相手側に使うのは間違い。

二重敬語に注意する

✕ お客様が**おいでになられ**ました。

○ お客様が**おいでになりました。**

「来る」の尊敬語の「おいでになる」に、尊敬語をつくるときの型「～られる」を加えた二重敬語になる。次も同じつくり方で二重の例。

✕ 何時に**お戻りになられ**ますか。

○ 何時に**お戻りになりますか。**

✕ 部長が**おっしゃられ**ました。

○ 部長が**おっしゃいました。（言われました）**

「おっしゃる」「～られる」の尊敬語の二重敬語。

✕ **拝見させていただいても**よろしいでしょうか。

○ **拝見しても**よろしいでしょうか。

「拝見する」は「見る」の謙譲語で、「させていただく」も謙譲語。謙譲語の二重敬語。

✕ 先輩に**ご指摘していただいた。**

○ 先輩に**ご指摘いただいた。（指摘していただいた）**

「ご～いただく」「～していただく」の謙譲語が二重になっている。

定着している二重敬語

本来は二重敬語であっても、習慣として定着しているものもある。

尊敬語：お召し上がりになる　お見えになる

謙譲語：お伺いする　お伺いいたす　お伺い申し上げる

敬語連結：ご案内してさしあげる　お読みになっていらっしゃる

＊二つ以上の敬語を接続助詞「て」でつなげているので、二重敬語ではなく許容されている。しかし、普段は「ご案内いたします」「お読みになっています」とシンプルな使い方でOK。

外部に対して社内の者のことを言うとき

✕ 鈴木から**伺って**おります。

○ 鈴木から**聞いております。**

外部の人と話すときは、社内の者（身内）に対しての自分の動作に謙譲語は使わない。「伺う」は謙譲語なので、身内を敬った言い方になる。「こちらの書類をお渡しするように」など、言われたことや指示などを聞いていると言う場合は、「聞いております」以外に「申し付かっております」という言い方も覚えておきたい。

✕（社内の者）に**お伝え**します。

○ 鈴木に**申し伝えます。**

伝言を受けたとき、社内の者に対して「お伝えします」は、「お～する」の形の謙譲語Ⅰを使っていることになる。身内に言い伝える旨を目上の方やお客様に対して発言する場合は、同じ謙譲表現でも、謙譲語Ⅱ（丁重語）の「申し伝えます」とする。

動物・自然現象・外来語への敬語は使わない

✕ 犬が**いらっしゃいます。**

✕ 風が**お強い**ですね。

✕ **おコーヒー**のおかわりはいかがですか。

その他のよく聞く間違った表現　この言葉遣いに注意

✕ 本日、高橋はお休みを**頂いて**おります。（**頂戴して**おります）

○ 高橋は本日、**休みでございます。**

○ 高橋は本日、**休みを取っております。（休んでおります）**

○ **昨日から休暇を取っておりまして、○日には出社いたします。**

身内の休みに「お」を付ける必要はなく、会社や上司に「頂く・頂戴する」など謙譲語を使うのも間違い。お客様から休みをもらっているわけでもない。

✕ お名前を**頂戴**できますか。（**頂け**ますか）

〇 お名前を**教えていただけますか。**

〇 お名前を**お聞かせ願えませんでしょうか。**

名前はやり取りするものではない。失礼な表現になるので注意。名前に関するものでも、名刺は物なので「お名刺を頂戴できますか」はOK。

✕ お客様を**お連れ**しました。

〇 お客様を**ご案内**しました。

「お連れする」は自分と同等かそれ以下の人を一緒に伴って来た場合に使う言葉。お客様に使うのは失礼。「お通しする」という表現もあるが、社内に招き入れるかどうかを判断する場合に使うことができる。「お客様をお通ししてもよろしいでしょうか」など。

✕ お求めやすい。

〇 **お求めになりやすい。**

「お求めやすい」は、一般的に使われて耳慣れているかもしれないが、「求めやすい」は一つの形容詞ではなく、「求める」＋「やすい」。「求める」の敬語表現「お求めになる」に「やすい」で「お求めになりやすい」が正しい表現。

✕ ご乗車できません。

〇 **ご乗車になれません。（ご乗車いただけません）**

✕ 御社の〇〇様を**存じています。**

〇 御社の〇〇様を**存じ上げております。**

✕ その件は**存じ上げています。**

〇 その件は**存じております。**

人に関連すること（名前など）は「存じ上げる」。物事などを知っているときは「存じる」を用いる。

✕ お体ご自愛ください。

〇 **どうぞ、ご自愛ください。**

「自愛」には、体を大事にするという意味が含まれているので、重複表現。

これだけは絶対に押さえておきたい

気をつけたいビジネス敬語

目上の人に使うと失礼　ふさわしい言葉に言い換える

目上から目下に対して使う言葉を、目上の人に対して使うのは失礼に当たります。知らなかったでは済まされないのがビジネスの世界です。人間関係がぎくしゃくするだけでなく、非常識な人と思われても仕方ありません。上から目線になる言葉が信頼を失うこともあるのです。誤解されやすい言葉遣いとふさわしい言葉を押さえておきましょう。

了解／了解しました。➡ かしこまりました。／
承知しました。（承知いたしました）

「了解」は、同僚や同じ立場の人、普段から親しい間柄に使う言葉。「了解しました」と丁寧に言っても、目上の人やお客様に使うと失礼になる。特に社外の人には徹底すること。「わかりました」は、社内で使うにはあまり問題はないが、上司など目上の人には「承知しました」などの謙譲語を。

ご苦労さまです。➡ お疲れさまです。／お疲れさまでした。
➡（さらに丁寧に言う場合は）**お疲れさまでございます。**

上の立場の人が目下の人の労をねぎらう言葉。上から目線の言葉なので、使い方に注意。「お疲れさま」は目上の人にも使える。

お世話さまです。➡ お世話になっております。

上の立場の人が目下の人に使うため、目上の人やお客様には失礼になる。

おわかりいただけましたでしょうか。／ご理解いただけましたか。
➡ ご不明な点はございませんか。

相手の能力を測るような言い方。目上の人や経験のある人には使わないほうがよい。相手に質問する言い方にすると、控えめで配慮ある印象になる。

特に問題ありません。➡ そのまま進めていただけますか。／お願いします。

確認を求められて「問題ない」と言うのは、判断する立場の返事。目上の人には上から目線の印象を与え、失礼に。

ご助言、参考になりました。➡ ご助言、大変勉強になりました。

参考程度と思われるため、上から目線の印象を与えかねない。

操作方法をお教えします。➡ 操作方法をご説明いたします。

「教える」は、一般的に目上から目下へ行うため、目上の人に使うと、見下した印象を与えてしまう。

こんな敬語遣いも注意

「さ」入れ敬語

✕ 行かさせていただきます。　○ 参ります。／伺います。

「させていただく」という謙譲語と、動詞＋「させていただく」という謙譲表現の区別がつかずに一緒になってしまった間違いです。「さ」だけとって「行かせていただきます」としても間違いではありませんが、あまりスマートではないため、能動的な表現にするといいでしょう。以下も同様です。

✕ 送らさせていただきます。　○ お送りいたします。

✕ こちらで働かさせていただいております。　○ こちらで働いております。

check

「ら」抜き言葉

敬語以前に、日本語の乱れで指摘されているのが「ら」抜き言葉です。

✕見れる　○見られる　✕出れる　○出られる

このように、可能の意味を表す「～られる」の「ら」は抜かずに表現します。ビジネス敬語以前の問題として、日頃から気をつけましょう。

～させていただく

相手の許可を得てすることを「させてもらう」と言いますが、それを丁寧に言うと「させていただく」という謙譲表現になります。相手からの許可を得て恩恵を強調したい場合、例えば、

○ 山下様の計らいで、本日の懇親会に参加させていただきました。

「参加いたしました」より、人からの恩恵が強調されるので、この場合は正しい使い方です。しかし、丁寧さと謙虚さを示すために使う人も多いようです。

「させていただく」は、相手へ直接敬意を表す敬語ではなく、自分の行為を丁寧に表現することによって、間接的に相手に配慮しています。便利で使いやすい言葉ですが、違和感を覚える人も多いでしょう。使い方に注意しましょう。

①繰り返しを避ける

何でも「～させていただきます」の多用は耳につき、まわりくどい印象になります。二重敬語になることも。すっきりまとめたほうがスマート。

✕ 先日拝見させていただいた資料についてお伺いさせていただきたいことがあり、ご連絡させていただきました。 ＊下線は二重敬語

○ 先日拝見した資料についてお伺いしたいことがあり、ご連絡いたしました。

多用せず下記のように言い換えも心がけましょう。

ご案内させていただきます。	○ ご案内いたします。
担当させていただく青木です。	○ 担当いたします青木です。
確認させていただきます。	○ 確認いたします。

②謙譲語のある動詞はその言葉を使う

御社に行かせていただきます。 ○ 御社に伺います。

③へりくだる必要のない場面では使わない

✕ この春、入社させていただきました。 ○ この春、入社しました。

ございます

「ございます」は、自分が相手に対して言う「です」や「あります」を、丁重に言う表現です。相手に付ける場合は、尊敬語の「いらっしゃいます」を使います。

✕ 失礼ですが、どちら様で**ございますか。**

○ 失礼ですが、どちら様で**いらっしゃいますか。**

✕ 鈴木様で**ございますね。**

○ 鈴木様で**いらっしゃいますね。**

その他の注意したい言葉遣い

大丈夫

便利な言葉ですが、お互いの思い込みや勘違いからトラブルになる場合も。本来の使い方は、「この建物は震度7までの地震には大丈夫です」「熱が下がったからもう大丈夫」など。OKや無事といった肯定の意味に使う言葉が、断るときなどの否定の意味に使われることがあります。曖昧な表現に注意しましょう。

現場の声

上司が若い部下を誘った際に断られたエピソードです。断られるのは仕方ないとしても、その断り方がよくわからないと嘆いていました。「『一杯飲みに行くか?』と誘ったら、『大丈夫です』と言われたけれど、『行かない』という意味だったらしい。大丈夫なら来られるはずだろう。いったい何が大丈夫なんだ」。（IT関連　50代）

～と思います

「思います」は、心に浮かべる・感じる・考えるなど、自分の意見や感想・気持ちを伝える言葉です。しかし、責任逃れ、自信のなさなどから使い方によっては不安や不信感を与える場合もあります。状況によって断言したり、言い換えることも必要でしょう。

△ こちらのほうがいいのではないかと思いますが。

○ **こちらをおすすめいたします。**

△ 申し訳ないと思っております。

○ **申し訳ございません。**

～してもらっていいですか

～してもらっていいですか。➡～していただけますか。

「～してもいいですか」は、基本的には自分がすることについて相手に許可を求める言い方ですが、「○○さんに、渡してもらっていいですか」は、自分ではなく相手にしてもらうことをお願いしている表現です。「～してください」「～していただけますか」などのように、相手に指示や依頼をするのと同じ内容を表しています。本来なら依頼の表現で伝えるべきところを、**許可を求めるような言い方をしている点が、「まわりくどい」印象**を与える表現です。

さらに、それを丁寧な言い方にして、「書いていただいてもよろしいですか」などに変化しますが、そもそも書かなければならないもので書くか書かないか選べる余地がないと、その点に違和感が生じます。**相手が断れない状況の場合には、許可を求めるような言い方は、かえって無礼な印象や高圧的な印象になる**場合もあります。相手にそれを判断させるような言い方ではなく、**「こちらにお名前を書いていただけますか」「教えていただけますか」**など、「～していただけますか」に言い換えるほうがスマートでしょう。

～という形になります

遠回しな表現。形のないものには使わず、シンプルな言い方にしましょう。

✕ ご負担いただく形になります。

○ **ご負担をお願いしております。**

やつ・やる

「やつ」は人や物事を指す俗語です。「やる」は「する」の俗語的な表現で、どちらもビジネスシーンには向きません。できるだけ具体的な表現に言い換えることも大切です。

✕ 先日ご注文いただいた**やつ**ですね。

○ 先日ご注文いただいた**お品ですね。**

✕ やらせていただきます。

○ **させていただきます。／いたします。／担当いたします。**

✕ ゴルフも**おやりになるのですね。**

○ ゴルフも**なさるのですね。／されるのですね。**

✕ **さっそくやりますので、**少々お待ちください。

○ **さっそくお調べしますので、**少々お待ちください。

「〜じゃないですか」などの若者言葉

同意を求めるために「〜じゃないですか」と言うのは失礼です。自らの性格などを、さも相手が知っている前提で話すのもイメージダウンです。

✕ **これって〜じゃないですか。**

✕ **〜じゃね？**

✕ **わたしって、〜が好きな人じゃないですか。**

check

若者言葉と言われる表現には他にも、「ワンチャン」「ぶっちゃけ」「マジ」「ヤバい」「っていうか」「ってか」「ウケる」など世の中にあふれています。口ぐせになっている人も多いので、ついうっかり口にしてしまわないよう、日頃から要注意です。また、「〜的な」「〜かも」「〜かなぁ、なんて」といった曖昧な表現は、友達同士では柔らかさが表現できても、ビジネスシーンでは誤解やトラブルの元です。

アルバイト言葉・マニュアル敬語

よろしかったでしょうか

✕ この内容で**よろしかった**でしょうか。

○ こちらの内容で**よろしいでしょうか。**

「よろしかった」は過去形なので、すでに済んでしまったことに使われる表現です。事後報告のようにも聞こえます。現在進行中の事柄は、過去形にする必要はありません。

～からお預かりします

×	○
× 1,000円からお預かりします。	○ 1,000円お預かりします。

おつりがある場合、「から」は必要のない言葉です。おつりがない場合は、「1,000円ちょうど頂きます（頂戴します）」。

～になります

「～になる」という表現は、「～に成る」という変化を表すときに使われる言葉です。「A案からB案に変更になります」などです。

×	○
× こちらがご注文のお品に**なります。**	○ こちらがご注文のお品です。
× こちらが見積書に**なります。**	○ こちらが見積書でございます。
× こちら、A定食に**なります。**	○ こちら、A定食でございます。

～のほう

「～のほう」は、方角や選択・比較の意味で使われます。比べるものがないときに多用すると耳障りです。「お会計のほうは」など、よく聞く言いまわしです。

×	○
× お名前の**ほうは。**	○ お名前を教えていただけますか。
× お電話番号の**ほう**を教えていただけますでしょうか。	○ お電話番号を教えていただけますでしょうか。
× 資料の**ほう**をご覧ください。	○ 資料をご覧ください。

現場の声

銀行の担当者の肩書きは「支店長代理」。商品説明が不十分なうえ、「こちらのほうでよろしかったでしょうか」などの言葉遣い。しかもノックは2回、契約したにもかかわらず見送りはその人の部下のみ。地元では一番大きな銀行だが、こんな人でも支店長代理になれる銀行なのかと不信感を抱いた。
（営業職　40代）

立場による敬称・呼称・敬語の使い分け

ビジネスシーンで使われる慣用表現・接遇用語

相手の立場を尊重する表現で信頼関係を築く

ビジネスの世界には、敬語以外にも相手を尊重する慣用的な表現がたくさんあります。**接客の際などに慣用的に使う改まった言葉を「接遇用語」と言います。**「接遇」とは丁寧にお客様の相手をすることです。その接遇でイメージも大きく左右されます。接遇用語は状況に応じて使うことが大切です。よりよい人間関係を保って仕事を進めていくために、ビジネス特有の表現を使いこなせるようになりましょう。

上下関係に加えて、社内で呼ぶ場合と、社外の人に対して言う場合の呼び方の違いを押さえましょう。

役職名は敬称

「社長」「部長」などの役職名は、「田中部長」のように、名前の後に付けたり、「部長」と呼んだりすると敬称になります。これは、本人に直接言う場合や社内の人との会話での呼び方です。

社内の人との会話

社内では、役職についている人は役職名、または「○○部長（名字＋役職名）」、役職についていない人は「○○さん」と呼びます（職場によって違う場合もあるので、ルールに従う）。

社外の人との会話

社外の人に対しても、役職についている人は役職名または、「○○部長（名字＋役職名）」が基本です。役職についていない人は「○○さん」、より丁寧に言う場合は「○○様」と呼びます。役職についている人に対しても、会話の流れで「○○様」と呼ぶ場合もあります（役職名自体が敬称なので、「○○社長様」「○○部長様」というように「社長」と「様」の敬称を重ねるのは基本的には誤りです。しかし、本来はそうでも、より敬意を表すために慣用的に使う場合もあります）。

check

その会社の人を前にした会話で、「○○商事」と言いにくく、「○○商事さん」「○○商事様」と「さん」や「様」を付ける場合があります。「御社」では堅苦しい場合、相手との関係性や使う側の気持ち次第で、過剰になり過ぎないよう使い分けましょう。

敬語の使い分け

社外の人に社内の人のことを言うときは、敬称は付けず、尊敬語ではなく謙譲語を使います。役職は敬称になるため、身内は呼び捨てにします。

✕ 田中部長がよろしくと**おっしゃっていました。**	○（部長の）田中がよろしくと**申しておりました。**
✕ 社長の福山がすぐに**いらっしゃいます。**	○ 社長の福山がすぐに**参ります。**
✕ 鈴木部長は、ただいま席に**いらっしゃいません。**	○（部長の）鈴木は、ただいま席を**はずしております。**

＊「いらっしゃいません」は謙譲語にすると「席におりません」になるが、ビジネスの場では接遇用語の「席をはずしております」にする

内部の者のことを、その人の近親者に言うときは尊敬語を使う

上司や社内の者のことを、その人の家族に対して話す場合は、尊敬語を使います。

✕ 部長の○○は食事に出かけて**おります。**	○ ○○部長（○○さん）は、食事に出かけて**いらっしゃいます。**

これはNG

男性が日常的に使う「僕」「俺」「自分」は、ビジネスでは控えましょう。男性でも日頃から「私（わたし・わたくし）」と表現します。

会話で注意！　呼び方の使い分け（文書は第6章を参照）

※主な口頭での使い分けをまとめました

相手側（社外）		自分側（社内）
○○様／お客様	本人	わたし・わたくし／こちら／当方
御社／○○会社様	会社・団体等	当社／弊社／わたくしども
社長の○○様／○○社長 御社専務	役職	（わたくしどもの）社長の○○ 弊社専務
ご担当者様／ご担当の方	担当者	担当者／担当の者
お連れ様／ご同行の方	同行者	連れの者／同行の者
お住まい／お宅	住居	自宅
結構なお品／お品物	物品	心ばかりの品／粗品
お手紙／ご書面	手紙・文書	書中／書面
ご意見／ご意向	意見	私見／考え
ご配慮／お心遣い	配慮	配慮／留意
お納め／ご査収（書類）／ ご笑納（贈答品）	授受	拝受／頂戴／受領
おいで／お越し／ご来社／ お立ち寄り	訪問	お伺い／お訪ね／ご訪問
ご子息／息子さん／お子様	息子	息子／長（次、三……）男
お嬢様／お嬢さん／娘さん／お子様	娘	娘／長（次、三……）女
ご主人／ご主人様	夫	主人／夫／○○（姓）
奥様／奥さん	妻	妻／家内
お父様／お父上	父	父
お母様／お母上	母	母
ご両親様／お父様お母様	両親	両親／父母
お兄様・弟様	兄・弟	兄・弟
お姉様・妹様	姉・妹	姉・妹

相手側（社外）		自分側（社内）
お祖父様	祖父	祖父
お祖母様	祖母	祖母
ご家族（様）/ご一家	家族	家族一同/わたくしども

こんなときは?

Q. 「ご子息」「息子さん」の使い分けは?

A. 「ご子息」は改まった言い方なので、初対面や社外の方との会話で使います。社内の同僚や近しい先輩には「息子さん」など、相手との関係性や立場などを考慮し選びたいものです。どんなシチュエーションで、どの言葉を選ぶのか慣れていきましょう。

これはNG

社外・社内問わず、家族の話題が出た場合、「お父さん」「お母さん」「お姉ちゃん」「おじいちゃん」などと呼ぶと、社会人としての常識のなさを疑われます。「父」「母」「姉」「祖父」と呼び、相手の「お父様」「おじい様」など自他の使い分けに注意しましょう。

check

「明日」を何と読む?

「明日」は、「あした」「あす」「みょうにち」と三つの読み方がありますが、使い分けていますか?ビジネスでは「あす」という言い方を基本に、相手や場面を踏まえて使い分けましょう。

一般的な言い方 あした ＜ やや改まった言い方 あす ＜ 改まった言い方 みょうにち

みょうにち=改まった雰囲気のなかで使う丁寧な言い方。

接遇用語の基本　改まった表現

人に関すること

わたし／ぼく	▶わたくし
わたしたち／ぼくたち	▶わたくしども
この人	▶こちらの方
あの人	▶あちらの方
男	▶男性／男の方
女	▶女性／女の方
老人	▶ご年配の方
みんな	▶皆様／ご一同様
一人	▶お一人様
誰	▶どちら様／どなた様

年月や時に関すること

きょう	▶本日
きのう	▶昨日（さくじつ）
おととい	▶一昨日（いっさくじつ）
あした	▶明日（みょうにち／あす）
あさって	▶明後日（みょうごにち）
今年	▶本年
去年	▶昨年
さっき	▶先ほど
この前／この間	▶先日
今	▶ただ今
すぐに	▶さっそく／早急（さっきゅう）に／ただ今 ＊「早急」を慣用的に「そうきゅう」と読む人も増えたため辞書でも併記されるようになったが、本来の読み方は「さっきゅう」
もうすぐ／もうじき	▶間もなく
ちょっと／少し	▶少々／しばらく
○○分くらい	▶○○分ほど
今回	▶このたび
あとで	▶後ほど
これから	▶今後
～したら	▶～次第

肯定の返事

そうだ	▶さようでございます
そうか	▶さようでございますか
そのとおり	▶ごもっともでございます
わかった	▶かしこまりました／承知（いた）しました
確かに聞いた（引き）受けた	▶確かに承りました
言っておきます	▶申し伝えます

否定の返事

残念	▶ **あいにく**
～ではない	▶ **ではございません**
～できない	▶ **いたしかねます／できかねます**
いらない	▶ **結構でございます**
断る	▶ **遠慮します**
わからない	▶ **わかりかねます**
知らない	▶ **存じません／存じ上げません**

その他の言いまわし

あれ／あっち	▶ **あちら**
ここ／これ／こっち	▶ **こちら**
そこ／それ／そっち	▶ **そちら**
どう	▶ **いかが**
どれも	▶ **いずれも／どちらも**
こんな	▶ **このような**
どんな	▶ **どのような**
そんな	▶ **そのような**
やっぱり	▶ **やはり**
だんだん	▶ **次第に**
以前から	▶ **かねがね**
多い	▶ **多大**
少ない	▶ **些少**
ミス／間違い	▶ **不手際**
一応	▶ **念のため**
全部	▶ **すべて**
いない	▶ **席をはずしております**
忙しい	▶ **立て込んでおります**
十分なことができず	▶ **行き届きませんで**
何とかならないか	▶ **ご配慮願えませんでしょうか**
都合が悪くなければ	▶ **お差し支えなければ**
すみませんが	▶ **申し訳ございませんが** ▶ **恐れ入りますが** ▶ **恐縮ですが** ▶ **お手数ですが** ▶ **お手数をおかけしますが** ▶ **失礼ですが** ▶ **ご面倒ですが** ▶ **ご迷惑をおかけしますが** ▶ **誠に申し上げにくいのですが**

ビジネスシーン別　よく使う接遇用語や言いまわし

※来客応対の詳細は第5章参照

受付や取り次ぎのとき

いらっしゃいませ。

ようこそお越しくださいました。（おいでくださいました）

○○様でいらっしゃいますね。お待ちしておりました。

お忙しいなか、ご足労いただきましてありがとうございます。
（わざわざお越しいただき／わざわざおいでいただき）

お足元の悪いなか、お越しいただきまして恐れ入ります。

失礼ですが、本日はお約束を頂いて（頂戴して）おりましたでしょうか。

恐れ入りますが、お名前を伺ってもよろしいですか。

失礼ですが、お名前をお聞かせ（お教え）願えませんでしょうか。

失礼ですが、お名前はどのようにお読みするのでしょうか。
（お名前は何とお読みすればよろしいのでしょうか）

失礼ですが、どのようなご用件でしょうか。（ご用件でいらっしゃいますか）

失礼ですが、ご用件は承っておりますでしょうか。

わたくしどもの、どの者にご用でしょうか。
（どの者を呼んでまいりましょうか／お呼びいたしましょうか／お訪ねですか）

わたくしどもには、そのような者はおりませんが。

こちらにおかけになって、もう少々お待ちいただけますか。

恐れ入りますが、少々お待ちくださいませ。
（お待ちいただけませんでしょうか／お待ちいただけますか）

ただいま、聞いてまいります。

お待たせいたしました。佐藤はただいま参ります。

どちらをお訪ねでしょうか。よろしければ、ご案内いたしましょうか。

お客様がお尋ねになったのは、○○課の中村のことでしょうか。

案内するとき

大変お待たせいたしました。ご案内いたします。

どうぞ、こちらへ。

こちらでございます。

どうぞ、お入りくださいませ。

こちらにおかけになってお待ちくださいませ。

失礼いたしました。

はじめの挨拶

はじめまして。（はじめてお目にかかります）

わたくし、〇〇と申します。

お名前はかねがね伺っておりました。

いつも大変お世話になっております。

お忙しいところ、お呼び立ていたしまして、申し訳ございませんでした。

本日は貴重なお時間を頂き（頂戴しまして）、ありがとうございます。

お時間をつくっていただき、ありがとうございます。

見送りや訪問先で帰りぎわの挨拶

では、失礼いたします。

ごめんくださいませ。

お気をつけて、お帰りくださいませ。

またお越しください。（お運びください）

本日は貴重なお時間を頂き（頂戴しまして）、ありがとうございました。

お時間をつくっていただき、ありがとうございました。

上司や同僚の不在時や面会を断るとき

あいにく福山は外出しておりますが、いかがいたしましょうか。

あいにく田中は席をはずしておりますが。

お差し支えなければ、ご用件を承りますが。

お差し支えなければ、資料はわたくしがお預かりいたしましょうか。

ただいま立て込んでおりまして、誠に恐れ入りますが。

後日、改めてお約束させていただきたいと存じますが。

後ほど改めて〜いただけませんでしょうか。

こちらからご連絡いたします。

わざわざご足労いただきましたのに(お越しいただきましたのに)、大変申し訳ございません。

判断できないことを尋ねられたとき

わたくしではわかりかねますので、担当者を呼んでまいります。

担当者に問い合わせまして、後ほどご連絡するということでよろしいでしょうか。

田中に確認しましてからご返事いたしますが、よろしいでしょうか。

伝言を頼まれたとき　伝言するとき

かしこまりました。ご用件は確かに申し伝えます。

かしこまりました。ご伝言は間違いなく山田に申し伝えます。

こちらの書類をお渡しするようにと、山田から申し付かっております。

わたくしからご説明申し上げるようにと、田中から申し付かっております。

依頼を断るとき

当社では、このようなご依頼はお断りすることになっております。

誠に申し上げにくいのですが、その件はお断りするようにと、山田から言われております。

そのようにおっしゃいましても、わたくしどもとしては、いたしかねますが。

お引き取りいただけませんでしょうか。

客が土産を持ってきたとき

お心遣いいただきまして、誠にありがとうございます。

お気遣いいただきまして、恐縮に存じます。

客に礼を言われたとき

どういたしまして。とんでもないことでございます。

とんでもないです。こちらこそ、いつも大変お世話になっております。

行き届きませんで、かえって失礼をいたしました。

同じことを伝えるにも、
さまざまな言いまわしを覚えることで
表現も豊かになります！

column　なるほど！ ザ「なるほど」

「なるほど」はいろいろなシチュエーションで使われている言葉です。しかし、「お客様に相づちを打つつもりで『なるほど』と言ったら激怒された」「上司に同意するつもりで使ったら注意された」などの体験談も聞きます。目上の人に対して、またビジネスシーンで「なるほど」と返答することは、マナー違反なのでしょうか。

辞典には、「他人の言葉を受け入れて、自分も同意見であることを示す」とあります。相手に対する同意、納得の感情の他に、「知らなかったことを知ることができた」という思いや、その件を「理解できた」ということを伝える場合、そして、純粋な相づちとしてさまざまなシーンで使われているのは確かです。

一方で「なるほど」には、「相手の意見を評価したうえで合意し、認める」ニュアンスが含まれるため、「上から目線」の偉そうな印象を与えてしまうのでしょう。「評価する」という行為は、通常目上の人が目下の相手へ、お客様がサービスなどに対して行うため、上から目線の見下した印象や生意気な態度だと感じられてしまうのです。

よかれと思って発した言葉が、取り返しのつかないことになるなら、ビジネスシーンでは慎重に使うべきでしょう。初対面の人やお客様、上司、先輩など目上の人に対して使うことは控えたほうが安全ですが、その言葉を使える雰囲気や関係性もすべて含めて、状況を判断する力が必要だと言えそうです。

しかし、つい口から出た言葉を戻すわけにはいかないので、その際はすかさず、「よく理解できました。ありがとうございます」「おっしゃるとおりです。そうですね」など言葉を添えます。言葉の失敗は言葉でカバーし、相手に自分の気持ちを正しく伝えることで、誤解やクレームを防ぐことができるでしょう。目上の人への同意、納得は、「おっしゃるとおりです」「承知しました」がすぐに使えると、誤解を招くこともないはずです。

第3章

言葉遣いは心遣い　言葉を磨く会話術

ワンランクアップの言葉遣い・話し方

表情・声の大きさ・話すスピードなどを意識しよう

信頼される話し方・伝え方

話の内容だけでなく、表情や態度にも気を配る

話し方、聞き方一つで会話の雰囲気は変わります。**相手と自分の立場を踏まえて、その場にふさわしい言葉を選び、**会話をスムーズに進めましょう。

ビジネスシーンに「話す力」「聞く力」は不可欠です。情報を正しくわかりやすく伝える秘訣は、言葉遣いはもちろん、**声のトーンや大きさ、内容を伝えるために話の組み立て方を工夫**することです。また、表情や態度によっても伝わり方は違います。身振り手振りのジェスチャーも伝え方の手段の一つと言えるでしょう。

表情や立ち居振る舞いなども、重要な非言語コミュニケーション力の一つです。つまらなそうな表情や自信がない話し方はマイナスイメージです。**きちんとした言葉遣いや話し方は品位や安心感を与えます。**好感を持たれ信頼されると、ビジネスの成功にもつながります。

check

人間関係で話の効果は異なる

同じことを話しても、聞き手との人間関係が悪ければ効果は上がりません。話し手の言葉を素直に受け取らない場合も多いからです。人間関係ができていない相手には特に言葉を選び、誠意を尽くす必要があるでしょう。一方、関係が良好な相手には、多少丁寧さを欠いた話し方や言葉足らずでも、真意は伝わるものです。人の個性はさまざまです。気が合う人間ばかりではありませんが、常に人間関係を良好にするための努力を惜しまないようにしましょう。

話し方・伝え方のポイント

声の大きさ

目の前の相手に、必要以上に大きな声で話しかけたり、会議でボソボソとつぶやくように話すのは相手を不快にしてしまう。**相手との距離感をつかむ。**

声のトーン・ハリ

大勢の前では、普段よりもやや高めのトーンを意識して話すと、声にハリも出て明るい印象に。**低めの声は長時間耳を傾けることもできる。謝罪や説得はトーンを落とす**など、場に応じてトーンや声のハリを意識的に変えると、気持ちも伝わる。

話すスピード

緊張すると早口になる人が多いもの。聞き取りにくくなるので、意識してややゆっくり話すことを心がける。**自分も相手も聞きやすいスピードが基本。**プレゼンや大勢を引きつける場面では、テクニックも必要。普通のスピードを基準に、ゆっくり、淡々と、わざとスピードアップするなど、聞き手を意識して工夫する。**固有名詞や数字などは、ゆっくり大きな声で話す**ことで強調したいことも伝えられる。話すテンポは、伝わり方に大きく影響する。

間・抑揚

適度な間を取っている話し方は、わかりやすく伝わりやすい。**機械的な一定の間は活気が損なわれる。**さらに、強弱などで一部分を際立たせて抑揚をつけると、強調したいことを表現できる。一本調子は聞いていて飽きるが、**抑揚がある話し方は、どこを強調したいのか聞き手もわかり、話に集中できるため、結果、伝わりやすくなる。**

話の締めくくりははっきり発音。文末を曖昧にしない

「～だと思うんですけど……」と文末を曖昧にする話し方をよく聞きます。英語であれば、肯定・否定の言葉が前半に提示されますが、日本語は最後までわかりません。そのため、文末を曖昧にしてしまうと、自分の意見が隠れてしまいます。文章の最後の締めくくりをはっきり丁寧に発音すると、自分の意見をしっかり持っている印象になります。

話の効果の決定権は聞き手にあり

話の組み立て方

「伝えた」自己満足より、相手が理解して「伝わった」ことが大事

「何を話すか」は話し手が決めますが、**話が正しく伝わったかどうかの決定権は聞き手が握っています。聞き手に合わせて話をしなければならないことを心得ておきましょう。**

会話は、伝えなければならないことを漏らさないことがポイントです。日常の業務報告はもちろん、商品説明や問い合わせに対する回答など、最初に**結論や自分の主張など主題を話します。**続いて、そこに至った理由や具体例、最後に再び結論でまとめたり、さらに提案や依頼、相手にしてほしいことなどを述べると伝わりやすくなります。

伝えたいことをしっかり伝えるために

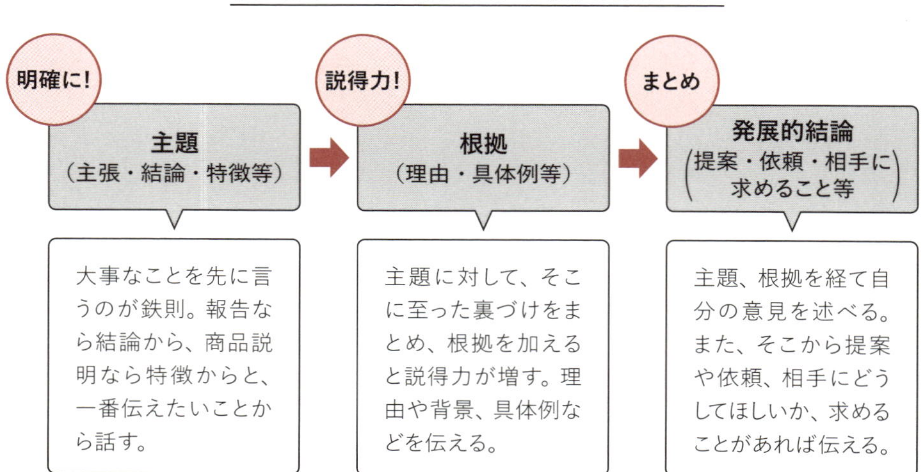

5W3H
で伝えよう

■ When（いつ／どんなときに）
■ Where（どこで）
■ Who（誰が／誰に）
■ What（何を／どんなことを）
■ Why（なぜ／何のために）

＋

■ How（どのように）
■ How many（どのくらい）
■ How much（いくら）

□ 会話例

相手の都合を聞く

田中部長、来月のイベント出展の件でご報告申し上げたいのですが、ただいまお時間よろしいでしょうか。

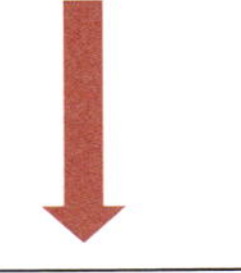

部長：はい。どうぞ。

主題
根拠

出展に関わるスタッフの人数が足りないのですが、他の課に協力してもらうことは可能でしょうか。
特に機材を運ぶのに手がかかりそうですので、2、3人お願いできればありがたいのですが。

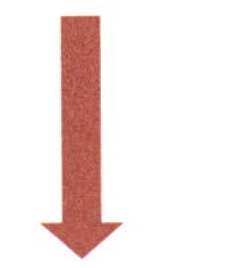

部長：その日に応援を頼むのは難しいな。

発展的結論

では、主催者に機材のレンタルをお願いするのはいかがでしょうか。
レンタル料金は○○円で予算内には収まります。

「主題＋根拠＋結論」は、話す以外にメールなどの文章でも有効

報告やプレゼンなど一人で話す場合は、書き出すこと

「結論＋理由＋具体例＋結論」で話すのがポイント。

報告なら結論から、商品説明なら特徴からと、一番伝えたいことから話し、そこに至った理由や具体例、**最後に再び結論でまとめる**と伝わりやすいでしょう。

ビジネスには、失敗は許されない場面やプレゼンなど「ここできめたい!」場面も多いものです。できるだけうまく話すためには、**「努力」と「練習」**が必要です。頭のなかだけで整理しながら話すよりも、**いったん見える形に書き出して**組み立てたほうが話しやすく、伝わりやすくなります。

目的は何か？	誰に話すのか？	伝える内容を整理	練習を重ねる
• プレゼン • 価格交渉 • お願い事	商談などの席で決定権があるのは誰か	ポイント・特徴・メリットなどキーワードを書き出し、キャッチコピーなど魅力的な表現を吟味	順番や話し方を工夫しながらリハーサル。抑揚をつけて聞き手を引きつける練習

check

「1分」を文字に起こすと、300~350文字程度

基本的に会話は一方的ではなく言葉のキャッチボールですが、プレゼンや会議での報告などで一人で話す場合、センテンスを簡潔に1分程度でまとめると伝わりやすくなります。初めて聞く内容の場合、長すぎると理解してもらえません。テレビなどのストレートニュースも、1分程の原稿にまとまっています。

こんなときは？

Q. **人前で話すとき、緊張から早口になります。緊張しない方法、あがらずにうまく話せる簡単な方法を教えてください。**

A. 緊張やあがり症は、準備不足に対しての不安も影響します。人前で上手に話す唯一の上達方法は「練習すること」です。アナウンサーや一流講師など、話術のプロでも必ず練習を重ねています。プロでさえそうなのですから、普通の人が緊張するのは当たり前です。

ただ思いつくままに口にするのではなく、まずは文章を書いてみると、余計な言葉が多いことにも気がつき、簡潔になります。書くことで頭が整理され、覚えられるのです。書いたものを見ながら話し言葉にし、繰り返すことで、紙を見なくてもだいたいのことが言えるようになります。

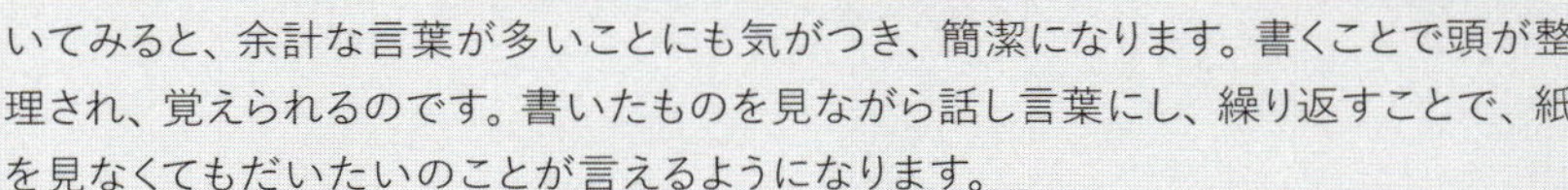

また、「練習したから大丈夫」という安心感も生まれます。自分の話し方を録音して、聞きやすいスピードや声の高さを確認してみるなどの小さな努力が緊張をなくす手段です。

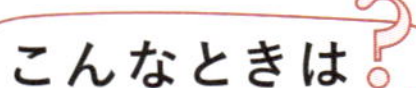

こんなときは？

Q. **私の声は低めです。高めの声のほうが印象がよいでしょうか。**

A. 「高い声が幼稚に思われて嫌だ」など、声の悩みは女性に多いようです。自分の一番話しやすい声の高さ、トーンがあるはずです。無理をして高めに話すと、逆に聞きづらくなってしまいます。

ビジネスシーンでは、一般的に低い声のほうが信頼されるものです。女性の場合は、高い声で説明するよりも、少しトーンを落として話したほうが、落ち着いた印象を与えるので、場面で使い分けるといいでしょう。

世の中には、「ちゃんと」「しっかり」「きちんと」など曖昧な言葉が溢れています。「ちゃんとした社会人」「しっかり頑張る」「きちんとした身なり」などなど、漠然としたこれらの言葉は、ある程度経験がある大人の世界では、便利なのでついつい使ってしまいがちです。しかし、人によってその程度や内容は違うため伝わりにくいこともあります。より具体的に伝えると、お互いストレスもなくなります。それがコミュニケーション不足を予防する方法の一つではないでしょうか。

3 「聴く」ことは「話す」こと

好感を持たれる聞き方

話し上手は聞き上手
聞く力＝「相手に心地よく話してもらう力」

上手に話すのは難しい、話し上手になりたいという人がいるなかで、聞くことは簡単と思われているようです。しかし、「話し上手は聞き上手」と言われます。

耳から入ってくる情報を聞き流すのは簡単ですが、本気で「聴く」姿勢にはテクニックが必要です。**聞くことは「受け身」の行為ではありません。**実はとても能動的で、何かを得ようとする「前のめり」な姿勢です。**黙っていても語れます。「聴く」ことは「話す」ことでもあるのです。**

相手に何の反応もされない場合と、反応しながら聞いてもらう場合では、話し手のモチベーションに大きな差が出ます。相手のうなずきや驚いた表情、感嘆の声などのリアクションがあって話しやすかったという経験がある人がほとんどでしょう。**反応することは聞き手のマナーでもあります。聞く力は、「相手に心地よく話してもらえる力」です。たとえ話しベタでも、聞き上手になればいいのです。**

相手の話をうまく引き出す　聞き上手になる秘訣

①表情と態度

相手の気持ちに添った表情と態度を心がける。**話の内容にふさわしい表情を。**話し手にとって、無表情ほど話しづらいものはなく、話す気力も失せる。聞き手が表情豊かに聞いていると、ちゃんと耳を傾けていると安心できる。**うなずきや相づちを組み合わせると、より素晴らしい「聴く」態度になる。**他のことをしながら聞いたり、頬杖をつくなど、相手が不快に思う態度はマナー違反。

②視線

話を聞いていることを視線で伝えることもできる。話し手の伝えたいという熱意が感じられるときは、しっかり目を合わせる。意識的に視線を向けて、うなずきなどで聞いていることをアピールできる。ただし、ずっと相手の目を見続けていると、お互いに疲れてしまうため、基本的には視線を合わせつつも、ときどき視線をはずすことも必要。

③うなずき・相づちは会話の促進剤

無反応で聞いていると、話し手は「つまらないのか」「関心がないのか」「何か失礼なことでも言ってしまったのか」と不安になることも。無表情で聞かれるのと同じように、話すことが苦痛になる。会話に興味があることを伝えるために、うなずきは簡単で効果的。

うなずき ＝ 共感 ➡ 好印象

うなずきは、話し手からすると、話の内容に共感してもらえたと感じられる。反応しながら聞いてもらえると、話し手から見た聞き手は好印象に。うなずきに、その場の状況に合った短い言葉をプラスすると、「相づち」になる。「ええ」「はい」「そうですか」だけが相づちではない。相づちを打つ言葉をタイミングよく使うことで会話はスムーズに進む。うなずき、相づちは会話の促進剤。

□ **相づちのバリエーション**

同意する	「そうですね」「おっしゃるとおりです」「確かに」「そう思います」など
反対する	「そうは思いませんが」「そうでしょうか……」「賛同しかねます」など
疑問に思う	「それはどうでしょうか」「何とも言えませんね」など
褒める	「それはすごい」「素晴らしいですね」「素敵です」「お見事です」「さすが」など
同情する	「残念ですね」「おつらいでしょうね」「寂しいですね」「お気の毒に」など
ねぎらう	「大変でしたね」「お疲れさまでした」など
話を促す	「それで」「それからどうなりました」など
話を転換	「ところで」「それはそうと」「話は変わりますが……」など

相づちのローテーション

さまざまな相づちをローテーションして使うことが、会話を弾ませるポイント。接客の場で改まった言葉として「さようですか」という言葉があるが、何を言っても「さようですか、さようですか」と繰り返されると、ちゃんと聞いているのか疑いたくなる。より丁寧に「さようでございますか」と言うと、品のいい落ち着いた相づちになるが、上品でも何度も繰り返すことで、逆に品のよさが薄れてしまう場合も。

**何でもうなずかない・
相づちを打ちすぎない**

どんな話の内容にもうなずいたり、「はいはいはい」など、タイミングも考えずに相づちを打ちすぎると、適当にあしらわれていると感じられる。相手の話にしっかり耳を傾け、自然に対応できるように。

④話は遮らず、最後まで

気持ちよく話してもらうためには、途中で話を遮ったり、割り込まないことも大切。聞いているうちに何かひらめいても、相手が話し終わるまで待つ。

⑤間を恐れない

話しベタな人ほど沈黙が怖く、何か話そう、すぐに次の言葉を言わなければと焦るかもしれない。しかし、適度な間を取るのも会話。間を恐れず余韻を楽しみたい。

言い換えとクッション言葉の達人に

マナーのある会話術

言いづらいことを言わなければならないとき

何の前置きもなく、一方的に用件に入ったり、相手の意見を頭ごなしに否定するといった行為は、会話のマナー違反です。マナーあふれる会話とは、お互いに気持ちよく会話ができることです。「会話はキャッチボール」と言われますが、相手が取れないような剛速球を投げずに、お互いのボールを取りやすく、投げやすくなるような関係を築きましょう。

ビジネスでは、お願い・お断り・注意・警告・反論など少々言い方に注意が必要な場面がありますが、ストレートな物言いは、誤解や摩擦を生む原因にもなります。**言葉を言い換えたり、やわらかい印象になるクッション言葉を添えて、ビジネスシーンに合わせた言葉を使えるようになりましょう。**

命令形 ➡ 依頼・質問形

「こちらでお待ちください」など、「～してください」という言い方を「～していただけますか」と相手に判断をゆだねる言い方にする。「お待ちください」は丁寧な言い方のようでも「ここで待て」と命令されたような気分になる場合もあるため、「こちらでお待ちいただけますか」と依頼・質問形にすると、やわらかい印象に。

こちらでお待ちください。 ➡ **こちらでお待ちいただけますか。**
こちらをご覧ください。 ➡ **こちらをご覧いただけますか。**
ご検討ください。 ➡ **ご検討いただけますか。**

否定形 ➡ 肯定形

「～かねます」という肯定的な言い方にする。

できません。　➡ **できかねます。／いたしかねます。**

わかりません。➡ **わかりかねます。**

ただし、クレームなどに対してこの言葉を言うと、余計に「自分の会社のことなのになぜわからないのか」と怒りを逆なでする場合もあるため、要注意。

よりステップアップ！「NO」を肯定的に伝える敬語表現

「いたしかねます」「わかりかねます」と言い換えても、「NO」と言われた相手は、いい印象は持たない場合もあるため、肯定的に言い換える。

✕　わかりません。➡ **お調べいたします。**

➡ **お答えできる者に代わります。**

✕　できません。　➡ **このような条件ならお引き受けできます。**

➡ **別の方法であれば、承ります。**

✕　無理です。　　➡ **この条件では難しいので、社内で検討いたしまして、後日ご連絡差し上げます。**

こんな表現も

（在庫が）ありません。➡ **切らしております。**

お待たせして、申し訳ございません。

➡ **お待ちいただいて、ありがとうございます。**

クッション言葉を身につけよう

用事を頼むときや反対意見を述べるなど、言いづらいことを伝えるとき、本題に入る前に一言付け加えるだけで、やわらかい言い方になります。まさに、クッションの役割をする言葉遣いです。

依頼・質問・提案

依頼

- 恐れ入りますが
- 恐縮ですが
- お手数ですが
  （お手数をおかけしますが）
- ご面倒ですが
  （ご面倒をおかけしますが）
- 申し訳ございませんが
- ご迷惑でなければ
- （お）差し支えなければ

質問

- 失礼ですが
- 恐れ入りますが
- （お）差し支えなければ
- つかぬことを伺いますが

提案

- よろしければ
- （お）差し支えなければ

- お願いできませんでしょうか
- ～していただけますか
- ～いたしましょうか

注意・忠告

- 恐れ入りますが
- 恐縮ですが
- お手数ですが
  （お手数をおかけしますが）
- 大変申し訳ございませんが

- ご配慮願えませんでしょうか
- ご遠慮くださいませ
- ご容赦ください
- ご了承ください

断り・謝罪

- 大変申し訳ございませんが
- 誠に申し上げにくいのですが
- 大変残念ですが
- お気持ちはありがたいのですが
- 大変ありがたいお話ではありますが

＋

- いたしかねます
- わかりかねます
- 今回は遠慮いたします
- 今回は見送らせていただきます

謙虚さを加えよう

お願い事など、相手が「してあげよう」と快く思うクッション言葉があります。同じように、相手にプレッシャーを与えないようにする一言があります。

プレッシャーをかけない

- お時間のあるときでかまいませんので
- いつでも結構ですので
- お手すきの時でかまいませんので

謙虚さをプラスする

- ～していただけたらうれしいのですが
- ～していただいたら大変ありがたいのですが
- ～していただいたら助かります

会話は第三者に聞かれている　組織の品格を上げよう

社会人として恥をかかない ビジネス会話術

同僚・部下に丁寧語で話す　組織の品格につながる

飲食店に行った時、厨房からスタッフを叱りつける怒号が聞こえたり、お客様がいる前でスタッフ同士が内輪の話で盛り上がる場面に遭遇したことはありませんか。

同じようにビジネスの場での社員同士の会話は、受付での対応以上にその会社の体質を感じる瞬間です。「それな。ウケる」「えっ、それヤバくね」、そんな会話をしていた人が振り向いて「いかがいたしましょうか」と言葉遣いを変えても、訪問者はあまりいい気持ちはしません。

そのためビジネスのオンタイムは普段から、**一人でも社外の人がいる場面では、少しだけ丁寧語で話すことを意識しましょう。**「おい、佐藤（呼び捨て）、資料持ってきて」ではなく、「佐藤さん、資料をお願いします」などです。顧客以上に敬うような敬語を使う必要はありません。少しだけ丁寧に伝えるようにすればいいのです。それは、**言葉をかける相手への思いやりだけではなく、その言葉を聞くまわりの人たちへの気遣い**であり、さらにそれが**組織の品格**につながります。

check

第三者の前での注意の仕方にも品格を！

飲食店で水をこぼしてしまったスタッフに、別のスタッフが「何やってるんだよ！」と注意をしたとします。お客様に「大変申し訳ございません」と謝罪したとしても、人が叱られるのを見るのはあまり気持ちのいいものではありません。「これからは気をつけてください」と短く声をかけ、後でしっかり注意したほうが、お客様もその後気分よく食事ができるでしょう。同僚や部下に丁寧に話すことは、その場の雰囲気を気持ちのよいものにする効果があります。

個人情報には丁寧な敬語を使う

個人情報の取り扱いには細心の注意が必要です。個人情報を取得する際にも配慮しますが、流出が企業の大きなリスクになるため、厳格なルールづくりが必須です。それと同時に、**個人情報を扱うときの言葉遣いにも気を配りましょう。**個人情報の扱いにピリピリする時代だからこそ、**言葉でカバーします。組織の姿勢がそのまま言葉遣いにも表れる**のです。

個人情報は相手を尊重して聞く

個人情報といっても、名前や住所、電話番号はもちろん、家族状況などさまざまです。例えば住所を聞くとき、「ご住所をお願いします」という言い方は、「お願い」という言葉を使っていても、さらに尊敬語を使って「おっしゃってください」と言い換えても、命令されている印象が残ります。個人情報を丁寧に扱っている姿勢を示すには、住所を教えてもらうことへの同意や許可をもらう言い方にするといいでしょう。

「ご住所を教えていただけますか」

「ご住所を伺ってもよろしいでしょうか」

さらに、クッション言葉を添えて配慮すると、より丁寧さが伝わります。

「(お)差し支えなければ、電話番号を教えていただけますか」

言葉遣いは話す相手だけでなく、話のテーマでも敬語の度合いが変わってきます。**人の生死に関わることは、より丁寧に話しましょう。**

「お父様がお亡くなりになったと伺いました。このたびは、ご愁傷さまでございます」

災難に見舞われた方に「おつらいことだったとお察しいたします」など、言葉を丁寧にすることで、気遣いが伝わります。

微妙なニュアンスを使い分ける「くださる」と「いただく」の違いは？

次の文章の表現はどちらが正しいでしょう。

「お越しくださり、ありがとうございます」
「お越しいただき、ありがとうございます」

「ご参加くださいまして、ありがとうございます」
「ご参加いただきまして、ありがごとうございます」

正解は、両方です。どちらも敬語として正しい使い方です。敬語の丁寧さでは同程度のレベルと言えます。ただし、**敬意の伝え方に違いがあります。**

くださる

➡ • 相手の行為に焦点を当てて、その行為に敬意の気持ちを込めている尊敬語

いただく

➡ • 自分が受ける恩恵に焦点を当てた表現の謙譲語
• 相手に申し訳ないという、恐縮する気持ちが伝わる

どちらがより丁寧か、どちらが適切かという比較は難しいところで、どちらを選ぶかは言葉を使う人の感性です。適切に判断して使いましょう。

例えば住所を教えてもらう場合、「教えてくださいますか」と「教えていただけますか」という言い方がありますが、「教えてくださいますか」は「教えてください」の命令形を丁寧にした形で、「いただけますか」は教えるという行為をしてもらえるか、お伺いを立てる感じを受けます。

相手にしてほしいことを率直にお願いする場合は、「くださいますか」を使い、やんわりと頼む場合は、「いただけますか」を使うといいでしょう。

一言ではなく、文で話す　「察して」は無責任

「ええ、まあ」
「まあ、ちょっと」
「いやあ、それは……」

このように、ほんの一言の答えが返ってきたことはないでしょうか。日本人はお互いに察し合いながら話すことがよくあります。しかし、**ビジネスの場では通用しません。言葉を濁せばごまかせると思うのは間違いです。**

部下が上司に「課長、あの企画は……」「部長、休暇の件は……」、また上司も部下に対して「おい、あれ」など、お互いに察する癖がついていないでしょうか。日頃の慣れから、お客様に対しても「あのぉ、お名刺を……」などと言ってしまう恐れがあります。「恐れ入りますが、お名刺を頂けますか」と最後までしっかり言い切る習慣をつけましょう。**一言ではなく、文で話す習慣が職場全体で必要です。**

間を取るのも会話　沈黙も敬語のうち

言葉遣いも丁寧で敬語の使い方も間違いがなくても、考える間や言葉を挟む間を相手にまったく与えず、**まくし立てる話し方は敬意や配慮がなく失礼です。間合いは、会話全体を通すと転換やいいアクセントになります。沈黙を使って、相手に敬意を表現するのです。**

相手を前に説明する場面は、商品やサービスをすすめるとき、プレゼンするときなどさまざまです。言いたいことが多いと、一気に話してしまいがちです。しかし、**間がない話し方は、聞き手を尊重している印象がありません。一方的ではなく、相手からの質問を求める余裕が必要です。**「ここまででご不明な点はございませんか」などと問いかけたり、相手に言葉を求めなくても、うなずきや表情を確認する余裕も大切です。

たった一言が命取り⁉
危険な言葉「はっ?」「あっ!」「まぁ」「ね」など

たった一言、文字にすると一文字、二文字で、相手の気分を害してしまうことがあります。その一言が命取りにならないように危険な言葉に注意しましょう。

はっ？・え？

相手が話している途中で「**はっ?**」「**えっ?**」と発したとしたら、相手はど

んな気持ちになるでしょう。ただ単に聞き取れなかった言葉があっただけだとしても、相手は自分が何か間違ったことを言ってしまったのか、何か相手の癇に障ることを言ったのかもしれないと思うでしょう。

クレームなどの電話に対して「はっ?」「えっ?」と発してしまったら、その一言だけで反論していると思われ、怒りに火をつけてしまうかもしれません。「あっ、そうですね」の「あっ」も丁寧さに欠ける印象です。

まぁ

冒頭につける「**まぁ**」はよく聞く言葉です。相づちで「まぁ、そうですね」と言われると、そこまで同意しているわけではないと感じられます。仕事でミスをした部下に「まぁ、反省しています」と言われたとしたら、真剣に反省しているのか疑わしくなります。

「まぁ」という言葉は、「大したことはない」というニュアンスが含まれています。逆に、ミスした部下に「まぁ、気にするな」という使い方は、慰める場合に有効です。

あぁ

「そうですね」の同意の代わりに使われる「**あぁ**」という表現は、語尾を下げれば、あまり納得していない雰囲気にもなるため控えましょう。

さぁ

質問されて「**さぁ**」は、わからないときのリアクションですが、聞かれたことを軽く捉えている感じがします。わからなくて当然のような言い方で、わからないことへの責任感も感じられません。質問した相手にとっては、残念な結果と言えるでしょう。

ね・よね

文末につける「**ね**」や「**よね**」にも注意が必要です。「先日の商品もお客様に好評でしたよね」「ぜひ、御社にお試しいただきたいんですね」など、相手に対して確認・同意を促す・強調・柔らかい雰囲気にする効果はあるにしても、あまりにも使いすぎると、押しつけがましい、馴れ馴れしい印象を与えてしまうかもしれません。

これはNG

「うそっ」「マジで」「ヤバッ」など、ついつい出てしまう言葉にも注意をしましょう。相手を不快にする否定的な相づちは、相手の怒りに火をつけてしまいます。

曖昧な返事　「結構です」で結構？

「結構です」は、ビジネスの場で使えるでしょうか。お歳暮などが届いた礼状に**「結構なお品を頂戴しまして」、お茶席で「結構なお点前で」と言えば、頂いた品物や振る舞われたお茶の素晴らしさを褒める一言になり、改まった場面で使える言葉です。**

「結構です」の元々の意味は、「すぐれたさま」や、自分が満足しているさまに使います。自分が満足している状態なので、「お茶のおかわりはいかがですか」と聞かれて、いらないという意味で「結構です」と使います。**品のある言い方で、大人の対応として心得ておきたいものですが、否定の意思を明確にするために、「せっかくですが、結構です」と言うと、相手の気遣いに感謝する気持ちも伝わります。**

次の会話では、どうでしょう。

相手：「こちらの新商品をおすすめします。ぜひ、ご検討ください」
A：「せっかくですが、結構です」
B：「もちろん、結構です」

Aは「せっかくですが」と前置きしているので、「購入しない」意思表示だとわかります。しかし、Bは、「もちろん、購入します」なのか、「もちろん、購入しません」なのか曖昧です。

イエスかノーの意思表示を明確にしなければならないとき、「結構です」の一言は誤解の元です。断る場合は、「せっかくいいお話を頂いたのですが」など、丁寧に対応すれば、いい関係を維持することができます。

こんなときは？

Q. 意見を求められ、「微妙です」と言ったら注意されました。何が悪いのでしょう。

A. 「微妙」という言葉が口癖になっている人がいます。しかし、よいか悪いか、できるのかできないのか、二択では表現できないニュアンスを、相手にわかりやすく、いかに具体的に伝えるかが大事です。

例　上司：「今週中にこの資料をまとめられる？
NG：「うーん。ちょっと微妙です」
OK：「仕事が立て込んでいまして、今週中は難しいのですが、週明けまでお時間いただければまとめられます」

一目置かれる存在に！

デキる！と思われる大人の対応と言葉遣い

ビジネスはお願いだらけ
――依頼・お願いの仕方と言葉選び――

伝える内容は同じでも、やわらかくスマートに言い換えるだけで印象が変わり、一目置かれる存在になります。

上司や取引先、お客様などに依頼、お願いをするときは、尋ねる形にすると、やわらかい印象になります。相手が忙しいときに声をかけなければならない場面もあります。クッション言葉を使いこなし、相手を気遣う気持ちも表現しましょう。

お時間をください。

➡**お忙しいところ恐れ入りますが、少々お時間を頂けますか。**

明日は休ませてください。

➡**明日、休みを頂きたいのですが、よろしいでしょうか。**

もう一度、お名前を教えてください。

➡**恐れ入りますが、もう一度お名前を教えていただけますか。**

もう一度、説明してください。

➡**申し訳ございませんが、～について確認させていただけますか。**

見積書をつくってください。

➡**見積書をつくっていただけますか。**

同意を伝える言葉選び　相手によって変わる

目上の人への同意

○○課長の意見に賛成です。

➡ **○○課長の意見に異存（異論）はございません。**

＊「賛成する」という言葉は間違いではないが、フランクな印象になるため、目上の人には使わず、相手の意向に沿う姿勢を示す。

私も同感です。

➡ **おっしゃるとおりでございます。**

同僚や後輩への同意

佐々木さんの意見でいいんじゃないかと思いますよ。

➡ **佐々木さんの意見に賛成です。**

反対意見を述べるときに効果的　「Yes, But & How」

反対意見を述べるときは、頭ごなしに否定するのではなく、まずはYes「そうですね」と、いったん相手の考え方や意見を受け入れます。その後に、But「しかし、私は～と思うのですが」「私は～と考えます」と自分の意見を述べ、最後に、How「いかがでしょうか」と提案し、相手の意向を伺います。普段のコミュニケーションにも、クレーム対策にも効果的な会話術です。

それは間違っていると思います。
それはそうかもしれませんが……。
普通はそう考えません……。
常識的に考えると……。

➡ **おっしゃることはよくわかります。しかし……。**

➡ **部長のご提案、素晴らしいと思います。私なりの案も考えたのですが、ご提案してもよろしいでしょうか。**

それは違います。

⇒ **確かに山下さんのようなご意見もあると思います。しかし、私は～と思いますが、いかがでしょうか。**

断るときの言葉選びで株が上がる　上手な断り方

ビジネスでは、相手の依頼を断る場面も出てきますが、「断る」意思表示をなかなかできない人が多いのが現実です。電話ならまだしも、直接お会いして断る場合は、相手が失望する様子を目の当たりにするので、ついつい曖昧な言い方になってしまうことも。**「一応、考えておきますが」「検討はいたしますが」などの曖昧な答え方は、可能性があると解釈され、相手に期待を持たせてしまいます。**「担当ではないので」「時間がないので」なども、「担当者に会えれば」「都合のいい日に」などと言われてしまう場合も。このような曖昧な表現はしないようにしましょう。

また、「会社」対「会社」ではなく、仕事を通した個人的な関係も、断り方一つで人間関係が変わってしまうことを覚悟しておかなければなりません。

断り方のコツは、できないことをはっきり伝えることですが、相手への心配りを忘れずに、お詫びの言葉も添えて配慮することです。

⇒ **申し訳ございませんが、お受けいたしかねます。**

⇒ **残念でございますが、お引き受けいたしかねます。**

⇒ **せっかくのお申し出ですが、ご期待に沿えず申し訳ございません。**

⇒ **このような件（寄付など）は、弊社ではお断りすることになっております。申し訳ございません。**

⇒ **当社では、このようなご依頼はお断りすることになっております。**

⇒ **この件につきましては、部長の田中からお断りするようにと申し付かっております。ご期待に沿えず申し訳ありません。**

⇒ **誠に申し上げにくいのですが、その件はお断りするようにと、山田から言われております。**

➡ **そのようにおっしゃいましても、わたくしどもとしては、いたしかねます。**
➡ **お引き取りいただけませんでしょうか。**

誠意ある対応で好印象に

相手の意向に沿えないはっきりした理由や事情がある場合は、誠意をもって話します。機密事項に関わることなら本当の理由を言う必要はありませんが、納得する理由を伝え、もし代替案がある場合は、完全に断るよりは対応もしやすいでしょう。代替案がない場合も、誠意をもって相手の話を最後まで聞くことで、断っても好印象につながります。

✕ 今、忙しいのでできません。
➡ **○○部長から、会議の資料を明日までにまとめるよう頼まれております。明後日以降でしたらお引き受けできるのですが、いかがでしょうか。**

✕ そんな仕事は私には無理です。
➡ **そのような大役は私には荷が重すぎます。**

✕ 贈り物は困ります。
➡ **お心遣いありがとうございます。せっかくですが、お気持ちだけありがたく頂戴します。**

✕ しつこいんですけど……。
➡ **お気持ちは重々承知していますが……。**

現場の声

依頼された仕事をやむを得ず断らなければならなくなり、丁寧にメールを書いたが、先方からの答えは「わかりました」の一言だけ。そっけないその対応に逆に憤りを感じた。今後のその会社とのやり取りについても、どうしていくか考えてしまう。

（個人事業主　40代）

接待・懇親の場
仕事を通した個人的なおつき合いの断り方

仕事を通した人間関係でも、個人的な誘いを受ける場合も少なくありません。仕事の打ち合わせを兼ねた懇親会などはあらかじめ日程調整できますが、突然の気軽な誘いや社内の懇親会もあるでしょう。先約があり都合が悪いこともあれば、気乗りしない場合もあるかもしれません。そんなときは、はっきりとした理由は避け、誘いへのお礼を述べたうえで断ります。誘う側からすると、返事によっては誘って悪かったと後悔したり、反対に断られても、親しみを持ち、素敵な人だと感じる場合もあります。

仕事じゃないなら、行きません。
その日は行けません。
あんまり行きたくないんですよね。

➡ **お誘いいただき、ありがとうございます。あいにく、その日は予定がありまして……。**
➡ **せっかくお声をかけていただいたのに申し訳ないのですが……。**
➡ **願ってもない機会ですが……。**
➡ **参加が叶わず、大変残念です。**
➡ **ぜひまた機会がありましたら、お声がけください。**

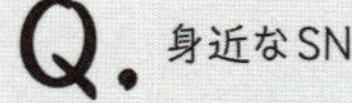

Q. 身近なSNSやメールで断るときに株が上がる上手な断り方はありますか？

A. ＊すでに調整ができない仕事や用事が入っている場合
➡ すぐに断わりの返事をする
➡ 今のところ未定であれば、わかり次第返事をする旨をまずは返信する

相手にとって一番たちが悪いのは、行く気がないのに先延ばしにして返事をしないことです。また、誘いを受けてから随分時間が経ってから返信、またはSNSであればいわゆる“既読無視”の状態もいい印象を持たれません。マナーの基本は、相手の立場で考え、まずはなんらかのアクションをすることです。

相手に納得してもらうことが大事

クレーム対応と謝罪の言葉

一人のクレームは、物言わぬ多くのお客様の代表の声

クレームを受けるのは誰もが嫌なものですが、会社にとっては貴重な意見や生の声を聞くチャンスです。**的確に素早く対処できれば、お客様の不信や怒りを、信用と信頼に変えることも可能です。**

自分はその場にいなかったにしても、お詫びをしなければならない場合もあります。電話、直接など場面に応じて謝罪する方法もさまざまですが、ポイントを押さえておきましょう。

トラブルになる前に誠意ある対応を ——冷静・謝罪・迅速——

たとえ先方の一方的な勘違いや思い込みでクレームを受けたとしても、**相手に不快な思いをさせてしまったことは事実**なので、まずはそのことに対する謝罪の言葉を述べるのがマナーです。ただし、話の全容を把握しないうちに、「すべては弊社の責任」などと全面謝罪してしまうと、のちのち大きな責任問題につながる場合もあるので、注意が必要です。

□ クレーム対応のステップ

❶ 心は冷静に。態度は状況に合わせ、誠意ある対応

❷ 謝罪の言葉

最初の謝罪

➡ ご迷惑をおかけして、大変申し訳ございませんでした。
➡ おっしゃることは、ごもっともでございます。
➡ ご指摘のとおりでございます。
➡ わたくしどもの不行き届きで、大変ご迷惑をおかけしました。
➡ 早急に調べまして、午後２時までにお返事いたします。

クレーム処理後

➡ 今後ともお気づきのことがございましたら、
ご指摘くださいますようお願いいたします。
➡ 貴重なご意見を頂き、ありがとうございました。
➡ 今後、このようなことがないよう、取り組んでまいります。

❸ 相手の話を最後まで聞き、迅速に！

こんなお詫びはNG

- 反論、言い訳をしたり、ごまかしたりする
- 機械的に対応する
- ミスを人になすりつける
- 曖昧な表現をする
- 感情的・反抗的な態度をとる

check

クレーム対応で「ありがとうございます」

「〇〇様、このたびは大変申し訳ございません。そして、ありがとうございます」
「〇〇様のおっしゃることはごもっともでございます。貴重なご意見をいただき、ありがとうございました」
クレームはお客様がよかれと思って指摘してくださった貴重な意見と捉え、お礼を言います。クレームの内容が変わることはなくても、怒りの気持ちは和らぐでしょう。

気をつけたいクレーム対応

即答できない

電話なら、すぐに調べて折り返し連絡することを伝えます。「30分以内に」「午後2時までに」など、相手に時間のめどを伝えるのもマナーです。

「わかりかねます」に注意！

担当者でないにしても、自社のことをわからないと言われると余計に怒りをあおる場合があります。その場合は、以下のように言って担当者に代わります。

➡ **他に詳しい者がおりますので……。**
➡ **その点につきましては、より詳しい担当者がおりますので……。**

現場の声

職場で100通のレターパックを出すことになり、郵便局の窓口へ持ち込んだ。社内できちんと数を確認したはずなのに、窓口の人は一度数えただけで「90通です」とのこと。「社内で100通と確認したはずなのですが……」と言ったが、「じゃあ、数え直してください!」とぞんざいな態度をとられた。しぶしぶ数え直したところ、やはり100通で間違いなかった。「100通ありましたけど」と言って支払いを済ませたが、詫びの一言もなかった。上司にこのことを報告すると、その郵便局へクレームの電話を入れた。責任者からは、「大変申し訳ありません」とお詫びされたと同時に「契約社員の新人だからしょうがないので……」と言い訳をされたと言う。しかしその後、その郵便局の職員の皆さんの対応が改善されていたのでよかったと思う。（事務職　30代）

お客様の不信や怒りを、
信頼と信用に変えましょう。

言葉をレベルアップ！

さすが！と思われる印象アップの言葉遣い

「恐れ入ります」「おかげさま」で企業価値を上げる

「ありがとうございます」の代わりに、**「恐れ入ります」**と言ってみましょう。「恐れ入ります」は、日常的に使うには仰々しいと感じるかもしれませんが、普段あまり使わない言葉だからこそ、**ビジネスの場ではワンランク高い印象を持たれるでしょう。**

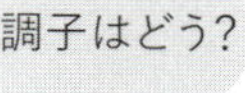

もう一つ使いたい言葉が**「おかげさま」**です。上司から「最近、調子どう？」と声をかけられ、「元気です」「快調です」とストレートに答えても間違いではありません。そこに「おかげさまで」の一言をプラスするのも大人の言葉遣いです。お客様や外部の仕事関係者との会話でも活躍する言葉です。**「おかげさま」と感謝する対象は、目の前の相手だけでなく、多くの見えない陰で支えてくれる存在です。**社会人として、誠実さが伝わるでしょう。

check

「おかげさま」を表す言葉

自分一人の力ではなく、まわりに助けてもらっていることを言葉にしましょう。

- **日頃からお引き立ていただき**
- **お力添えをいただき**
- **ご理解、ご支援を賜り**
- **ご愛顧に感謝いたします**
- **いつもかわいがっていただき**

「ありがとうございます」をレベルアップ

ビジネスは、御礼にはじまり、御礼に終わります。日本人が一番好きな日本語とも言われる「ありがとう」という言葉ですが、「ありがとうございます」のオンパレードでは、口癖のようで、ありがたみが薄れてしまいそうです。さまざまな場面で心からの感謝を表すために、「ありがとう」をレベルアップさせましょう。

まずは、何に感謝しているのか、その理由などを具体的にすることです。

➡ **お忙しいなかお越しいただきまして、ありがとうございます。**
➡ **本日は貴重なお時間を頂戴しまして、ありがとうございました。**
➡ **お電話いただき、ありがとうございます。**
➡ **お心遣いいただき、ありがとうござます。**
➡ **楽しいお話、ありがとうございました。**

さらに、**相手の名前を言う**だけで、その価値は上がります。目の前の相手に言うので、**相手も自分に言われていることはわかっていますが、そこをあえて、「○○様、ありがとうございます」と言葉にすることで、相手の心に響くものです。言葉遣いは心遣いです。**

「ありがとうございます」以外の言葉で感謝を伝える

いつもより丁寧に感謝の気持ちを伝えたい、伝えなければならないとき、「ありがとう」に加え、他の表現ができたらいいと思ったことはないでしょうか。それには、日頃から言葉に敏感になることが大事です。言葉の言い換えがいくつもできると、人生に彩りが生まれます。手紙を書くことも少なくなりましたが、メールなどで御礼を言うときにも使える言葉を覚えましょう。もちろん、会話にも役立ちます。

□ 感謝を伝える言葉

定番のフレーズ

➡ このたびは大変お世話になりました。心から感謝いたします。
➡ 楽しいひとときをご一緒させていただき、心が豊かになりました。
➡ お話を伺って、とても優しい気持ちになれました。

ひとかたならぬ

さらに丁寧に目上の人に御礼を申し上げるときに使う。「ひとかた」は、「並ひととおり」という意味で、「ひとかたならぬ」は、「並ひととおりでない」。「大変」「非常に」と書くよりもやわらかい印象に。

➡ このたびは、ひとかたならぬご尽力をいただきまして、御礼の言葉もございません。
➡ 在職中は、ひとかたならぬご厚情を賜り、心より御礼申し上げます。

お力添え

「お世話になる」「ご協力をいただく」という表現よりも丁寧で、真心がこもっているように感じられる。

➡ お力添えいただきまして、ありがとうございました。
➡ これも、〇〇様のお力添えのおかげです。

ひとえに

「ひとえに」を使うと、謙虚で奥ゆかしい、日本人らしい表現になる。
「ひとえ」は、「もっぱら」「ひたすら」という意味で、
より感謝の思いを伝えたいときに使える。

➡ **これもひとえに、〇〇さんのおかげです。**

痛み入ります

誰かに親切にしていただいたときに「恐れ入ります」という
言葉を使うことも多いが、相手の痛みを感じてしまうほど、
より恐縮しているという場面では「痛み入ります」が使える。

➡ **長いお時間を割いていただきまして、痛み入ります。**

お骨折り

「お骨折り」は、「痛み入ります」より、さらに強い恐縮の気持ち。
「自分のために苦労をしていただき」という意味。

➡ **このたびは、お骨折りいただきまして……。**

お心にかけて

お中元、お歳暮などを頂いたときや、
気遣いの言葉をかけられたときなどに使う美しい表現。

➡ **いつもお心にかけていただいて……。**

幾重にも御礼申し上げます

何度も何度も「ありがとうございます」と書くのはくどいので、
何度も言いたいくらいの気持ちを表現し、
感謝の気持ちを伝えるときに「幾重にも御礼申し上げます」と書く。
より丁寧さが伝わる。

➡ **お心遣いいただき、幾重にも御礼申し上げます。**

意外な場面での「ありがとうございます」

「ありがとうございます」という言葉は、意外な場面で活躍します。それはクレーム対応の場面です（p127参照）。さらに、商談がうまくいかなかった場合の「ありがとうございます」は、**次のチャンスにつながる可能性があります。商談が成立しない場合、断られるほうはもちろん残念ですが、断るほうも言いづらいものです。その気持ちを汲んで、気遣いができれば、心に残るでしょう。**

- ➡ **このたびは、弊社の新製品の採用をご検討いただき、ありがとうございました。ご判断は承知いたしました。今後ともどうぞよろしくお願いいたします。**
- ➡ **ご多用のところお時間を頂戴し、ありがとうございました。ご検討いただいたことに感謝申し上げます。**
- ➡ **わたくしどもの～に関心を寄せていただき、ありがとうございました。ご期待に沿える製品開発に精進する所存です。また機会がありましたら、どうぞよろしくお願いいたします。**

column 「気」の贈り物

特に女性の会話で頻繁に使われる「かわいい」や「すごい」も褒め言葉の一つです。もはや「Kawaii」は、世界共通語にもなっています。

では、その「かわいい」をもう少し具体的に言うと、どんな言葉がぴったりなのでしょう。「かわいい」が形容する対象は、物やそのデザインなど幅広く、確かに便利な言葉です。では、人に対して「かわいい」を使わずに表現するとどうでしょう。女性であれば、「素敵」「きれい」「優雅」「エレガント」「魅力的」「華がある」「麗しい」「お人形のよう」「抱きしめたいくらい」などなど……、自分が思う気持ちとぴったりな表現を選びたいものです。

他にも女性の美しさを褒める形容詞はいろいろあります。落ち着いて、上品で魅力的な人なら、「あの方はしっとりした雰囲気で大人の女性」。柔軟さも芯もある女性にふさわしい「たおやか」という表現。「たたずまいの美しい人」と言うと、ただ外見が美しいだけでなく、物腰、その人から伝わってくる雰囲気のみならず、生き方や暮らし方も素敵な人という印象です。笑顔が素敵な人を、「花のように笑う」とたとえるのも素敵な表現です。

「すごい」の意味の「超〜」の表現を、もう少し丁寧に、大人として奥ゆかしく表現するなら、「心から」という言葉は真心から感情をそのまま口にしているのが伝わります。「心から感激しました」「心から待ち遠しく、楽しみにしています」。それを目上の人などには、「先生のお話、いたく感動いたしました」や、「ひとしお」という言葉も使えます。程度が増す様子を表す言葉ですが、「うれしさもひとしお」「喜びもひとしお」というようにです。

人を大切に思う心があれば、気遣いや優しい言葉が浮かんできます。人から届く優しい言葉は、よい「気」の贈り物。それは、生きる力になります。そんな言葉を贈ることができる人になりたいものです。

第4章

声と言葉遣いが印象を左右する

電話応対

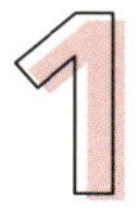

相手に見えないからこそ気を配る

電話応対の基本と心構え

姿勢や笑顔は声の表情に出て相手に伝わる

電話は表情や態度が相手には見えないため、声や言葉遣いが印象を左右します。**姿勢や笑顔などの表情は声で伝わるのです。**

例えば、「いつもお世話になっております」と言いながら、受話器を持って頭を下げる行為も、気持ちが声の表情となって伝わるものです。謝罪の場面で、椅子にふんぞり返って「大変申し訳ございません」と言っても、相手に見透かされるでしょう。電話の向こうから伝わってくるものを感じ取り、逆に向こうへ伝わることが大事です。

特に、**初めての相手に電話で面会のアポイントを取る場合では、会う前から第一印象は決まってしまいます。**お客様からのお問い合わせの電話応対、その後の対応でも企業のイメージは決まるのです。基本を身につけたうえで、社内ルールも確認しましょう。

現場の声

勤務している通販会社のコールセンターでは、相手に見えないからこそ、身だしなみに気をつけています。身なりを整えることで心を整え、仕事に取り組めるからです。

（オペレーター　30代）

会社の代表である意識――無責任な発言は信頼を失う――

自分が会社の代表として話している自覚を持ちましょう。電話応対の基本ができていないと、相手を苛立たせるばかりか、不信感・不快感を抱かせ、結果として会社の印象も悪くなります。**誰が対応しても、同じ内容を提供することが基本です。**だからこそ、報告・連絡・相談・確認で、社内間のコミュニケーションも重要です。

大切なのは誠実さ――迅速・簡潔・正確・明朗・丁寧――

通常の電話応対はもちろん、商品やサービスについてお問い合わせいただいた場合も、大切なのは**誠実さ**です。そして、**迅速・簡潔・正確・明朗・丁寧**を意識して対応すれば、まず失礼にはなりません。気遣いや心配りは言葉遣いに表れ、さらに、具体的な対応力が求められます。

特にお問い合わせの場合、**お客様がほしい情報を提示できるかどうかが勝負です。**ウェブサイトで確認後、問い合わせてくるケースも少なくありません。電話応対の丁寧さと共に想像以上のお得な情報やサービスは、顧客満足度アップにつながります。一方、クレームは、より慎重な対応が必要です。

check

電話は時間と通話料を頂いて話していることを認識する

SNSの普及で、学生時代はほとんど電話をすることがなかった人も多いでしょう。無料のアプリ電話の普及もあり、一般的な固定電話はかける側が通話料を払っていることを知らない若い世代もいます。特に、商品などのお問い合わせは、相手に時間を頂き、お金を払ってもらって説明させていただく意識が必要です。通話料無料の電話でも、時間は頂いています。簡潔にわかりやすく説明する対応力が求められます。「お電話ありがとうございます」の一言の重みを考えましょう。

電話応対の基本中の基本

- **受話器は静かに取り扱い、保留ボタンを使う**
- **電話をかけたほうが切るきっかけをつくる**
- **電話を切るタイミング**

会話が終わって余韻を残しつつ、一呼吸おいてから切りましょう。**「1、2、3」と心のなかで数える**のが目安。相手の様子がわかるように受話器は持ったまま、**フックを指で静かに押して切り、**その後受話器を置きます。携帯電話の場合も切るタイミングは同じです。

きょうから実践

上手な電話応対のルール

①オープニングとクロージングをきめる！

電話を受ける、またはかける場合も、**オープニングの第一声は、会話全体の印象を決定します。**会話がスムーズに継続するかどうかは第一声がカギです。**やや高めの声で明るくハキハキと対応します**（業種によっては、最初から落ち着いたトーンで出る場合も）。

具体的な内容に入ったら、相手が聞きやすいように落ち着いたトーンや状況によってはトーンを落とすなど臨機応変に対応しましょう。クロージングは会話を締めくくるパート。ここでお客様が満足して電話を切ってくれるかどうかが決まります。**確認・名乗り・感謝**で次へつなげます。

②聴き上手　相づちの力

相づちは会話の促進剤。特に相手の表情が見えない電話では、タイミングよく相づちを打ちながら、ちゃんと聴いていることを相手に伝えることです。ただし、「はいはいはい」など同じ言葉を連呼したり、相づちがあまりにも多いと、いい加減に聞いている印象を与えてしまうため要注意です。

③１対１でも名前や会社名を呼ぶと、相手は好意的に話を聞く

１対１で話す場合、相手に向かって話しているのはわかっていますが、質問するときなど、**「○○さんは」「○○様は」と相手の名前を入れると好意的に耳を傾けてくれるでしょう。**会社名を呼ぶ場合は、話し言葉では「御社」を使います。本来書き言葉では使いませんが、会社名に「さん」や「様」を付ける言い方もあります。相手が見えないだけに名前や会社名を入れながら話すと効果的です。ただし、何度も連呼するのは逆効果です。

④業界用語・専門用語・難解な言葉はできるだけ使わない

お問い合わせに答える場合、**できるだけ業界用語は使わずにわかりやすく説明するように工夫する必要があります。**ただし、相手から専門用語が出てきた場合は理解していると捉え、使ったほうが話はスムーズでしょう。「それくらい知っている」と気分を害する場合もあるので、会話の流れで相手の反応によく耳を傾けて、言葉を選びましょう。

⑤語尾を曖昧にしない

対面でも重要ですが、特に電話の場合は声が小さくなるため気をつけましょう。何事も察してほしいという対応はNGです。語尾を曖昧にせず最後まではっきり伝えます。

⑥結論＋理由＋具体例＋結論で話すと伝わりやすい

対面で話すときと同じですが(p104)、電話ではより簡潔にわかりやすく伝える必要があります。

先に結論を伝えることで、相手の理解度が上がります。

⑦トーンと速さを合わせると、波長が合って好感が得られる

相手が高い声なら、自分の普段の声より少し高めに、相手が低い声なら少し低めに、また速さも相手に合わせてみるといいでしょう。高い声でポンポン話す人は、こちらが低い声でゆっくり話すと、のんびりしていて暗いと感じるかもしれません。**トーンとテンポを相手に合わせると、話しやすいと思ってもらえるでしょう。**

これだけは注意したい

電話応対の言葉遣い

電話を受ける場合とかける場合の名乗り方

電話を受け、自分の名前を名乗るときは、「田中です」「田中でございます」。商品の注文やお問い合わせ専用電話は、「田中が承ります」と対応してもいいでしょう。

「田中と申します」という言い方は間違いではありませんが、こちらからかける場合に自己紹介を兼ねた言い方です。2回目以降、直通であれば「田中です」「田中でございます」が適当でしょう。何度もやり取りしている相手に使うと、わかっている、知っていると思われるからです。

取り次いでもらった初めての相手との電話に担当者として出る場合は「担当の田中です」「担当の田中でございます」の他、「担当の田中と申します」という名乗り方もいいでしょう。

覚えよう！　よく使う正しいフレーズ

名前を聞く場合

✕ お名前頂戴できますか。（頂けますか）

○ お名前を教えていただけますか。

名前はやり取りするものではない。失礼な表現になるので注意。名前に関するものでも、名刺は物なので「お名刺を頂戴できますか」はOK。

転送の言葉遣い

✕ 担当部署におまわししますので、少々お待ちください。

○ ○○（担当部署）におつなぎいたします。

✕ 電話をまわしますので。

「たらいまわし」や粗末に扱っているようなイメージになるので、注意。

聞こえにくい場合

✕ もっと大きな声でお願いします。

○ お電話が少々遠いようでございますので、もう一度お願いいたします。

○ 恐れ入りますが、もう一度おっしゃっていただけますか。

社内の者に伝言する場合

✕ 田中にお伝えします。

○ 田中に申し伝えます。

伝言を受けたとき、社内の者に対して「お伝えします」は、「お～する」の形の謙譲語Iを使っていることになる。身内に言い伝える旨を目上の方やお客様に対して発言する場合は、同じ謙譲表現でも、謙譲語II（丁重語）の「申し伝えます」とする。

上司や同僚から、相手に伝言するように言われたと話す場合

✕ ～の件をお伝えするように伺っております。

○ ～の件につきまして、～とお伝えするように申し付かっております。

休んでいることを伝える場合

✕ 田中は本日、お休みを頂いております。

○ 田中は本日、休みを取っております。（休んでおります）

✕ 田中はお休みを頂戴しております。

○ 田中は本日、休みでございます。

✕ 田中は休ませていただいております。

○ 田中は休みを取っておりますが、5日には出勤いたします。

社内（身内）の「休み」に「お」を付ける必要はなく、会社や上司に「頂く・頂戴する」など謙譲語を使うのも間違い。お客様から休みをもらっているわけでもない。

相手に伝言を頼む場合

伝言を頼む前に、「○○様へのご伝言をお願いできますでしょうか」など、依頼の言葉を添えます。伝言内容をメモすることや復唱することを強要するのはマナー違反です。

よくある場面の電話フレーズ

電話応対　基本の会話例

電話を取り次ぐ・取り次いでもらう

自分

はい。お電話ありがとうございます。○○会社○○課田中でございます。

相手

○○会社の青木と申します。

自分

いつも大変お世話になっております。

相手

（こちらこそ）お世話になっております。
鈴木様はいらっしゃいますか？

自分

鈴木でございますね。少々お待ちくださいませ。

→電話を保留にして、
「鈴木課長、１番に○○会社の青木様からお電話です」

名指し人が不在または電話中

相手

鈴木様はいらっしゃいますか？

自分

鈴木でございますね。申し訳ございません。
▼ただいま席を外しております。
▼あいにく外出しております。
▼ただいま他の電話に出ております。
▼ただいま会議中でございます。
＋いかがいたしましょうか。
＋戻り次第こちらからお電話差し上げますが。
＋よろしければ私が代わってご用件を承りますが。
＋終わり次第こちらからご連絡いたします。
＋念のため、お電話番号を教えていただけますか。

では、電話があったことをお伝えいただけますか。

かしこまりました。では、青木様からお電話をいただいたことを申し伝えます。

よろしくお願いします。

はい。お電話ありがとうございました。

＊会話の最後は「失礼いたします」とお互いに挨拶をして切る。

電話番号を復唱する

終わり次第こちらからご連絡いたしましょうか。

では、お願いします。

念のため、お電話番号を教えていただけますか。

では、携帯にお願いします。番号は080-1234-○○○○です。

復唱いたします。080-1234-○○○○でよろしいでしょうか。

＊実際は区切りながら復唱することが多い。

はい。そうです。

では、こちらの携帯電話にお電話を差し上げるよう申し伝えます。

はい。お電話ありがとうございました。

伝言を頼む・頼まれた場合

では、鈴木様へご伝言をお願いできますか。

かしこまりました。

ご依頼のあった見積書をメールでお送りしましたので、
ご確認をお願いしますとお伝えいただけますか。

承知いたしました。見積書をメールでお送りいただいたということでございますね。確かに申し伝えます。わたくし、田中と申します。

では、よろしくお願いいたします。

お電話ありがとうございました。

覚えておきたい言いまわし

電話の受け方・取り次ぎ方の基本と流れ

外線・内線の受け答え

企業の電話は大きく分けると3種類あります。**代表電話は会社の受付、直通電話は直接各部署につながり、内線電話は社内間で使用する電話を指します。**席を決めないフリーアドレスの会社などでは、アプリを使ってスマートフォンで受信、発信するケースもあります。スマートフォンは利便性もよく気軽に対応できますが、基本は固定電話と同じです。

代表電話

電話を受けて第一声は「はい。お電話ありがとうございます。○○会社でございます」など。初めて電話をする人が多いため、用件を丁寧に聞くことが重要。

直通電話

電話を受けて第一声は「はい。○○会社○○部の田中でございます」など。名刺交換をして、すでに面識がある取引先や、メールであらかじめ電話番号を連絡済みの場合が多い。まずは名乗ってから挨拶すると好印象。

内線電話

電話を受けて第一声は「はい。○○部田中です。お疲れさまです」など。社員同士の電話なので、「お疲れさまです」の一言を。**社内でも、お互い名乗るのが礼儀。**

① 電話に出る　名乗る

● 3 コール以内で取る

電話はすぐに出るのが基本。ただし、呼び出し音が鳴ったと同時にあまりにも早く出ると相手も驚いてしまうため、1コール鳴り終わるまで待つ。相手の気持ちの準備も考えて、**2コール途中から終わりをめどにするとよい。**

☎ はい。○○会社でございます。

☎ おはようございます。○○会社です。

☎ はい。お電話ありがとうございます。○○会社でございます。

☎ はい。○○会社の○○部です。

☎ はい。○○会社○○部の田中でございます。

商品の注文やお問い合わせ専用電話の場合

☎「はい。お電話ありがとうございます。○○会社の田中が承ります」など。

＊キャッチフレーズをつけて名乗る会社もある。会社や部署の方針で名乗り方もさまざまなので、ルールに従う。

● 3 コール以上鳴った場合

お詫びの言葉を先に言う。

3 コール以上鳴った場合

☎ お待たせいたしました。○○会社でございます。

5 コール以上待たせた場合

☎ 大変お待たせいたしました。○○会社でございます。

メモ用紙は常に準備
自分への電話はもちろん、
伝言を受ける場合の
メモ用紙とペンは
常に準備しておきましょう。

ビジネスシーンで「もしもし」はNG

電話といえば、「もしもし」という言葉を思い浮かべる人も多いと思いますが、ビジネスシーンでは使いません。目上の人やビジネスなど改まった場面では他の言葉に言い換えます。第一声は、「○○会社でございます」「○○会社の田中です」。取り次いでもらった電話に出るときも、「お電話代わりました。田中です」と言います。

② 挨拶

●相手の会社名や名前などを確認

自分への電話を受け、普段からよくやり取りをしている相手の場合は、会社名や名前の復唱はせず、すぐに挨拶に入る場合がほとんど。取り次ぎの場合は、確認する。

かかってくる電話はすべて会社に関わりのある相手。**自分は知らない人物だとしても、「会社」対「会社」、上司や同僚が世話になっていることに対し、「お世話になっております」とお礼を言う。**

☎○○様、いつも大変お世話になっております。

☎○○会社の○○様でいらっしゃいますね。いつも、お世話になっております。

☎お世話になっております。いつもありがとうございます。

＊相手に見えなくても、頭を下げながら言うことで、気持ちが伝わる。

●相手が名乗らない場合

☎恐れ入りますが、お名前を教えていただけますか。

☎失礼ですが、お名前をお聞かせ願えませんでしょうか。

名前だけでは確認ができない場合などは、会社名や関係などを尋ねる

☎恐れ入りますが、どちらの○○様でしょうか。

☎失礼ですが、お名前を伺ってもよろしいでしょうか。（許可を求める場合）

●はっきり聞き取れなかった場合	☎恐れ入りますが、もう一度お願いできますでしょうか。
●自分への電話	☎はい。わたくし田中です。 ☎はい。田中でございます。 ☎お世話になっております。田中でございます。 ☎先日は大変お世話になりました。
●取り次いでもらった電話に出る 最初に出た人と、代わったことを知らせるために、**「お電話代わりました」の一言を忘れない。**	☎お電話代わりました。田中です。いつもお世話になっております。 ☎お電話代わりました。担当の田中でございます。 ☎お電話代わりました。担当の田中と申します。 取り次ぎに時間がかかった場合 ☎お待たせして申し訳ございません。
●自分で対応・判断ができない内容 「いたしかねます」「わかりかねます」と言い換えても、クレームなどに対してこの言葉を使うと、余計に、怒りをあおる場合もあるため、要注意。 「NO」と言われた相手は、いい印象は持たない場合が多いため、言い換えた後に、肯定的な返答をする。	☎申し訳ございませんが、わたくしではわかりかねますので、担当の者に代わります（担当者におつなぎします）。少々お待ちくださいませ。 ☎申し訳ございません。わたくしより詳しい者に代わってお答えいたしますので、少々お待ちください。 ☎申し訳ございません。お調べいたしますので、折り返しお電話を差し上げてもよろしいでしょうか。 ✕　わかりません。 ➡お調べいたします。 ➡お答えできる者に代わります。

③ 取り次ぐ　転送する

保留ボタンを押して、転送機能で名指し人や担当者、担当部署につなぐ。大きな声で名前を呼ぶのは厳禁。

☎ 鈴木でございますね。かしこまりました。少々お待ちくださいませ。

☎ 担当の者に代わりますので、少々お待ちください。

☎ 担当者におつなぎいたします。

> 上司や同僚に電話の相手と用件を告げて取り次ぐ
> ➡「○○会社の○○様から、○○の件でお電話です」

●上司や同僚に、電話の相手と用件を告げたとき、「忙しいのでこちらから後で電話する」と言われた場合

☎ 申し訳ございません。鈴木はただいま立て込んでおりまして、後ほど改めてお電話を差し上げると申しておりますが、よろしいでしょうか。

●相手を待たせるとき

30秒でも、待っている人には長く感じられるため、それ以上長く待たせる場合は、**途中で出て相手の意向を聞く。**

かなり時間を待たせるようなら、そのことを伝え、改めてこちらからかけ直す。その際、相手に何時頃に電話したらいいか確認する。

☎ 恐れ入りますが、しばらくお待ちくださいませ。

☎ 確認をしてまいりますので、少々お待ちくださいませ。

＊必ず保留にしておく。

☎ 大変お待たせして申し訳ございません。もう少々時間がかかりそうですので、改めてこちらからおかけ直しいたします。ご都合のいいお時間を教えていただけますか。

☎ 大変申し訳ございません。少々お時間がかかるようですので、折り返しこちらからお電話差し上げてもよろしいでしょうか。

＊場合によっては「お待ちいただき、ありがとうございます」という肯定表現も使う。

④ 名指し人が不在または電話中

その場でわかっている場合は、**「取り次げないことへのお詫び」＋「取り次げない理由」＋「連絡がつくタイミングを知らせる・意向を伺う・今後の対策を提案」**などの順で対応。

今後の対策を提案する場合は、相手に決定権をゆだねる言い方に。

一度保留にした電話に再び出て不在を伝えるときは、最初に待たせたお詫びを言って対応する。

取り次げないことへのお詫び

☎ 鈴木でございますね。申し訳ございません。

一度保留にした電話に再び出て不在を伝える

☎ 大変お待たせしました。申し訳ございません。

取り次げない理由

▼ただいま席を外しております。
▼あいにく外出しております。
▼ただいま他の電話に出ております。
▼ただいま会議中でございます。

連絡がつくタイミングを知らせる・意向を伺う・今後の対策を提案

☎ ○時頃に戻る予定でございます。
☎ 会議は○時頃に終了予定でございます。
☎ いかがいたしましょうか。
☎ 戻り次第こちらからお電話を差し上げますが。
☎ よろしければ私が代わってご用件を承りますが。
☎ 終わり次第こちらからご連絡いたします。

●上司や同僚が電話中で、相手が「待つ」と言った場合

上司や同僚には、相手の名前、会社名、用件をメモで知らせる。電話の相手や用件によっては、かかってきた電話を優先する場合がある。上司や同僚の電話が長くなりそうなときは、電話が終わるのを待つのではなく、**途中で出て、再度相手の意向を聞く。**

☎申し訳ございません。電話が長くなりそうですので、こちらから改めておかけ直しするようにいたしましょうか。

●外出先から戻っていない場合

先方の用件が緊急の場合は、担当者の携帯電話に連絡し、本人から電話をしてもらう。

☎申し訳ございません。あいにく鈴木は外出しております。よろしければ、わたくしが代わってご用件を承りますが、いかがでしょうか。

●会議中の場合

☎申し訳ございません。ただいま鈴木は会議中で、午後4時頃には終了する予定でございます。いかがいたしましょうか。お急ぎでしょうか。

急いでいると言われたら

①会議室に内線をつなぐ

内線で尋ねて指示を仰ぐ。

☎（名指し人へ）○○様から緊急のお電話が入っていますが、おつなぎしてもよろしいですか。

②会議室に出向く

緊急の電話が入っている旨をメモに書き、担当者にメモを手渡して指示を仰ぐ。対応できる時間によって、いったん電話を切るか臨機応変に対応。

急いでいないと言われたら

伝言メモを担当者の机の上に置き、戻ってきたら口頭でも伝える。

〇〇会社
青木様から
急ぎの電話が
入っております

ぱっと見てわかるように
電話先の会社名と
名前をはっきり書く。

⑤ 伝言を頼まれ、復唱する

聞き間違いがないか復唱して、相手に確認してもらう。日時・場所・電話番号・固有名詞などは特に強調して確認。

☎ かしこまりました。お伺いします。
☎ それでは、復唱いたします。〜の件は〜ということでございますね。確かに承りました。〇〇が戻りましたら必ず申し伝えます。わたくし、田中と申します。
☎ ご用件は鈴木に申し伝えます。わたくし〇〇が承りました。

⑥ 終わりの挨拶

☎ お電話ありがとうございました。
☎ それでは、どうぞよろしくお願いいたします。
☎ 失礼いたします。(電話を切る)

伝言があってもなくても作成する

伝言メモの書き方

名指し人に伝えるまでが電話応対

いくら丁寧な電話応対ができたとしても、**名指し人に電話があったことを伝えるまでが電話応対です。**相手からの伝言がある場合は正確に記し、**伝言がなくても、電話があったこと自体を伝えるためにメモに残します。**折り返しの電話が必要なとき以外でも、相手の電話番号を念のため聞いておきましょう。

会社によって伝言メモのフォーマットが決まっている場合は活用し、ない場合は付箋などを使ってわかりやすく作成します。必要な情報を正確に、丁寧に読みやすく、簡潔にまとめます。

また、名指し人が席に戻った場合は、メモを残していても、電話がありメモをデスクに置いた旨と内容を**口頭でも伝えるとなおよしです。**

□ 伝言メモの内容

❶ **メモ作成日時**
その日のうちにメモを見るとは限らない。日付はもちろん、かかってきた時刻も重要。名指し人が偶然外から相手に電話をした場合、メモの時刻を見れば再度かけるべきか判断できる。

❷ **名指し人の名前**

❸ **相手の名前／会社名や部署名**

❹ **用件（簡潔に5W3Hを活用）**

❺ **受信者名**

メモの置き場所や置き方を工夫

伝言メモはデスクにただ置くだけでは書類に紛れて紛失する恐れがあるため、状況に応じて目立つ場所にテープでとめるなどしましょう。また、社内とはいえ、伝言の内容が丸見えにならないよう、名指し人の名前だけが見えるように折り曲げるなどの工夫も必要です。

覚えておきたい言いまわし

電話のかけ方の基本と流れ

事前準備でスムーズに

電話をかけるときに大切なのは、事前準備です。相手、電話番号、部署名を確認し、話す内容については、あらかじめ書き出しておきましょう。スケジュール表や関連が予想される資料なども手元に準備しておくとすぐに確認できます。慣れないうちは、**言葉遣いやどのように伝えるかを短い文章にして準備しておくと安心です。**もちろん、電話しながら、必要であればメモに残すことも大切です。一度聞いた内容が曖昧になり、再度電話やメールで聞き直すことは、相手に余計な手間を取らせてしまい失礼です。

また、急用や相手が時間を指定した場合は別ですが、電話をかける時間帯にも配慮しましょう。始業直後や昼休み、終業間際は避けます。特に携帯電話にかける場合は、相手がどんな状況にあるかわからないため、十分配慮しましょう。「**ただいま、お時間よろしいでしょうか**」と一言都合を尋ねるのもマナーです。

① 事前準備

用件を簡潔に、かつ正確に伝えるために箇条書きにしておくなど工夫する。慣れないうちは、どのような言葉遣いで伝えるか、短い文章にしておくと安心。

② 電話をかける　時間帯にも配慮

番号を間違えないようにしっかり確認。相手の都合も確認せずに用件を一方的に話すなどは厳禁。始業直後、昼休み、終業間際は避ける。

③ 名乗る

丁寧な言葉遣いでゆっくりめに話す。

☎○○会社の田中と申します。いつもお世話になっております。

●初めての相手に電話をかけた場合

☎はじめまして。突然のお電話で失礼いたします。わたくし、○○会社の田中と申します。

④ 取り次ぎを頼む

話したい相手に直接つながらない場合は取り次ぎを頼む。社内や部署内に同じ姓の人がいる可能性もあるため、フルネームを確認しておく。

☎恐れ入りますが、○○部の○○様はいらっしゃいますか。

☎恐れ入りますが、○○様にお取り次ぎいただけますか。

☎○○課の○○様をお願いしたいのですが。

⑤ 都合を聞いて用件を話す

相手が出たら、再び名乗り挨拶をする。相手が電話で話せる状態かどうか都合を聞く。用件は、5W3Hを意識して簡潔に。

☎○○会社の田中でございます。いつもお世話になっております。～の件ですが、今、お時間よろしいでしょうか。

☎ただいま、お時間を頂いてもよろしいですか。

●相手が忙しそうな場合

☎おかけ直ししますので、ご都合のよい時間を教えていただけますか。

⑥ お礼の挨拶　電話を切る

用件を話したら、電話をかけたほうが切るきっかけをつくるのがマナーなので、最後の挨拶を切り出してOK。

切り方は、電話を受ける場合と同じ（p137参照）。

☎では、よろしくお願いいたします。

☎お忙しいところ、ありがとうございました。

☎ご多用のところ、お時間頂きましてありがとうございました。

☎失礼いたします。

相手が不在の場合

話したい相手が不在のときは、時間をおいて**こちらからかけ直すのが原則。**戻る時間を確認しておけば、かけ直すタイミングを判断できる。

☎かしこまりました。では、後ほどお電話いたします。何時頃にお戻りでいらっしゃいますか。

☎お戻りはいつ頃のご予定でしょうか。

☎それでは、またその頃、こちらからおかけいたします。

☎では、改めてご連絡いたします。

●相手不在で、「折り返し電話をします」と言われたが、こちらの都合が悪い場合

☎恐れ入ります。このあと午後2時から1時間ほど会議に入りますので、終わり次第こちらからお電話させていただきます。

☎ありがとうございます。ただいま外出先からですので、改めて3時頃に私のほうからご連絡させていただきます。

用件の緊急度別（低・中・高）の対応

お願い事をするなど、こちらの用件で電話をかけて相手が不在の場合や、目上の人にかけて不在の場合は、**敬意を表す意味で、こちらから再度連絡をするのがマナー。**戻った後でも間に合う用件であれば、折り返しの必要はない旨を伝えて、こちらから改めて電話をします。相手の戻る時間や都合のよい時間を聞いて、「では、〇時にかけ直します」などの目安を伝えた場合は、必ず連絡を。

しかし、急ぎの用件や緊急で連絡を取りたい場合は、緊急度に応じて対処していきましょう。

〈用件の緊急度：低〉

① 伝言を頼む

伝言を頼む場合は、依頼の言葉を添え、伝言内容をメモすることや復唱することを強要するのはマナー違反。資料を受け取った連絡やメールを送った件の確認などに留める。

☎ では、恐れ入りますが、伝言をお願いしてもよろしいでしょうか。

☎ お手数ですが、○○様へのご伝言をお願いできますか。

☎ ご依頼のあった見積書をメールでお送りしましたので、ご確認をお願いしますとお伝えいただけますか。

☎ メールで○○の件についてお送りしました。ご多用のところ恐れ入りますが、ご覧いただけますかと伝言をお願いいたします。

☎ お願いしておりました資料を確かに受け取りましたとお伝え願えますか。

☎ 電話があったことをお伝えいただけますか。

☎ 急ぎではありませんので、改めて明日お電話いたしますとお伝えいただけますか。

●伝言をお願いした人の名前を確認したいとき

☎わたくし、田中と申します。恐れ入りますが、お名前を伺ってもよろしいでしょうか。

●伝言をお願いした人への挨拶

☎○○様でいらっしゃいますね。ありがとうございます。では、どうぞよろしくお願いいたします。

☎お手数をおかけしますが、どうぞよろしくお願いいたします。

〈用件の緊急度：中〉

② 折り返し電話をしてもらう

何度かけてもすれ違いで話せないときや、その日のうちに直接担当者と話したい場合などは、折り返し電話をしてもらう。

☎お手数ですが、お席に戻られたら折り返しお電話いただけますか。

☎では、お戻りになりましたら、お電話をいただきたいのですが。

〈用件の緊急度：中〉

③ 担当者以外でもわかる用件や急ぎの場合

対応してもらえた場合は、相手の名前も確認する。

☎～の件でお電話いたしましたが、他におわかりになる方はいらっしゃいますか。

〈用件の緊急度：高〉

④ 緊急の場合

担当者以外にわかる人がいなかった場合は、緊急を要する場合のみお願いする。

☎緊急でお伝えしたいことがあるのですが、○○様にご連絡を取る方法はありますでしょうか。

☎急ぎの用件でご連絡したいことがあるのですが、どのようにすればよろしいでしょうか。

丁寧に応対することを心がける

いろいろな電話の対処法

クレームの電話

電話でのクレームは、お互いの顔が見えない分、言葉遣いや声、話し方で相手の気持ちを察し、こちらの詫びる姿勢を伝えなければなりません。ポイントを押さえておきましょう（p126参照）。

間違い電話がかかってきたら

「こちらは○○会社でございます。電話番号は○○○-○○○○ですが、おかけ間違いではないでしょうか」

このように、再度間違えないようにこちらの社名と電話番号を確認してもらいましょう。**間違い電話であっても、礼儀正しく丁寧な応対を心がけることが大切です。**

いたずら電話がかかってきたら

「業務中ですので、失礼いたします」と切り、暴言を吐かずに冷静に対応します。何度もしつこくかかってくる場合などは、上司や他の社員に代わってもらうなど対応を考えます。

聞いても相手が名乗らなかったら

「申し訳ございません。お名前をお聞きしないとお取り次ぎできないことになっております」

この場合も、丁寧に接し促すことです。それでも名乗らない場合は名指し人の判断を仰ぎます。また、クレームの電話の場合は、名乗らないことがほとんどのため、相手の主張を聞きその後の対応につなげます。

セールスなどの電話がかかってきたら

「当社では、このような件はお断りすることになっております。ご期待に沿えず申し訳ございません。失礼いたします」

相手の機嫌を損ねないよう、しかし、しっかりと断りの意思を示し、丁寧に応対します。

こんなときは？

Q. 聞き取りにくい電話への応対方法を教えてください。2回以上聞くと、失礼にあたりますか？

A. 声が聞き取りにくい場合は三つのケースが考えられます。声が小さい場合（本人の声量や電波環境）、発音（方言なども）が聞き取りづらい場合、そして早口でついていけない場合です。
相手の声が小さい場合は「お電話が遠いようですが、もう一度おっしゃっていただけますか」と言います。しかし、何回も聞くと失礼です。聞き取れないときは、その部分だけ聞くのがいいでしょう。「○○とおっしゃいましたが、その前におっしゃったことを、もう一度お聞かせ願えますか」などです。また、相手よりも、わざとゆっくり、大きめの声で話すと、相手はつられることも多いものです。早口で聞き取りにくいと思ったら、こちらもゆっくり大きな声で話してみましょう。

こんなときは？

Q. お年寄りだと思い、ゆっくりとしたペースではっきりと話していたら違う場合もあるので、その見極めの方法はありますか？　また、お年寄りが聞き取りやすい話し方が知りたいです。

A. 見極めるポイントをあげるとしたら、次の5点です。①話すスピードが遅い　②聞き返しが多い　③沈黙する時間がある　④こちらが言ったことについて反応が遅い　⑤こちらが話し終わる前に話し出すなどです。一概には言えませんが、いくつか当てはまるとご年配の方かもしれません。
一般的に高齢者は、高い音が聞き取りづらい＝聞き取れる音域が狭いと言われています。普段の電話応対はメリハリのある言い方がいいのですが、お年寄りはそれでは聞き取れない場合があります。抑揚をつけるより、ゆっくりと淡々と話してみましょう。また、大きすぎる声も、聞こえづらいものです。相手がお年寄りかどうかの判断やその対応は、経験を積むことによって養われるものもあります。

ビジネスの必須アイテム

スマートフォン・携帯電話のマナー

公私混同はNG

今やスマートフォンや携帯電話はビジネスの必須アイテムです。どこにいてもつながるからこそ、公共のマナーや相手に対する配慮が求められます。

つい気軽に私生活の延長の感覚で使いがちですが、仕事とプラベートの区別はきっちりつけましょう。個人所有のものは、勤務中はマナーモードに設定し、プライベートな電話やメール、SNSのチェックは控えます。会社から支給されている場合も、仕事とプライベートの線引きをしっかりし、支給された電話でプライベートの連絡をするのはNGです。

また、座席が決まっていないフリーアドレスの職場などでは、個人所有のスマートフォンにアプリを入れ、アプリに紐づいた会社の内線番号、外線番号からの受信・発信が可能になるシステムもあります。この場合も公私の使い分けは重要です。セキュリティ面など、さまざまな問題点も把握しておきましょう。

基本は、会社の固定電話

外まわりの仕事が多い職種は別として、電話は、かける・受ける共に、会社の固定電話が基本。**携帯電話の場合、つながる＝いつでも出るとは限らない**、ということを覚えておきましょう。むしろ、出られない状況は頻繁にあるものなので、まずは固定電話に電話して取り次いでもらうか、伝言をお願いします。

個人の携帯番号は勝手に教えない

会社から支給されているスマホや携帯電話の番号はビジネス専用なので、取引先から聞かれることがあれば教えても構いません。しかし、**個人所有の携帯番号は、個人情報のため本人の許可なくして勝手に教えてはいけません。**社内であっても、他の社員の携帯番号を勝手に教えることは厳禁です。

□ 基本のマナー

かけるとき

●**携帯電話への連絡はイレギュラー**

名刺に携帯電話の番号が書いてあっても、まずは固定電話にかける。事前に、連絡は会社と携帯のどちらにすればよいかを確認し、相手から「携帯にかけてほしい」と言われた場合は意向に従う。もちろん、急ぎの用件や緊急の場合は携帯電話に連絡をする。

●**時間帯に配慮**

いつでもつながる便利なツールでも、早朝や夜遅くなど就業時間以外の時間帯にかけるのはマナー違反。また、昼休みなどの休憩時間も避けたほうがよい。携帯電話を枕元に置いている人もいるため、メールやSNSなどのメッセージも早朝深夜は避ける。

●**留守番電話につながった場合**

メッセージが残せる場合は、簡潔に残す。社名、名前、用件を簡潔にまとめ、メッセージだけで用件が済むのか、こちらからかけ直すのか、折り返しの電話を希望するのか、はっきりと伝える。

☎ **○○様のお電話でしょうか。わたくし、○○会社の田中と申します。～の件でお電話いたしました。お手すきのときにお電話いただけますでしょうか。**

受けるとき

●**移動中は電話に出ずに折り返す**

電車で移動中のときは、電話に出ないのが基本。電車から降りて話せる環境で折り返す。

☎ **申し訳ございません。電車に乗っておりましたので、電話に出られませんでした。**

運転中の「ながらスマホ」は法律違反。

●**まわりの迷惑にならない場所に移動／周囲に配慮**

まわりがうるさい場合は、静かな場所に移動する。飲食店などにいる場合は、大声で話してまわりの迷惑にならないよう、いったん外に出るなど場所を移動する。

話すとき

●**情報漏えいに注意**

外で電話をする場合、大声で話すなどまわりの迷惑にならないように注意。周囲の不特定多数の人に聞かれないよう注意を払う。具体的な会社名や数字、機密情報などは情報漏えいにつながるため、十分注意する。

カメラ映り、声、時間などを確認

オンライン会議のマナーとルール

基本マナー

①通信環境を整える

通信速度が遅いと接続が悪くなるなどのトラブルも。デバイスやWi-Fiなど通信環境の整備は必須。

②カメラテストをし、逆光に注意

カメラが正常に機能するかあらかじめテストする。時間帯によっては逆光になることも考えられるので、場所を変えたり、カーテンなどで調整、照明を用意する工夫を。ビデオ設定で補正や照度の調整も可能。

③カメラの位置・カメラ目線

パソコンのカメラが目線より低すぎると、上から目線でのぞき込むように映る場合も。モニターに映っている人に向かって話すと、目線がずれ、伏し目がちで自信がない様子に見えるので注意。パソコンスタンドを活用するなどしてパソコンのカメラが自分の目線に合うように調整して、カメラ目線を心がける。

④周囲の音に注意
イヤホンマイクの活用

極力静かな場所で行う。イヤホンやイヤホンマイクなども取り入れるとよい。

⑤まわりに知らせておく

社内の会議室の場合は、オンライン中であることを扉に掲示したり、まわりに家族がいる環境であれば、必ず知らせておく。

⑥早めに入室

ホスト側がメンバーの確認作業に追われる場合もあるため、ギリギリではなく、5分前をめどに少し早めに入室を。

⑦ハリのある声で、話すスピードも調整

必要以上に大きな声だと聞きづらいので、目の前に相手がいるつもりで話し、**ハリのあるハキハキした声を心がける。大事なことはゆっくり話すなど、スピードも調整する。**

⑧リアクションする

参加者に顔が見えていることを意識し、大きくうなずくなどリアクションがあるとお互いに話しやすくなる。少しオーバーなくらいがわかりやすい。

基本ルール

①事前に議題・資料を共有

何のための会議なのか、何を決定するのかなど、参加者がその目的を理解していないと進行が遅れてしまう。限られた時間内で効率的に進めるためにも、それぞれが準備をし、目を通す資料がある場合は事前に共有しておく。

②参加人数の調整

ディスカッションが必要な会議は、参加者が多くなればなるほどコミュニケーションが取りづらくなる。会議の参加者は最低限の人数に限定するほうが効率的。

③ビデオはオン・マイクはミュート

ビデオやマイクはホスト側で操作が可能な場合もあるが、入室する際はマイクをミュートにするのが基本。ノイズが参加者に伝わり、コミュニケーションが取りづらくなるため。大勢の参加者がいたり、しばらく話さない場合はミュートにし、自分が話す時だけミュートを解除するとよい。

④名指しでコミュニケーション

いつ発言したらよいかタイミングがつかめず、沈黙が続く場合もあるため、意見を聞きたい場合は、進行役が名指しするのがよい。

⑤会議の終了時刻を守る

ダラダラといつまでも続く会議は非効率的。開始時刻と終了時刻を守ることで、無駄なおしゃべりも減り、タイムロスとストレスを防げる。

⑥録画機能を活用

対面の会議では議事録を取るが、オンライン会議ツールでは、会議自体を録画・録音することが可能。

column　それは応対？　対応？

ビジネスマナーでは、「電話応対」「来客応対」に見られる「応対」と共に、「対応」もよく使われます。「応」も「対」も、どちらも「こたえる」「返事をする」を表す漢字です。「応対」と「対応」、違いを気にせずに使っている人もいるようですが、皆さんは使い分けていますか？

その違いはズバリ、「応対」の対象は「人」、「対応」の対象は「状況や問題」という点です。「事故への対応」「問題点への対応」とは言いますが、「事故への応対」「問題点への応対」とは言いません。「応対が素晴らしい」という場合は、相手に対する言葉遣いや態度などのマナー、コミュニケーションの取り方が評価されています。一方、「対応が素晴らしい」という場合は、状況に応じた処理や解決の仕方が評価されています。

例えば、「電話応対」とは、電話をかけてきた人の話を聞いて受け答えをすることです。相手の用件に対する対処や行動は含まれていません。適切な敬語を使いながら感じよく接すると、相手は「応対がよい」と感じます。相手の用件について担当者などに引き継ぐと、そこからは「対応」になります。相手の要求に対して具体的に対処し、行動を起こして問題解決などをします。担当者が問題を迅速かつ適切に解決すると、「対応がよい」ということになります。

「対応」のよし悪しは重要ですが、「応対」がよければ、「対応」は一層スムーズに進みます。電話や来客に対して最初に受け答えする人は、必ずしも問題解決ができる人ではありませんが、「応対」のよし悪しによって相手の感情は大きく左右されるものです。いいパスをもらうと、シュートしやすいということです。ナイスアシストをし、いいパスを出していきましょう。

第5章

もう迷わない！　ご案内・席次・名刺交換

来客応対と訪問

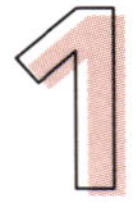

来客応対の印象＝会社のイメージ

来客応対の基本

最初に接する社員が会社の顔になる

会社には、さまざまな立場の人が訪れます。アポイントのある取引先やアポなしのお客様、配送会社、飛び込みのセールスの人もいるでしょう。来訪者は会社の大切なお客様です。会社の**受付業務の人だけが窓口ではありません。**

最初に接する社員が会社の受付、「顔」になります。どんなお客様に対しても、丁寧で感じのいい応対を心がけましょう。たとえ面会を断るケースであっても、威圧的な態度や不愉快な態度は会社全体の評判を落としてしまいます。一人ひとりの誠実な言動が、大きな信用をつくり上げます。

いらっしゃいませ。
ご案内いたします。

現場の声

転勤で手続きのため新天地の区役所を訪れた。どの窓口に行けばよいのか迷っていると、すぐに案内係が「どうされましたか」と声をかけてくれた。さらに、案内された窓口でも素早く丁寧に対応してくれた。初めての場所で不安だったが、区役所の対応がよかったので、その土地の印象もよくなった。（営業職　40代）

□ 応対手順の基本

❶ **挨拶**

いらっしゃいませ。

- 来客に気がついたら率先して立ち上がり、明るくさわやかに応対する

❷ **確認**

お約束でいらっしゃいますか。

- 社名・名前・面会相手・アポイントの有無の確認する

❸ **連絡**

○○会社の○○様でいらっしゃいますね。
いつもお世話になっております。

少々お待ちいただけますか。

- 社名と名前を復唱し、担当者へ取り次ぐ

木村部長、○○会社の○○様
が10時のお約束でお見えです。

❹ **案内**

ただいま木村が参りますので、
おかけになってお待ちくださいませ。

- 指示に従ってお客様を案内

Q. 窓口業務を担当しています。お待ちいただく旨を説明しても、なかなか納得してくださらない方がいます。説明に時間がかかってしまい、業務に支障が出てしまいます。

A. 金融機関や病院、自治体などでは自動受付システムの導入で、番号札を発券し、何人待ちかが電光掲示板などでわかるようになりました。それでも待ち切れずに聞かれる場合もあるでしょう。待っている人の人数はわかっても、どのくらい待てばいいのかは用件によって違います。「大変申し訳ありません。現在○人お待ちですので、あと○分くらいお待ちいただけますか」と質問形にして、判断を相手にゆだねます。その際は、予想より少し長めに伝えるといいでしょう。言われた時間よりも長くなると余計にイライラさせてしまう場合があります。詫びる言葉も大事ですが、「お待ちいただいて、ありがとうございます」と感謝の言葉も効果的です。

受付でのケース別お迎えのマナー

①アポイントがある場合

➡○○様でいらっしゃいますね。お待ちしておりました。
➡鈴木は、3階でお待ちいたしております。恐れ入りますが、あちらのエレベーターで3階までお上がりいただけますでしょうか。

担当者の指示に従って応接室などに案内する。担当者が直接迎えに来る場合は待っていただく。担当者に指示された場所まで来客だけで行ってもらう場合は詳細をわかりやすく伝える。

②アポイントのある客が早く来た場合

➡○○様でいらっしゃいますね。確認してまいりますので、少々お待ちいただけますか。
➡大変申し訳ございません。田中はただ今面談中でございます。お約束のお時間までお待ちいただけますか。

来客が約束の時刻よりも早く来た場合は応接室に案内して待ってもらい、担当者に来客の件を伝えて指示を受ける（会議や面談中の場合はメモで知らせる）。都合がよければすぐに会うことになるが、前に予定がある場合は待ってもらう。

来客にはすぐにお茶を出すが、担当者が応接室に来たら来客の分を下げ、担当者と来客のお茶を新しく出すようにする。

③アポイントがない場合

➡失礼ですが、どのようなご用件でしょうか。
➡恐れ入りますが、ご用件をお伺いできますか。
➡ただ今、確認してまいります。
➡恐縮ですが、お名刺をお預かりできますでしょうか。

社名と名前を聞き、担当者に連絡して指示を仰ぐ。初めての来社で特に担当者の指名がない場合は、名刺も預かる。

④アポイントがなく、担当者が不在の場合

➡**申し訳ございません。○○（担当者）は、ただ今外出しております。午後3時頃には戻る予定でございます。**

➡**かしこまりました。○○（担当者）に、○○様がお見えになったことと、～（用件などの伝言）を申し伝えます。**

不在理由と戻り時間を伝え、来客の意向を確認する。別の社員の対応でよいか尋ね、よい場合は用件を確認して担当部署へ連絡し指示を仰ぐ。伝言がある場合は承る。

⑤飛び込みのセールスの人への対応

➡**大変申し訳ございません。このようなご用件はお断りしております。**

➡**恐れ入りますが、お断りするように申し付かっております。**

突然のセールスの人でも、担当者の指示を仰ぐ。担当者から断るよう言われている場合も丁寧に対応する。

⑥資料などの受け渡しを頼まれた場合

➡**確かにお預かりいたしました。わたくし○○部の高橋と申します。**

➡**かしこまりました。**
こちらの○○をお預かりしたことを○○（担当者）に申し伝えます。
わたくし○○部の高橋と申します。

社名、名前、預かるものの内容と渡し先の部署、担当者名を復唱して確認し、自分の名前を伝える。預かることを名前と共に伝えると、責任の所在がはっきりし相手にも安心してもらえる。

お客様の立場に立って細やかな気配りを

ご案内のマナー

添える言葉と立ち位置が大切

自社の空間は、お客様にとって不慣れな場所です。来訪されたお客様の立場に立って、わかりやすく丁寧にご案内しましょう。歩くペースは相手の歩調を見ながら調節し、歩行中も上座・下座の位置に配慮します。無言で案内するよりも天気などの話題で世間話をし、リラックスしてもらうことも気配りです。

お客様をご案内するときは、「3階の会議室へご案内いたします」「応接室へご案内いたします」など、行き先を告げます。案内途中で段差がある場合などは「こちらは段差がありますのでお気をつけください」と一言添えて心配りを。自分が毎日通る場所でも、お客様にとっては初めてなので危険予測ができません。後ろを振り返り、お客様の様子を伺うことも大事です。

現場の声

出張して県外の企業の社長と面談する機会を頂いた。初めてお目にかかるため非常に緊張していたが、秘書の方のさりげない気遣いに助けられた。応接室へ案内していただく際、無言ではなく「ここ数日、猛暑が続いていまして……」と話しかけていただき、それをきっかけに、地元ならではの話も聞くことができた。短い会話ではあったが、その後の社長との面談にも生かすことができ、取引も成立した。（営業職　30代）

案内の流れ

❶ 案内することを伝える

お待たせいたしました。応接室へご案内いたします。

よろしければ、お荷物をお持ちしましょうか。

よろしければ、こちらでお預かりいたしましょうか。

- お客様へ行き先を伝え、お客様の準備が整っているか気遣いながら案内する
- 荷物が多いお客様やご年配のお客様、スーツケースなどの大きな荷物をお持ちのお客様には声がけをする心配りも

❷ 案内

こちらでございます。

- 案内する方向などを示しながら誘導する
- 行き先を指し示す手の指は揃えると美しく、相手にも好印象
- 廊下はお客様に中央を歩いていただく
- お客様の右斜め前の2、3歩先をお客様の歩調に合わせながら歩く
- お客様に背を向けないように、体はやや斜めに

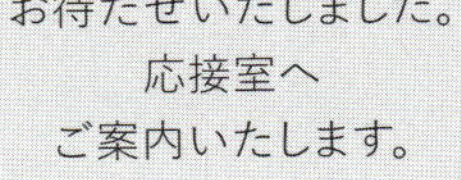

案内中に、他のお客様や上司とすれ違ったときは、軽く会釈をします。案内しているお客様を待たせて、話し込んだりするのは失礼です。

エレベーターでご案内する

乗る前

エレベーターの上下ボタンは、必ず案内人が押す。お客様に背を向けないように配慮する。

乗るとき

① 中に誰も乗っていない場合

お客様に「お先に失礼いたします」と断って案内人が先に乗り込む。中に入ったら、すぐに操作盤の前に立って「開」ボタンを押し、お客様にお乗りいただく。操作盤の前に立つときも、お客様に背を向けないように体を斜めにするとよい。

> **なぜ先に乗るの?**
> - 危険物がないか安全確認
> - 密室にお客様を一人にしないといった配慮

② 中に誰か乗っていた場合

降りる人がいれば待つ。その後も誰か乗っていれば、廊下側のボタンを押し、片方の手で「どうぞ」と誘導してお客様に先に乗っていただく。案内人は最後に乗り込む。操作盤の前に立てたら、手早くボタン操作する。すでにほかの人が立っていた場合は「失礼いたします」と言って自分でボタンを押す。または、「恐れ入りますが、○階をお願いします」と頼む。押してもらったらお礼も忘れずに。自分が操作盤の前にいるときは、後から乗ってきた人に「何階ですか」と声をかける心配りも。

降りるとき

目的階に着いたら「開」ボタンを押しながら、「お先にどうぞ」と促し、お客様に先に降りていただく。その際、「左でございます」など方向を伝える。案内人は最後に降りてお客様の斜め前まで進み、引き続き目的地までご案内する。

エレベーターの席次

立場に合わせて場所が決まることを「席次」と言う。

操作盤に近いほうが下座で操作盤前が末席。お客様は奥の上座に案内するが、先に誰か乗っている場合などもあり、応接室の席次のように厳密ではない(p178参照)。

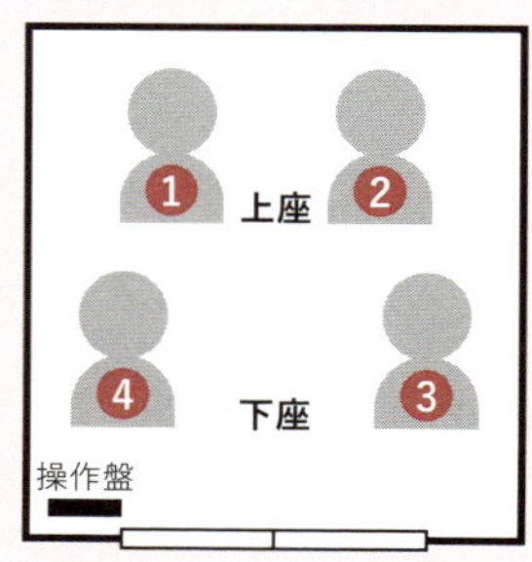

階段やエスカレーターでご案内する

お客様よりも案内人のほうが下の位置で案内するのが基本です。常に自分が下にいて、お客様に何かあれば、自分が支えになる位置と覚えておくといいでしょう。しかし、不慣れな場所でお客様に先頭を歩かせて不安に感じさせてしまうこともあるため、臨機応変に対応しましょう。また、男性の案内人がスカート姿の女性のお客様の後ろにつくのは控えましょう。一言断り、先に上がることも心配りです。

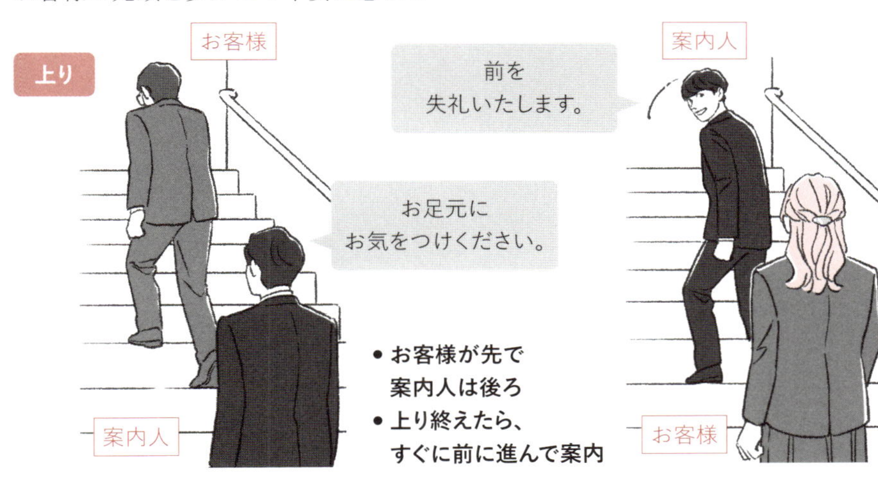

- **案内人が先（下）でお客様は後ろ（上）**
- **お客様に完全に背中を向けないように体を少し斜めに**

部屋へご案内する

ご案内の前に部屋の点検・準備を

- 前の来客のお茶などが片づけてあるか確認
- テーブルはしっかり拭き、椅子の向きや位置を揃える
- 電話機や絵画、装飾品などの向きや位置、生け花・鉢植えなどの手入れをチェック
- 床にゴミが落ちていないか確認
- ホワイトボードなどに前の会議内容の消し忘れがないか確認

お客様をご案内する場合、目的地は「応接室」や「会議室」がほとんど。また、社長室などに直接ご案内する場合もある。廊下やエレベーターでのご案内も、目的地にたどり着くまでのプロセスで、部屋に着いてからが接客の本番。応接室などにご案内する場合、手違いで使用中のこともあるため、無人だと思っても必ずノックを。トイレ以外、ドアのノックは3回が基本。

内開きドア（押して開く）

「お先に失礼いたします」と一言断り、先に入る。室内に入ったらお客様に背を向けないように向き直り、ドアノブを持ち替えて、お客様が通りやすいようにドアを十分開け、「どうぞ、お入りください」とご案内する。

外開きドア（手前に引く）

ドアを開けて押さえながら「こちらでございます。どうぞお入りください」とお客様に先に入っていただく。

スライド式（引き戸）

ドアをスライドさせて、「どうぞ、お入りください」と促す。お客様に先に入室していただく。

check

コートを着ているお客様の場合、部屋にご案内した後、「コートをお預かりします」と言って預かり、ハンガーにかけるのも案内役の仕事。

ご案内が済んだら退室する

➡どうぞあちら（こちら）におかけください。
➡山田はまもなく参りますので、少々お待ちください。

お客様を部屋に案内したら、上座を示し、着席をすすめます。面会者がすぐに来る場合も一言添えましょう。

➡恐れ入ります。山田は会議が長引いておりまして、あと10分ほどかかりそうですが、お待ちいただけますでしょうか。

面会者が来るまで時間がかかる場合（目安として10分以上）は、理由を伝えてお待ちいただくよう伝えます。

➡失礼いたします。

ドアのそばで振り返り、会釈をして退室します。「使用中/空室」などのプレートは「使用中」に変えます。

紹介するときのマナー

面識のない人同士の間に立って紹介するときは、紹介の順番に気をつけます。基本的には、立場が下の人を立場が上の人に先に紹介します。

●地位の上下がある場合は、下位の人を先に上位の人に紹介する

- 年齢の差や性別は関係なく、社会的地位の上下の関係が優先される
- 他社の人は社内の者より社会的地位が上位と見なし、先に社内の者を紹介し、次いで他社の人を社内の者に紹介する

●年齢差がある場合は、先に若い人を年上の人に紹介する

●地位や年齢が同等な場合は、先に自分と親しい人を紹介する

- 取引先同士を紹介するときは、つき合いが長いなど、より交流が深いほうから紹介する

●「紹介してもらいたい人」と「紹介を受ける人」の場合は、先に「紹介してもらいたい人」を紹介する

●一人に大勢を紹介する場合は、最初に一人を紹介し、その後各人を一人ずつ、その人に紹介する

3

相手との位置で敬意を表す

席次の基本

上座・下座の基本を押さえ、臨機応変に対応

日本では古くから、身分の上下によって座る位置が決まっていました。この文化が日本独自のビジネスマナーとして定着しています。応接室や会議室、乗り物には座る順番があり、一定のルールが決められています。これを席次と言います。席次は、**目上の人や地位、役職に対する敬意を表す**と共に、**より快適に過ごしてもらう心配り**です。おもてなしの意味があるため、ビジネスシーンで知らなかったでは済まされません。

上座（かみざ）

その場で一番心地よく、安全に過ごせる場所。年長者や役職が上の人が座る。

- 部屋の場合、基本的には出入り口から遠い、奥の席
- 装飾品（絵画・オブジェ・花など）を鑑賞できる席
- 窓の景色がよく眺められる席
- ゆったり座ることができる長椅子（ソファー）タイプの席
- 事務机が室内にある場合は、事務机より遠い席

下座（しもざ・げざ）

- **お客様をお迎えする側、年少者や役職が下の人が座る**
- 出入り口に近いなど、居心地がよくない場所

check

同じ部屋でも時間帯や季節、さまざまな条件により上座と下座の関係は変わるものです。出入り口から遠い奥の席に座ると、せっかくの景色が見えないこともあります。タクシーに乗る場合、ドライバーの後ろが本来の上座であっても、足が悪く杖を使う人であれば、開閉ドアに近い座席のほうが乗りやすい場合もあります。また、上座側のドアを開けてもらう場合もあるでしょう。その時々で臨機応変にお客様のことを考える配慮こそ、最高のマナーでしょう。

こんなときは?

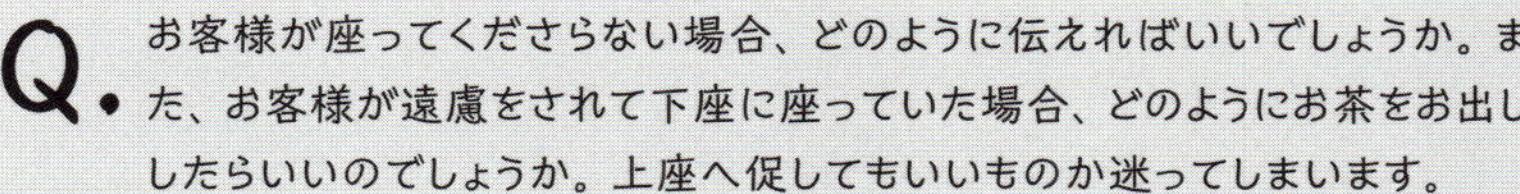

Q. お客様が座ってくださらない場合、どのように伝えればいいでしょうか。また、お客様が遠慮をされて下座に座っていた場合、どのようにお茶をお出ししたらいいのでしょうか。上座へ促してもいいものか迷ってしまいます。

A. 上座を示して「どうぞおかけになってお待ちください」と促しても立っている場合は、お客様は対応する担当者がすぐに来ることを想定し、敬意を表しています。「こちらに」と指し示して促したにもかかわらず、下座にわざわざ座る人もいます。そのときは、お茶をお出しするタイミングでもう一度促すか、対応する担当者が気づいて、「こちらにどうぞ」と言わなければいけません。

例えば、「こちらに座られたほうが、景色がよく見えますので」などと促しても、それでも「こちらで結構です」と対応されたら、相手もよかれと思っての行為なので、それ以上は強くは言わないほうがいいでしょう。

席次は
椅子やテーブルの
レイアウトによって
も変わります。

応接室の席次

応接室に来客を案内したときには、「どうぞこちらにおかけになってお待ちくださいませ」と上座の席をすすめます。席次は以下のようになります。

応接室①椅子の種類がポイント

※①から順に上座となります。

ソファーがある場合はソファーが上座、肘掛椅子は下座。来客はソファーに、社内の人間は肘掛椅子に座る。来客の人数が3人の場合は、①②③の順。話しやすいように、②の中央に最上位の人が座り、①に2番目の人が座る場合もある。人数によっても臨機応変に。例えば、来客が一人の場合は、3人がけのソファーの②にゆったりと。二人の場合は、中央②を開けて二人で使ってもらうなど。対応する側の社内が二人の場合は、職位順に④⑤と座る。一人の場合は⑤になるが、来客の職位に合わせて④の場合も。

応接室②椅子の種類が同じ　一人用の椅子のみ

出入り口から遠い席が上座、出入り口に近い席が下座。来客が二人のときは対応側一人は④になるが、対話上③の場合もある。来客が3人のときは、①②③の順で、対応側は④。窓からの眺望や壁にかけてある絵画の位置によっては、上座・下座の位置が変わることがある。

応接室③事務所内の応接コーナー

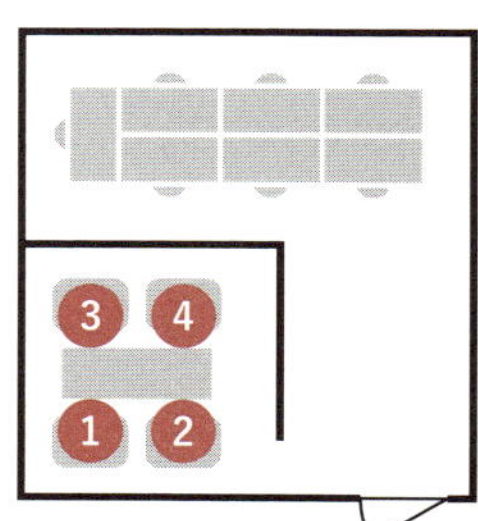

フロア内の応接コーナーの場合は、事務机から一番遠い席が上座。

応接室④さまざまな椅子がある場合

椅子のタイプは、格が決まっている。

長椅子（ソファー）＞肘掛椅子＞肘掛のない椅子

＞スツール

という順番。

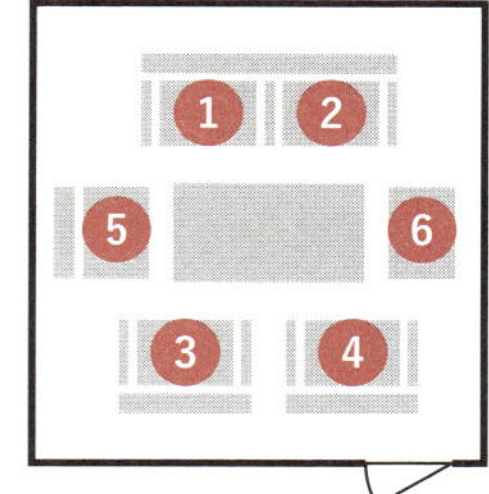

会議室の席次

レイアウトや会議の内容・立場によって席次は変わります。来客との対面形、社内の会議など、場に応じて臨機応変に対応しましょう。

一般的な対面形（来客と自社）

来客と自社の社員との対面の会議の場合、原則として出入り口から遠いほうの列の中央が上座で、テーブルの端、出入り口に近いほど下座。

議長がいない場合

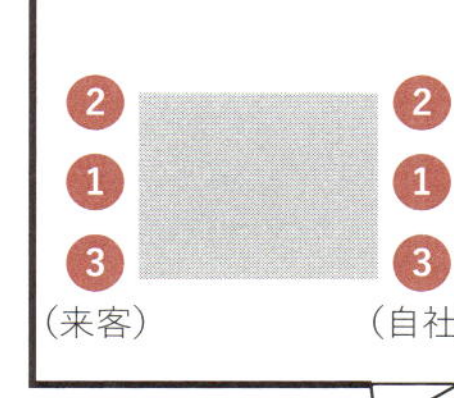

議長がいる場合

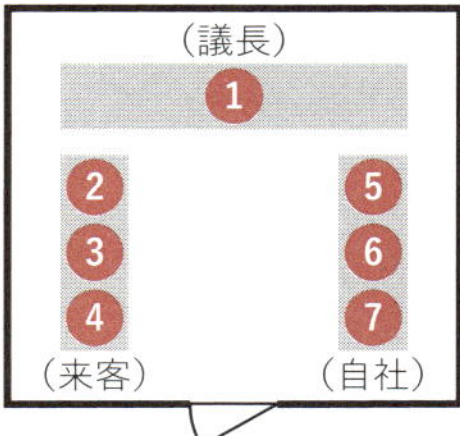

議長がいる場合は、議長に近いほうが上座で、順番に座る

社内会議

議長がいる場合、出入り口から一番遠い場所が議長席となり、議長に近いほど上座。

議長から見て右側、左側、右側、左側……と順に座る。

議長がいる場合①

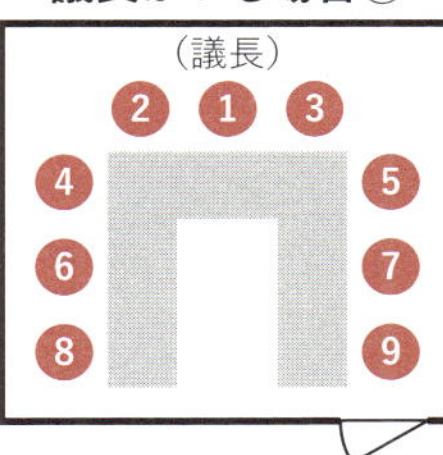

議長がいる場合②

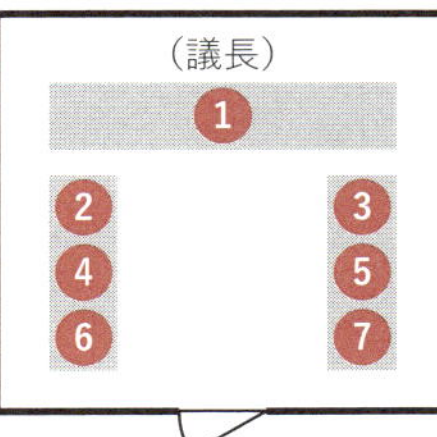

ロの字

出入り口から一番遠い席が上座で、上座の隣、上座から見て右側、左側、右側、左側……と順に座る。

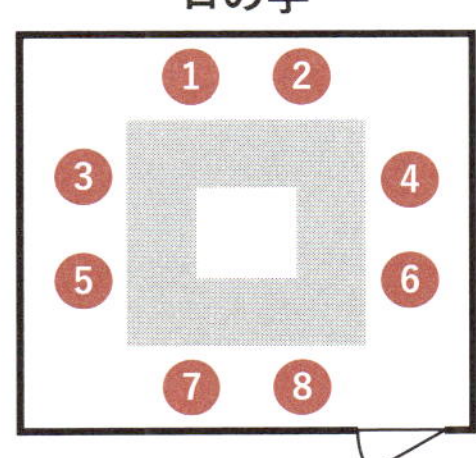

円卓

出入り口から一番遠い席が上座で、上座から見て右側、左側、右側、左側……と順に座る。

会食の席次

接待などで会食する場合、部屋のつくりや出入り口の場所はさまざまなので、事前に確認しておくとよいでしょう。和室は、床の間を背にした席が上座で、出入り口に近いほうが下座。レストランのテーブルも基本と同じ考え方です。ただし、中華料理の円卓は会議室の円卓と異なり、最上位の人から見て左側に2番目、右側に3番目と、交互に続きます。

和室

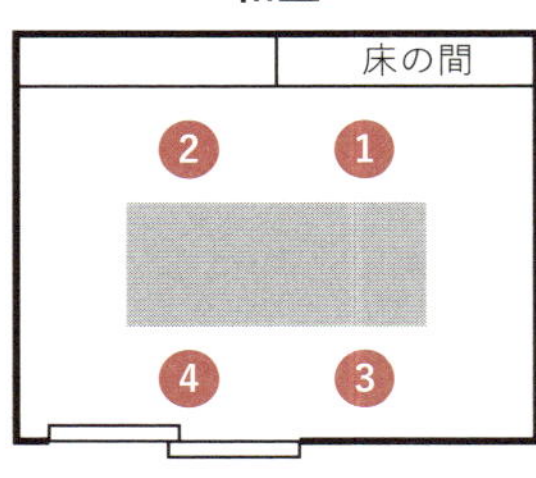

レストラン（洋食）

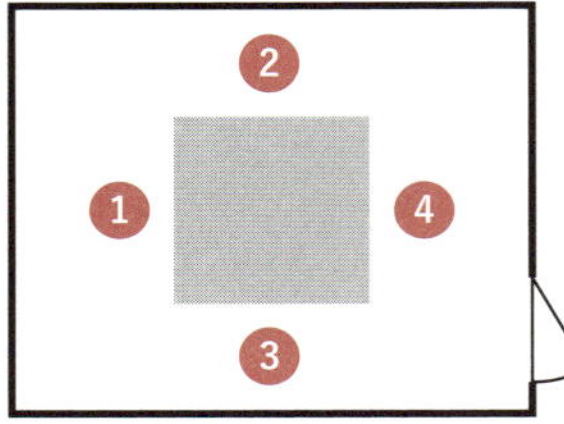

レストラン（中華）

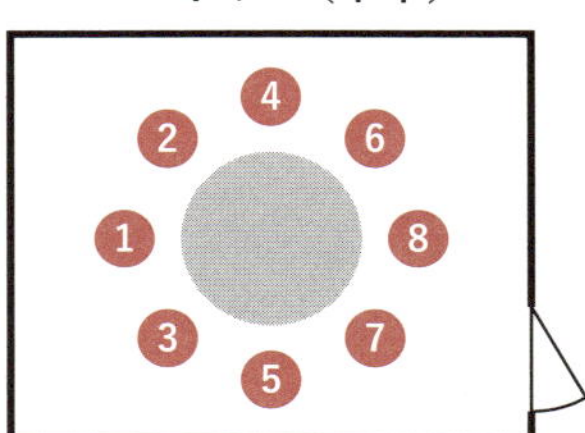

車の席次

車の席次は、運転席の後ろが最も安全とされていますが、誰が運転するかによって上座の位置が変わります。運転手がいる車の場合と、車の持ち主が運転する場合とでは席次が違うので注意します。

タクシーなど運転手がいる場合の席次

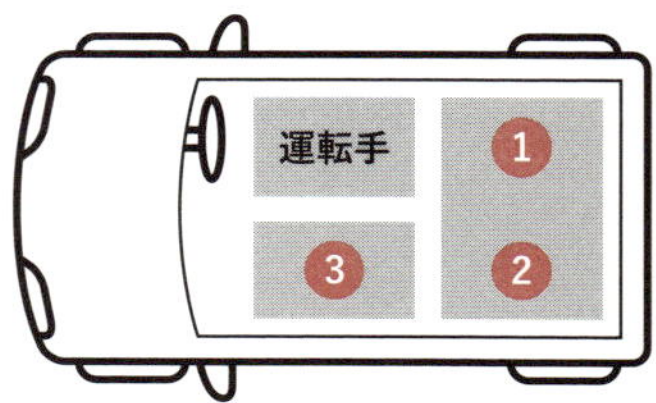

後部中央席がない場合の席次

①運転手の後ろの席

②助手席の後ろの席

③助手席

後部中央席がある場合の席次

後部中央席が3番目、助手席が4番目。

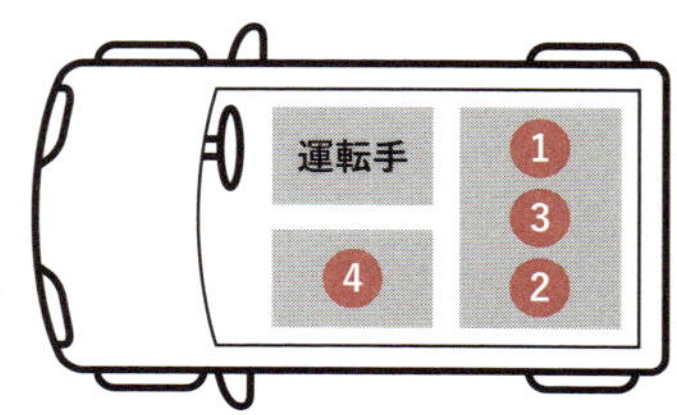

3人でタクシーに乗る場合

上司やお客様、自分と3人でタクシーに乗車する場合、後部座席に3人が座るのは窮屈なもの。その場合は、「わたくしが前に乗ります」など一言添えて、助手席へ。

車の持ち主（お客様や上司）が運転する場合の席次

取引先の人が運転する場合など、運転をしてくれる人に敬意を表し、助手席が上座。しかし、後部座席をすすめられた場合はそれに従う。

①助手席

②運転手の後ろの席

③助手席の後ろの席

④後部中央席

オーナー

3列シート7人乗りの車

乗り降りしにくい最後部座席が下座。

列車・飛行機の席次

列車や飛行機にも、上座・下座があります。外の景色が眺められ、乗客の往来があまり気にならない窓側が上座です。

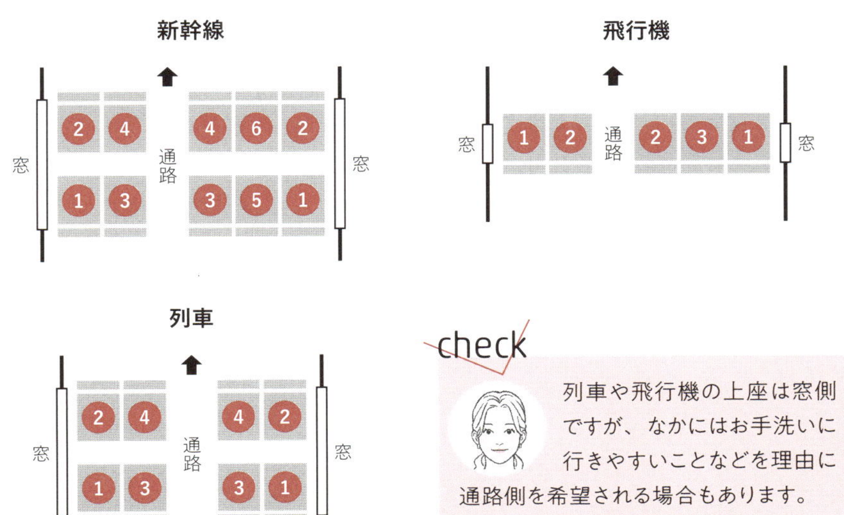

ビジネスの成功は最初の一歩から

名刺交換

スマートな名刺交換で好印象を手に入れる

日本は世界でも有数の名刺大国です。初対面であれば、ビジネスのスタートは名刺交換から始まります。オンライン名刺交換も行われるようになりましたが、実際に会って交わす場合、その第一印象はその後の仕事にも大きく影響します。

挨拶は目下の人から先にするのが常識です。訪問する場合は、**訪問者側から差し出します。**ただし、**上司に随行している場合は、上司の後に行います。**相手に差し出し、相手の名刺を両手で受け取るのが基本ですが、同時交換も主流です。相手から先に差し出されて、自分の準備ができていないことに焦って名刺入れをごそごそと探し、相手を待たせて無理やり同時交換する姿も見られます。**すでに相手が差し出した場合は、まずは両手で受けることこそ大切です。**1対1、複数の場合など基本を中心に臨機応変に対応する慣れが必要になるでしょう。

名刺は分身　丁寧に扱う

名刺には、名前はもちろん、会社名、役職名、住所、電話番号、メールアドレスに仕事内容などさまざま情報が記されています。顔写真入りや似顔絵入りの名刺も珍しくありません。名刺は自分の分身です。相手からの名刺も相手の分身と思って敬意を払い、丁寧に扱いましょう。

現場の声

名刺を差し出したところ、相手が「車に忘れてきちゃいました」と言って取りに行った。待っている間、上司と私は名刺を差し出したまま……。同時交換しないと失礼にあたると思っているのかもしれない。（営業職　40代）

名刺交換の基本ルール

- 「目下の人」「訪問者」から出すのが基本だが、**若年者は特に、いつも自分から相手に差し出す気持ちで。**相手が先に差し出した場合は受け取り、その後渡すときは「申し遅れました」の一言を
- 名刺交換をしやすい距離に立つ。相手に近づきすぎず、相手との間に**一歩半程度（約1.2メートル）の適度な距離を取る**
- **名刺は両手で持ち、立って渡すのが基本。**テーブルがある場合はまわりこむなどして相手の正面に立つ。テーブル越しは避けたいが、スペースが狭い場合や、喫茶店など外で打ち合わせをする場合は周囲への配慮から座ったまま交換する場合もある。その場合は「テーブル越しに失礼いたします」「座ったまま失礼いたします」などの一言を

- 名刺入れをお盆代わりにするときは、**名刺入れのふたを閉じたときの折り目（輪と呼ぶ）を相手に向ける。縦型の場合は、輪が自分から見て右、相手から見て左になるようにする**
- 自分の名刺は相手がよく読めるように、また、受け取る名刺を丁寧に扱うために、**名刺の文字に自分の親指が重ならないよう**端の余白部分を持つ
- 名刺交換をする前と後は、必ず相手の目を見て微笑みを忘れない

- 相手の目を見て、会社名に続き名乗り、**相手が読める向き**にして差し出す。しっかりフルネームを伝える。また、訪問を受けたときは、部署名と名前をはっきり言う

「はじめまして。わたくし、○○会社の○○（フルネーム）と申します」

「いつもお世話になっております。営業部の○○（フルネーム）と申します」

- 名刺を受け取るときも、必ずその場に適した言葉を添える

「ありがとうございます。頂戴いたします」

「○○様でいらっしゃいますね。こちらこそ、よろしくお願いいたします」

- 預かってから渡す場合

「お預かりいたします」

- 読み方が曖昧な場合

「恐れ入りますが、何とお読みするのでしょうか」

名刺のスムーズな取り出し方

名刺に書かれている会社名や氏名、ロゴマークなどを指で隠さないように右側の余白部分を持って名刺入れから取り出します。

横型の名刺

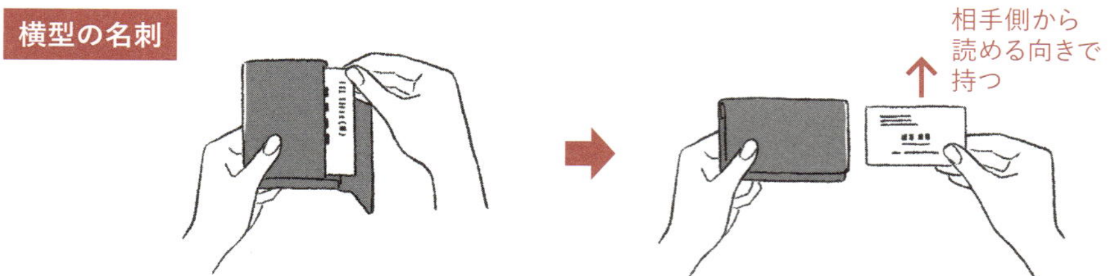

名刺入れからは右上を持って取り出し、親指と人差し指の指先で右手前の端を持つ

縦型の名刺

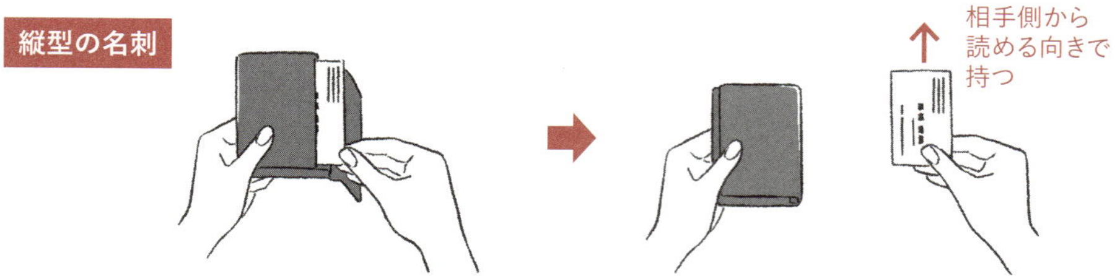

名刺入れからは右下を持って取り出し、親指と人差し指の指先で右手前の端を持つ

名刺交換の仕方「どちらかが先に差し出す」「同時」「複数」

名刺交換の基本的なパターンを覚えておきましょう。「どちらかが先に差し出す」「同時」「複数」など、ビジネスのシチュエーションによって臨機応変に行います。

①どちらかが先に差し出す場合　両手で渡し合う

両手で差し出し、両手で受け取る方法が最も礼儀正しい交換の仕方です。

名刺の渡し方

- 名刺入れから名刺を取り出す。交換した人の名刺が名刺入れに入っている場合があるので、自分の名刺に間違いないか確認
- 名刺を胸の高さで両手で持ち、相手へ差し出す。名刺入れを持っている場合は、**名刺入れを両手の人差し指と中指で挟んでお盆代わりにし、名刺を親指と人差し指で持ち、両手で渡すケースもある**

相手

自分

名刺の受け取り方

- 両手で受け取る。その際、指を揃えて受け取り、左手を名刺盆代わりにして右手を添えるとより丁寧さが伝わる
- 受け取ったら自分の胸元に引き寄せ確認。相手の名刺を持ったまま話をするときは、両手で持ち続ける。敬意を払い、胸の位置よりも下げないように気をつける

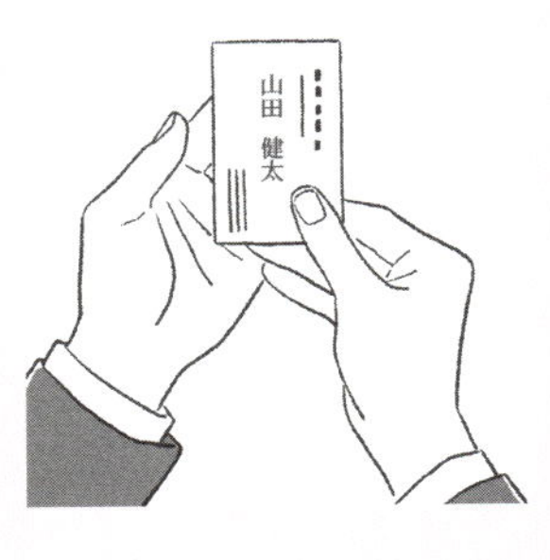

②同時交換　名刺入れを持ちながら片手で渡し合う

自分と相手が同じタイミングで名刺を差し出し受け取る同時交換が、最も多いパターンです。その際も受け渡しの基本や言葉などは一緒です。右利きの人が多いため、左利きの人も同じパターンに揃えたほうがスムーズです。

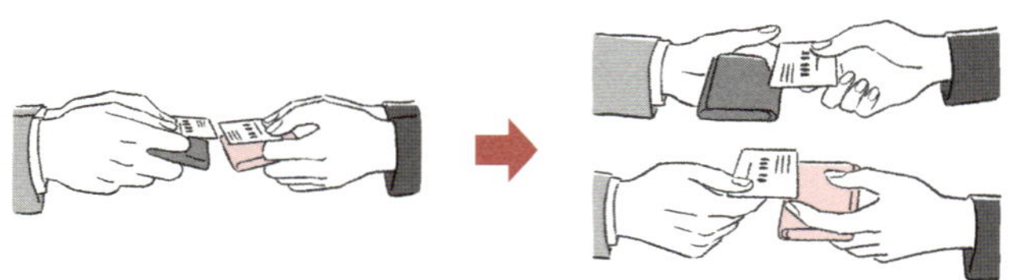

- 会社名に続き名乗りながら最初は両手で持って挨拶。**名刺入れを両手の人差し指と中指で挟んでお盆代わりにし、名刺を親指と人差し指で持つ。渡すときは左手に名刺入れ、右手で名刺を持ち相手の左手に差し出す**
- 同時に相手の名刺を左手の名刺入れの上で左手の親指と人差し指を添えて受け取る
- 右手が空いたらすぐに、両手で名刺を持ち直す
- 名刺入れを持っていない場合も、同じ要領。指を揃えて左手で受け取り、左手を名刺盆代わりにして右手を添えるとより丁寧さが伝わる
- 受け取ったら自分の胸元に引き寄せ確認。相手の名刺を持ったまま話をするときは、両手で持ち続ける。敬意を払い、胸の位置よりも下げないように気をつける。

③複数の人と交換する際は順序に注意

相手や自分の側が複数の場合、役職が上の人から順に名刺交換します。

- 訪問した上司と相手側の上司、続いて訪問した側の部下の順番。訪問側が立ち位置をずらしていく
- 上司や先輩社員が交換している間、部下は控えて待つ。手が空いていても、順序を無視するのはマナー違反。ただし、状況によって臨機応変に行う
- 受け取った名刺の上に、次の人の名刺を重ねて受け取るのはマナー違反。いったん、**名刺入れの後ろに送り、名刺入れと手の間に挟んで、次の人と名刺交換するとよい**

名刺の置き方・しまうタイミング

そのまま面談に入る場合、受け取った名刺はすぐにしまわず、テーブルの上に置きます。**名刺入れの上に置き、自分の正面、またはやや左寄りに置く**とお茶を出されるときに邪魔になりません。相手が複数の場合は、**役職が一番上の人の名刺を名刺入れの上に置き、座っている人と対になるように並べます。**その際は、名刺を直にテーブルに置いても失礼ではありません。資料などを上にのせたり、落としたりしないように気をつけましょう。**名刺をしまうのは、面談終了後の退席するときのタイミングがいいでしょう。**

名刺を切らした&忘れたとき

訪問してから名刺忘れに気づいたり、大勢と名刺交換して途中で足りなくなった場合は、丁寧にお詫びし、社名と名前を伝えます。相手の名刺を受け取り、その日のうちにお礼のメールを送るか、次回すぐに訪問する場合は「遅くなりましたが」と一言添えて渡します。しばらく訪問がないときは、郵送したほうが丁寧です。名刺切れという事態を避けるためにも、十分な枚数が入っているか日頃からチェックし、名刺交換をしたらその日のうちに補充する習慣をつけましょう。

名刺入れの選び方

名刺入れは、自分の名刺を入れる役割だけではなく、相手の名刺を受け取った際に受け皿としても使うので、財布や定期入れを代用するのはマナー違反です。必ず、専用の名刺入れを準備しましょう。

名刺入れの素材や色はさまざま。黒や茶系の革素材のものを選ぶのが無難です。カジュアルな雰囲気の金属製のものもありますが、改まった場では控えたほうがよいでしょう。落としたときに音がしたり、床を傷つける恐れもあるからです。しかし、社によってはロゴ入りの金属製で統一している場合や自社のPRを兼ねた名刺入れもあるため、その場合は社の方針に従います。

名刺入れは、二つ折りで内部に間仕切りのあるタイプが便利です。頂いた名刺と自分の名刺が混在しないように分けると、間違って他人の名刺を渡すミスが防げます。

仕切りがあると便利

名刺入れが必要なのは、なぜ？

名刺入れはお盆の代わりで、侍が名前を書いた紙を差し出して位の高い方に謁見を申し込み、その紙がお盆で運ばれたことに由来します。昔は、名刺は地位が高い人のみが扱うものでした。小袱紗（こぶくさ。小型の布）を敷き、その上にのせて交換していたと言われています。

これはNG

名刺入れをズボンのポケットに入れるのは厳禁

名刺交換をスムーズに行うためにも、名刺入れはすぐに取り出せる場所に用意しておきます。男性はスーツの内ポケット、女性はバッグのポケットなど、定位置を決めておくと慌てません。ズボンのポケットに入れるのはスマートとは言えません。特に後ろのポケットは湾曲しやすく、お尻のポケットから取り出した名刺を渡すことは大変失礼です。

名刺の整理・保管方法

受け取った名刺は相手の大切な情報です。必要なときにすぐに取り出せるように整理はもちろん、相手に関する情報を当日のうちに書き留めておくといいでしょう。挨拶状などで昇進、異動後の肩書や住所、電話番号などの変更を知ったら、その部分を名刺に転記し訂正します。その後新しい名刺を頂いたら古い名刺と差し替えます。使わなくなった名刺は処分しますが、そのまま捨てずにシュレッダー処理します。

ファイリング方法

業種別、仕事の内容など整理して保管する。

①名刺整理ファイル

クリアポケット型なら、裏面のメモ書きの情報も確認できて便利。一覧性があり見やすいので、整理する名刺が少ない場合は便利。

②名刺整理ケース

細長い箱に名刺を立てて収納する。名刺を探しやすいようにガイドで区切って整理。名刺の増減にも対応でき、出し入れも楽なので名刺の数が多い場合は便利。

③パソコンやスマートフォンでデータ保存

名刺の増減にも対応でき、データの訂正も簡単なうえ、検索も早くできることからデータで管理するケースが増えている。便利な反面、データ化された個人情報をコピーされてしまう難点もあり、漏れないように厳重に管理する必要がある。

整理・管理は定期的に行いましょう。

これはNG

受け取った名刺に、その場で書き込む

商談の日付や特にメモしておきたいことは、帰社後に名刺の裏に書き込んでおきましょう。

5

相手への敬意　気配りを形に

手土産の渡し方・受け取り方

手土産を渡す

手土産は、相手への感謝の気持ちを伝えたいときや、お願い事、心からのお詫びが必要なときに持参します。相手との良好な関係を築き、ビジネスを円滑に進めるための気配りです。

直接お渡しする相手のことだけでなく、**訪問先の部署や社員の皆さんのことを考慮して選ぶのがポイントです。**相手の好みに合わせたものや、部署の人数、男性、女性が喜ぶものなどが選ぶときのポイントになります。出張などで遠方を訪問する場合は地元の特産品も喜ばれるでしょう。日持ちや小分けしやすいなども考えながら、相手への敬意を形にしましょう。

挨拶を済ませて
椅子に座る前に立った
まま渡すのが基本。しかし
場所やタイミングによって、
座ったまま渡すなど臨機
応変に対応する

渡すときのポイント

- 訪問する際に渡すときは、挨拶が済んでから。また名刺交換のすぐ後に渡す
- **紙袋に入ったまま渡すのはNG。**袋はあくまでも持ち運び用のもの。**渡すときは袋から出して**差し出す。相手が社内での持ち運びに使うようなら、「お使いになりますか」と言って後で袋を渡すとよい
- 立ったまま渡す場合は、紙袋のまま渡してもよい。その場合は「紙袋のままですが」「袋のまま失礼いたします」などと一言添えて渡す

こんな言葉を添えて

「仕事の合間にでも、皆様で召し上がってください」
「ほんの気持ちですが」
「いつもお世話になっております。皆様でどうぞ」
「お口に合えば幸いです」
「心ばかりですが……」
「おいしいと評判のお菓子なので、お持ちしました」

「お口汚しですが」とは？

口の中を汚すまずいものという意味ではなく、口の中を汚すだけのほんのわずかな量ということ。お土産を差し上げるときや酒の肴としておつまみを出すとき（大皿ではなく小皿料理）などに「ほんのお口汚しですが」と言う。

これはNG

「つまらない物ですが」

「立派なあなたを前にしては、つまらない物」という気持ちが込められ、贈る側が謙遜して使う言葉ですが、「つまらない物ならいらない」と思う人はいないにしても、誤解を与えかねない言葉は避け、適切な言葉に置き換えるほうがよいでしょう。

相場

初めて訪問する相手には、3千円から5千円、謝罪のときは5千円から1万円が相場と言われている。

選び方

お菓子が一般的だが、訪問先の近所で購入するのは間に合わせと思われるので避ける。女性の多い職場なら評判のスイーツ、年長者の多い職場なら和菓子など、訪問先の職場の状況に合わせたものを選ぶのがポイント。個包装されているものがおすすめだが、珍しいものや特産品などは個包装でなくてもOK。また、お詫びの場合は、申し訳なかったという謝罪の気持ちの表れとして高級感のある品物を選ぶ。

手土産の疑問　こんなときはどうする？

渡すタイミングを逃してしまった場合は？

話の流れですぐに打ち合わせに入った場合などは、ひととおり話が終わったタイミングや帰り際に差し出せばOK。

複数人で訪問するときは誰が渡す？

最も地位の高い上司が、訪問先の上席者に渡すのが基本。その場のタイミングなどを見て、窓口になっている担当者に渡してもかまわない。

訪問者にお土産を渡す場合は？

遠方からの訪問者に、特産品などのお土産を渡すことも。その場合は、持ち運びしやすいように袋に入ったまま、帰り際に渡す。軽くてかさばらないものを用意しておくとよい。渡すときは次の一言を添える。

「本日はお越しいただきありがとうございました。お荷物になるかもしれませんが、どうぞお持ち帰りください」

「お荷物になるかもしれませんが、お好きだと伺ったものですから」

これはNG

・相手が食品メーカーの場合、ライバル会社のお菓子・飲料・品物
・ホールケーキなど、切り分けや手間がかかるもの
・においが強く、くせのあるもの

手土産を頂く

来訪者から手土産を頂く場合は、失礼のないよう取り扱いに注意し、相手の誠意に感謝を表します。

「お気遣いいただき、ありがとうございます」

「ありがたく、頂戴いたします」

頂いたら、テーブルの端などスペースが空いているところやソファーの上に置き、床に置くのは避けます。個人的ではなく部署で頂いたものは、お茶を出す社員が来たときに預けてもよいでしょう。相手が、品物を入れてきた袋の処理に困っているようなら「こちらで頂きましょうか」と引き取ることも忘れずに。

すぐに開けるべきか

珍しいものを頂いたときや、相手がぜひ見てほしいなどすすめてきた場合は、相手の許可を得て開けてもOK。

頂いた食べ物を出したほうがいいか

何度も来訪するなど、気心の知れた関係では、「評判なので、会議のお茶のお供にと思いまして」など言われることも。その場合はご厚意を無駄にしないよう、お出しする場合もある。

来客からの手土産のお菓子などをその場で一緒に頂く際は、「おもたせ（御持たせ）で失礼ですが」など一言を添えます。

6

タイミングが大事

お茶の出し方・頂き方

お茶を出す準備

お客様にお茶を出すことは、歓迎の気持ちも込めて、おもてなしの心を表します。寒い日は温かいもの、暑い日は冷たいものというように、気候に合わせて適切なものを用意しましょう。よく来訪されるお客様には嗜好に合わせてお出しできれば、よりおもてなしの心が伝わるでしょう。

担当者に確認

予約があるお客様をどの部屋にご案内するのか担当者に確認しておきます。人数に変更がある場合もあるため、お客様と自社の社員を合わせて何人分のお茶が必要かを確認しておくと間違いがありません。

適切なお茶を出す

特に指示や要望がない場合は、日本茶を出すのが一般的。お客様に出すお茶は煎茶で、番茶やほうじ茶は日常茶なので控えます。夏は冷たい麦茶や緑茶も喜ばれますが、**冷たい飲み物の場合は、滴が落ちないようにコースターを用意します。**お客様の嗜好や時間帯によっては、コーヒーや紅茶を出す場合もあります。

お茶を出すタイミング

予約があるお客様がお見えになる前に、茶碗のセットをするなど、ある程度準備しておくと慌てずにすみます。お客様を応接室や会議室にご案内したら、すぐにお茶を準備します。名刺交換や挨拶が終わり、**全員が着席して具体的な話が始まる前が適切なタイミングです。**担当者が入室して、遅くとも5分以内には出せるよう心がけましょう。

お茶を出す順番

お客様から、席次の順に出します。お客様や対応する側が複数いるときは、**お客様の上座のほうから順に出**

し、その後自社の社員も席次順に出します。テーブルの配置などで順番に出すことができない場合は、最も役職が高い人を起点に、邪魔にならないように出します。

ビジネスシーンで、床に膝をつくのは不衛生。低いテーブルの場合は、前かがみで作業をするよりも、腰を落として作業をしたほうが美しく見える。膝の曲げ具合で高さを調整する。
ビジネスシーンでは少ないものの、和室でお茶を出すときは、丁寧に正座で挨拶し、膝をついて出すとよい。この場合は、お盆はテーブルにのせず、いったん畳の上に置いてセットする。

こんなときは？

Q. **中途採用の面接にお越しいただいた方にお茶を出しています。面接官が入室したタイミングでお茶を出すと面接の妨げになるのでは？**

A. 最初は挨拶や世間話をし、その後具体的な話に入るのが一般的です。挨拶などが終わったあたりでお茶を出す程度は、面接の妨げにはならないでしょう。むしろ志願者にとっては、緊張感が少しほぐれて話しやすくなるかもしれません。面接自体、緊張しているでしょうから、なかなかお茶に手をつけない方もいらっしゃるとは思いますが、お茶を出す以上は面接官が「お茶をどうぞ」とすすめる一言も必要です。

お茶の出し方の基本の流れと留意点

❶ 準備する

- お茶を入れる前に、
茶碗やグラスの汚れやひび割れがないか確認

❷ お茶を入れる

- 沸騰したお湯を茶碗について、器を温める
- 急須に、一人あたりティースプーン1杯を目安に茶葉を入れる
- 茶碗のお湯が80度前後（煎茶の場合は低めの温度のほうが旨みが抽出できる）に冷めたら、急須に全部入れて1分ほど蒸らす
- お茶の濃さが均一になるよう少しずつまわし注ぎをし、茶わんの7〜8分目くらいを目安に。なみなみと入れるのはNG

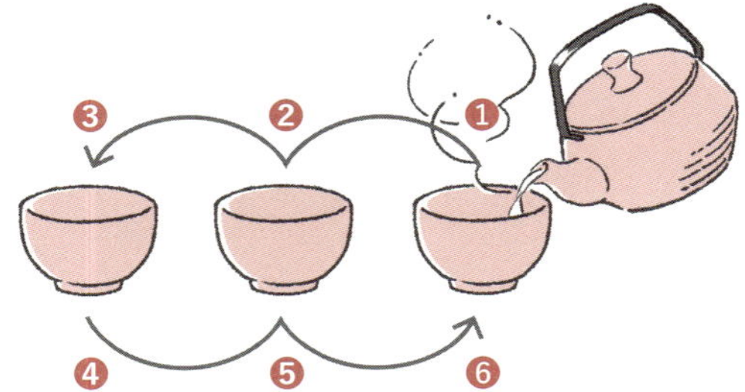

❸ お茶を運ぶ

- 運んでいるときに茶たく（茶碗の下に敷く受け皿）にこぼれないよう、茶碗と茶たくは別々にしてお盆にのせる。清潔なふきんも一緒に
- お盆は胸の高さくらいで運ぶ。ふたつきの茶わんで出すと、よりおもてなしの心が伝わる。ふたがない茶わんや夏場の冷たい飲み物のグラスのときは、特に、お盆を少し横にずらして、自分の息がかからないよう配慮する

❹ 応接室に入室

- お盆を片手で持ち、ノックを軽く3回（2回はトイレノックを想像させる）。話を妨げない程度の声で「失礼いたします」と一声かけて入室。来客が多い場合は、時間がかからないように同僚と手分けして出してもよい
- お盆は一度サイドテーブルへ。ない場合はテーブルに置くが、その際は少し離れた場所でセットする

❺ お茶や菓子を配る

- 茶わんの底をふきんで拭きながら茶たくにセットする。水分で茶わんの底が茶たくにくっついて一緒に持ち上がることを防ぐため
- 上座から順に「どうぞ」「失礼します」など、小声で一言添えるが、来客が話しているときは黙礼して出す
- 両手で出す。茶碗には向きが関係ないものと、正面が決まっているものがある。決まっているものは、絵柄がお客様の正面に来るように出す
- 低いテーブルの場合は、前かがみで作業をするよりも、腰を落として作業をしたほうが美しく見える

- お茶と一緒にお菓子も出すときは、お菓子を先に出し、来客から見て左にお菓子、右側にお茶が並ぶように配置する。おしぼりも出す場合は、お茶を中心に右側に置く

- 基本的には相手の右側から両手で出すが、無理な場合は左側や正面から出す。その場合は「こちらから失礼いたします」など一言添える。奥の人の近くまで行けない場合は、お茶を送ってもらうのは許容範囲
- 木製の茶たくは、木目が相手から見て斜めになったりしないように、並行になるようセットする。お客様の正面に茶わんの絵柄が向くようにセットして出す

- お茶を出す社員が「どうぞ」と言っても、必ず対応者は再度「どうぞ、召し上がってください」とすすめる。お客様は勝手に飲みづらいので、自ら少し口をつけると、お客様も飲みやすい

❻ 退室

- お盆は表を外側にして脇にかかえて持ち、ドア付近で話の腰を折らないよう「失礼いたしました」と挨拶し、一礼して退室

お茶の出し方の疑問　こんなときはどうする？

お茶を差し替えるタイミング 面談が長時間になった場合

商談の内容などにもよるが、**1時間が目安**（会社によって慣例がある場合も）。飲み物を入れ替えるときは、お茶のつぎ足しはせず、新しいお茶を準備して出すが、**2回目はコーヒーなど、違う種類の飲み物を出して変化をもたせるとよい。**聞ける場合は「コーヒーと紅茶をご用意できますが、どちらになさいますか」と確認するのもOK。新しい飲み物を準備して入室し、前に出した飲み物をさげてから出す。

長引いている場合、機密事項の話など事情もあるので、タイミングも重要。また、お茶を差し替えたことで、終わらせたい商談が長引いてしまうこともある。事前に担当者と打ち合わせをしておくとスムーズ。

来客を案内して応接室に入ったら、前の客の茶碗がそのまま

来客に謝って応接室の入り口で待ってもらい、急いでテーブルを片づける。来客に座ってもらい、目の前で片づけるのは失礼。

応接室にお茶を出しに行ったら、名刺交換中

相手が他のことをしているときにお茶を出しても、もてなしにはならない。名刺交換や挨拶が終わり、椅子に腰かけるのを待ってお茶を出す。

来客と上司（部長）のお茶を出しに行ったら、専務も座っていた

来客と専務に先に出してから、上司の分をもう一度出す。来ていたのが専務ではなく課長であれば、来客と上司に先に出し、課長の分は後で出す。

テーブルに書類が広げてある

自分で勝手に脇に寄せたりしないで、声をかけてスペースを空けてもらう。

大人数で食事の場合

お茶の差し替えは基本的に新しいお茶を出すが、大人数の食事の場合などは、つぎ足しをしてもOK。

コーヒーカップとティーカップの置き方

取っ手を左側右側にするかは、どちらでもOK。向かって左側はヨーロピアンスタイル、向かって右側はアメリカンスタイル。大切なのは、どちらかの向きに統一すること。

お茶の頂き方

意識したいのは、お茶を用意してくれた方の気持ちです。せっかく出してくれたお茶に口もつけないのは失礼です。温かいものは温かいうちに、冷たいものは冷たいうちに頂くのは、出してくれた方への礼儀でもあります。

飲むタイミング

- 出されたお茶を勝手に飲むのは避ける
- お茶を出してくれる人も「どうぞ」と一言添える場合があるが、

基本は対応者から「どうぞ」とすすめられた後に。その場合も対応者が口をつけるタイミング、または口をつけた後に「頂きます」と言って飲むとよい。

□ ふた付きの茶碗の場合

❶ 左手は茶碗に添え、右手で手前からふたを開ける
❷ 茶碗の縁に沿って、約90度右にまわし、水滴を切る
❸ 取ったふたは仰向けにして、茶碗の右側に置く
❹ 右手で茶碗を持ち、左手を底に当てて頂く
❺ 退出の際は、ふたをする

お茶の頂き方の疑問　こんなときはどうする？

お茶をすすめられず、相手も口をつけない場合

飲みづらいが、相手も「どうぞ」と促すことを忘れていることもあるので、その場合、話にある程度区切りがついたら、**「せっかくですので、頂きます」**など一言添えて口をつけるとよいでしょう。最後まですすめられない場合は、帰り際に、「せっかくなので」と少しでも口をつけます。

お茶は飲み干す？　残す？

出していただいたお茶やコーヒーは、**基本的には飲み切ります。**ただし、苦手なものや、最後まですすめられない場合、時間がなく急ぐ場合などは、出していただいたことに感謝し、**一口か二口でも頂き、「ごちそうさまでした」とお礼を言います。**

ペットボトルのお茶は？

改まった会議ではペットボトルのお茶を出すのは避けます。しかし、ウィルス感染対策や頻繁にある会議などでは問題ありません。出される側なら、**放置せずに持ち帰るのがマナー。**飲み切った場合は、先方の指示に従い、所定の場所に捨ててもかまいません。

7 おもてなしの締めくくり

お見送りの基本

丁寧なお見送りが心地よい余韻に

心地よい「余韻」を残すようなお見送りを心がけましょう。お見送りの印象は商談にも影響します。

原則、**自社ビルの玄関先まで見送る**のが一般的です。オフィスがビルの上層階にある場合、**エレベーター前までのお見送り**でも失礼にはあたりません。

見送られる側のお客様は、挨拶をして歩き出した後に再度振り返ることも多いものです。車やタクシーを利用してお帰りになるお客様も、動き出した後で車内から一礼することもあります。振り返ったとき、すでに姿が見えなかったり、戻る後ろ姿を見られるより、丁寧にお辞儀をして見送る姿は心地よい余韻になるでしょう。

自席・部屋の外で見送る

- 自分の席で立ち上がり、一礼して見送る
- 来客が部屋を出て見えなくなるまで立って見送る
- 部屋の外で見送る場合も、相手が見えなくなるまで深くお辞儀をして見送る

エレベーター前

- エレベーターのドアが完全に閉まるまでお辞儀をして見送る

受付前・玄関・車

- お客様の姿（車）が見えなくなるまで見送る
- 来客の荷物が多いときや大きな荷物があれば、いったん預かり、玄関先や車、タクシーまで運ぶ

訪問から帰社までの流れを覚えよう

訪問するときの心構えとマナー

「時間を頂く」ことを意識する

訪問の目的は、打ち合わせの他にも、新任・退任の挨拶や営業、お詫びなどさまざまです。先方の貴重な時間を頂いていることを十分意識して、アポイントを取る段階から節度ある振る舞いを心がけましょう。

check

オンライン会議・リモート打ち合わせも「時間」の大切さは同じ

オンライン会議やリモート打ち合わせはわざわざ足を運ぶことなく、時間短縮にもなり便利です。しかし、会議そのものにかかる時間は一緒です。「時間を頂いている」ことに変わりありません。

アポイントの取り方

訪問するときは必ずアポイントを取ります。一方的に不意に訪れるのは、相手も迷惑です。用件にもよりますが、余裕を持って一週間前までにはアポイントを入れておきましょう。

面談を申し込む　目的・所要時間を明確に

- 事前に電話やメールなどで連絡するのが一般的。自社名、名前、訪問の目的、所要時間を明確に伝え、訪問の可否を問う

➡ 先日ご依頼いただきました〜の件でお伺いしたいのですが、30分ほどお時間を頂けないでしょうか。

訪問日時・場所を決める

- 「訪問の目的」を話し、相手の了承を得たら、相手にいくつか都合のよい日時を教えていただく
- そのなかから自分の都合のよい日時を選び、確認
- 相手の都合を優先させることが原則だが、相手の指定日に都合がつかない場合や特に指定がなく、逆に都合を聞かれることもある。その場合は自分からいくつかの日時を提案すると話がスムーズに運ぶ
- 面談場所も先方の会社以外の場所を指定されることもあるため、確認する

➡ **○○様のご都合のよい日をいくつか教えていただけますでしょうか。**

➡ **近日中にお伺いしたいのですが、**
ご都合のよいお日にちとお時間を教えていただけますか。

➡ **わたくしは、○日と○日は何時でもお伺いできますが、**
○○様のご都合はいかがでしょうか。

日時・同行者・場所などの確認

- 伺う日時や場所を復唱し（メールなら再度記載）、同行者がいる場合は同行者の役職や人数を伝える
- アポイントを取った日から時間が空いた場合は（2週間以上をめど）、念のため前日にメールや電話で明日伺う旨のご挨拶をすると、お互いに安心できる

➡ **かしこまりました。それでは、○月○月○曜日の○時、〜へ伺います。**

➡ **では、○月○日○曜日の○時、弊社の部長木村、課長の田中と3名で伺います。どうぞ、よろしくお願いいたします。**

訪問前の準備は万全に！

- 下調べ（交通手段・所要時間・訪問先の情報）
- 必要な書類・名刺・手土産などの準備
- 身だしなみを整える

check

社内連絡も忘れずに！

同行者がいる場合は、訪問先の了承を得たことを報告、連絡する。聞き間違いや忘れることがないよう、メモやメールで文字として残しておくことも重要。

訪問先に到着

訪問先周辺に早めに到着し約束の時刻の５分から10分前には先方に到着

訪問先は自社ビルやオフィスビルのフロアなどさまざま。建物に入るとすぐに受付がある場合は5分前をめどに到着します。ビルの上層階にあるフロアなど、受付に着くまで時間がかる場合は10分前には到着するよう心がけるとよいでしょう。

面談前にお手洗いを済ませ、鏡の前で身だしなみを整える時間も考えて余裕を持って行動しましょう。

こんなときは？

交通機関のトラブルなどで遅れそうなとき

遅くとも15分前には訪問先に連絡を入れ、事情を話しお詫びをする。30分までの遅刻なら待っていただけるかお願いし、見込みよりやや遅い到着予定時刻を伝えておくとよい。30分以上の遅刻になりそうな場合は、相手の都合を確認し、時間をずらすか、出直すか相談する。

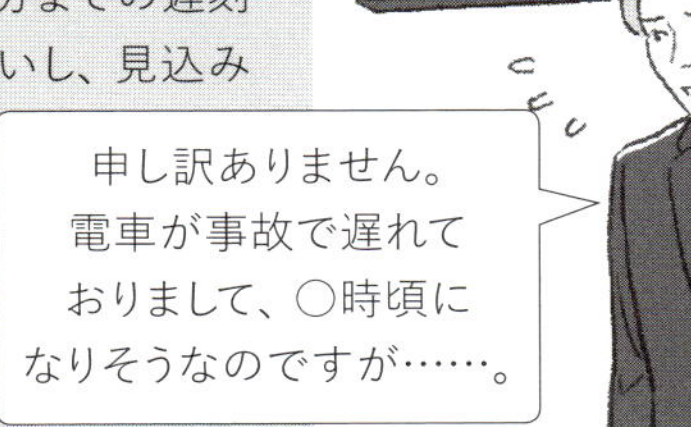

受付に行く前に！

- コートなど防寒具は脱いで建物に入る。ぬれた傘は傘立てや傘カバーを使う
- 携帯電話の電源を切るか、マナーモードへ
- すぐに名刺が取り出せる準備

check

「同行」と「随行」の違い

どちらも「ある人に付きしたがって行く」ことを表す点で違いはありません。しかし、「同行」が相手の格について特に意識せず使われるのに対し、「随行」は身分や地位が高い相手に対してのみ使われるという特徴があります。「部下に同行して会議に出る」「社長の出張に随行する」など使い分けましょう。

早すぎるのもマナー違反

予定よりも早めに訪問先に着くのは大切だが、**相手を呼び出すのは、約束の時刻の1、2分前をめどに。**早すぎるのも、相手の都合を考えずマナー違反。受付を通す会社では、受付係から相手に連絡する時間までを考慮し、約束の時刻よりも、3、4分前をめどにする。

上司と同行している場合は、部下が受付をする。また、入館者名簿への記入を求められるときも、職位が下の人が行う。

「お世話になっております。本日午後3時に○○様とお約束をしております○○会社の田中と申します」

無人受付の場合

相手の部署の内線番号が書いてある場合は、その番号に直接かける。相手が出るとは限らないので、「自社名」「名前」を伝え、取り次ぎをお願いする。

応接室・会議室でのマナー

入室・着席

- 応接室や会議室に案内されたら、「失礼いたします」「ありがとうございます」など一言添えて入室
- 勝手に着席せず、上座をすすめられたら「恐れ入ります」など言って着席
- 座る席を指示されなかった場合は、入り口に近い下座に座って担当者を待つが、担当者が来たらすぐに立って挨拶できるように準備しておく。短い間なので立ったまま待つ場合もある

荷物は足元に置く

- **鞄は椅子の横や足元の床に置く。**テーブルの上に置くは不衛生
- ハンドバッグは体の脇に置くか、椅子の背もたれと背中の間に置いてもよい
- **コートは中表にたたんで鞄の上に置く。**コートかけを使うようすすめられたら使わせてもらってもいいが、勝手にはかけない

名刺と資料を確認　面談へ

- 担当者が来たらすぐに出せるように、名刺や資料を準備
- **ノックと同時に立ち上がり、椅子の横に出る**
- 名刺交換はテーブル越しではなく、相手に近づいて行う
- 出してもらった飲み物はすすめられてから口をつける

面談の切り上げ方

- 予定の終了時刻が近づいてきたら、**訪問側が打ち合わせを切り上げるのが原則**
- 面談の決定事項などを確認し、次の面会が必要な場合は、この場で日程を決めるとスムーズ

面談後・帰社・訪問後

面談後は丁寧にお礼を言って退室します。エレベーターの前などで「**こちらで結構です**」と一言申し出るのがマナー。建物を出るまでは誰に見られているかわからないので立ち居振る舞いに気をつけ、最後に受付で挨拶をして外に出ます。**コートや手袋などは建物を出てから着用します**。玄関まで見送られた場合は、歩き出して一度振り返り一礼。車に乗る場合は乗車前に一礼、窓を開けて再び会釈程度の挨拶をします。

- 訪問終了後、上司に電話連絡をすると、帰社時間のめどにもなる
- 会社に戻ったら、挨拶を忘れず、社内にいることを周囲に伝える
- 面談の内容や決定事項を上司や関係部署に報告する。相手からの依頼などにはすぐに対応し、期限内に結論を出したり、提出書類を作成する

こんなときは？

訪問先へ、後日お礼の挨拶は必要？

日常的に訪れている相手であれば特別な挨拶は必要ない。しかし、相手がこちらの無理なお願いを聞き入れてくれたときや重要な取引の後は、メールでお礼の挨拶を。相手が高い地位の人物の場合は、封書でお礼を伝えることも心配り。

column 「すみません」では、すみません

「すみません」を使いすぎていませんか？ 「すみません」は、相手への謝罪や感謝、依頼の気持ちなど、意味も幅広く便利な言葉です。辞典によると、「澄む」と「済む」は同源で、「澄む」の「濁りや混じりけがなくなる」といった意味から、「済む」は「仕事が済む」など「終了する」意味で用いられ、「気持ちが収まる、晴れる」といった意味も表すとあります。

「それでは私の気が済みません」といった用法は、「私の気持ちが収まりません」「気持ちが晴れません」という意味で使われます。相手への謝罪に用いる「すみません」も、相手に失礼なことをしてしまい、このままでは「自分の心が澄みきらない」ことを表しています。

「ごめんなさい」も謝罪の言葉ですが、漢字で書くと「御免なさい」で、「免」は「容赦」のこと。失礼なことをしてしまった人に「お許しください」と謝る言葉です。「ご免なさい」と謝るだけでは私の「気持ちが済みません」ということでしょう。

また、「すみませんが～してください」「ちょっとすみません」など、依頼や呼びかけの際に用いる「すみません」は、軽い謝罪の意味からと考えられます。感謝の意味を表す「すみません」は、「何の御礼もできずにすみません」からきているのでしょう。

このように「すみません」は、意味も幅広く、便利な言葉ではありますが、それだけにワンパターンな表現になりがちです。口癖のように使っていると、特に謝罪の場面では十分に誠意が伝わらない場合もあります。

つい言ってしまう「すみません」を、先輩や同僚に仕事で助けてもらったときは「ありがとうございます」。人に何かを頼むときは「恐れ入りますが」。仕事の打ち合わせなどで、こちらまでお越しいただくときは「ご面倒をおかけしますが」。上司に報告が終わって去り際に「失礼しました」。店先で店員さんに声をかけるときは「お願いします」。

このように、相手や状況に合わせて表現できるようになりたいものです。

第6章

第一印象は会う前から決まる!

ビジネス文書
——社内文書・社外文書・郵便の知識・FAX・メール・SNS——

ビジネス文書の基本を押さえよう

ビジネス文書とは

ビジネス文書の重要性

ビジネスシーンでは、社内での伝達をはじめ企業間のやり取りを、文書、メール、電話、手紙、FAXなどを用いて行います。なかでも紙に書かれたものは、ビジネス文書と呼ばれます。

特に**社外に発信する「社外文書」は組織として公の意思表示であり、企業間の契約を正式なものにするなど重要な役割を担っています。**ビジネス文書は、目的や用途によって多くの種類があり、上司への報告書も取引先への請求書もビジネス文書です。それぞれの文書に適したフォーマット（ひな型)、ルールがあります。決まり事に沿った文書作成は、デキるビジネスパーソンのたしなみと言えるでしょう。

電話や口頭でも済む用件を「文書」で伝達するのは、文書の特徴が重要視されているからです。**ビジネス文書の書き方一つで会う前から第一印象が決まることもあり、会社の信頼にも関わっています。**

ビジネス文書の特徴

❶ 組織として公式の意思表示

私信と違い、組織としての責任が伴う。

❷ 作成の目的が明確

一定の形式やルールがあるので、作成の目的が明確で、過不足なく情報を伝えることができる。

❸ 正確に伝わる

文字として伝達することで、言い間違いや聞き間違いを防ぎ、誤解なく正確に伝わる。

❹ 証拠として残る

どんなやり取りがあり、どんな結論に至ったかを記すことで関係部署、関係者の行き違いを防ぐことができる。

❺ 大勢の人に一度に伝えられる

伝達事項や意思表示を同じように共有できる。

ビジネス文書の種類

ビジネス文書は大きく分けて社内の者へ伝達する「**社内文書**」と、社外に出すための「**社外文書**」に分けられます。さらに社外文書は、商取引に関わる文書と、親交や儀礼を重んじる「**社交文書**」に分けられます。

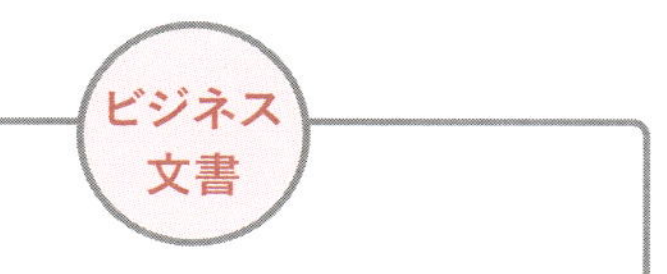

社内の人に対する文書

社内文書
社内通知や届け出など
稟議書・企画書・報告書・
通知文書・各種届出書・議事録・
帳票類・始末書　など

社外の人に対する文書

社外文書
商取引上の文書
提案書・依頼書・見積書・
注文書・納品書・請求書・
督促状・通知文書　など

社交文書
親交・儀礼に関わる文書
各種案内状・年賀状・挨拶状・
祝い状・礼状・招待状・悔やみ状・
詫び状　など

check

ビジネスの場での文書や届出には、原則として黒色のボールペンを用います。「消せるボールペン」は便利ではありますが、書類の改ざん、高温になるとインキが無色になるため、記録の消滅が起こり得ます。このため、公的な書類や記録を残すべき社内書類、署名、宛名書きなどには使うことができません。封筒の宛名が消えてしまい郵便物が届かなかったという失敗エピソードも。そのため、「消せるボールペン」の使用を禁止している会社もあります。「消せるボールペン」を日常使いしている人は、ビジネスの場では十分注意しましょう。

ビジネス文書作成の基本ルール

文書は横書き、用紙はA4判

挨拶状などの社交文書以外は、横書きで作成するのが一般的。用紙は特別な場合を除きA4判を縦長に用いる。A4判に揃えることで整理や保存がしやすくなる。

1文書に1件

一つの文書に複数の用件を詰め込むと、目的がわかりづらく長くなってしまう。整理や保管をすることも考え、1文書に1件が原則。

原則1枚にまとめる

わかりやすくまとめ、原則は1枚に収めるように工夫する。文字フォントは10.5ポイントが標準だが、読みやすい大きさの11～12ポイントで作成するとよい。1枚にまとめるために、一部9ポイントにすることもある。補足資料などは別紙に。どうしても1枚に収まらない場合は複数枚にページ番号をつける。

正式な文書の場合は、必要に応じて発信側の押印をする

社内文書では印は省略してもよく、社外文書でも省略されることもある。個人印と職印・社印の使い分けなど、会社の「文書取扱規定」「公印規定」などに従うのがよい。

□ わかりやすい文書作成のポイント

件名は具体的に

文書の目的を明確にするため、すぐにわかる件名をつける。本文より大きめの文字サイズにすると、バランスよくまとまり、わかりやすい。

数字の表記

- 横書きの場合は、算用数字（1、2、3…）、縦書きでは漢数字（一、二、三…）が基本。社交文書以外は横書きなので、原則として算用数字を用いる
- 読みやすくするために、1,000以上の数には、三桁ごとに区切り符号「,」を付けるが、年号、文書番号、電話番号などに付ける必要はない
- アルファベットや算用数字は半角が一般的
- 横書きでも以下は漢数字で表記する

固有名詞　（九州・四国・三重県・五木さん　など）
成語　（二人三脚・一致団結　など）
漠然とした数　（数十人・二、三日　など）
数量的な意味が薄い場合・慣用的な語
（一般・四季・第三者・一応・第一印象　など）
「ひと、ふた、み」など訓読みの語
（一人・お二方・三つ　など）

正確・簡潔・結論は先に

- 5W3Hでポイントを押さえ、正確に（p105参照）
- 日時や場所の名称、住所、問い合わせの電話番号などを間違えると関係者に迷惑がかかる。出す前にしっかり確認を
- できるだけ短くまとめる。結論を先に書き、詳細は後で述べる。箇条書きなどを用い、読みやすくわかりやすい文章を心がける。見た目の美しさも大切

発信日付は統一

元号が一般的だが、会社によっては西暦も使われる。混在すると混乱するため、社内で統一を。

基本形を覚えよう

社内文書の書式と作成のポイント

社内文書は効率優先

- 簡潔明瞭が基本。文章は短く、要点を押さえて書く
- 頭語や結語、挨拶文は書かない
- 敬体「です・ます調」を用い、丁寧な言いまわしは最小限にとどめる。
  「〜いたします」→「〜します」／「〜でございます」→「〜です」／「お願い申し上げます」→「お願いします」など、できるだけ簡潔に

①文書番号
②発信日付
③受信者名
④発信者名
⑤表題
⑥本文
⑦記
⑧追記
⑨添付資料
⑩以上
⑪担当者名（連絡先）

社内文書の書式

①文書番号	整理・保存の必要がある正式な文書には、どの部署から発信されたかわかるように番号と共に表記する。「総務部発第○○号」など。
②発信日付	一般的には「令和」などの元号を用いるが、西暦で記すこともある。「年」を省略し、月日だけ書くようなことはしない。
③受信者名	個人名ではなく、役職名だけでよい。 •「殿」を付けて「営業部長殿」「総務課長殿」 • 同じ文書を多数の人に出す場合は、対象となる人に応じて「部長各位」「社員各位」「関係者各位」 あるいは単に「各位」とする（各位の後に「殿」や「様」は付けない。✕各位殿　✕各位様）。
④発信者名	役職名だけを書く。個人名ではなく組織単位の責任者の役職名にする。「総務部長」「人事部長」など。また、総務部長が○○委員会の委員長として委員会を開催する場合は「○○委員会委員長」とし、総務部長の役職名は併記しない。
⑤表題（件名）	何の文書であるかすぐにわかるように、本文の内容を簡潔に記す。「ビジネスマナー研修会の開催（案内）」など、表題の後に、文書の性質を表す言葉を（ ）で入れるとわかりやすい。（お願い）（通知）など。
⑥本文	用件を簡潔に書く。具体的な内容は⑦記書きに箇条書きで書く。 • 表題については、「標記について」 • 記書きのとおりは、「下記のとおり」または「下記の通り」
⑦記（記書き）	中央に「記」と書き、その下の行から日時や場所などを箇条書きにする。「1　開催日　3月21日（金）」「2　開催場所　本社第1会議室」など。
⑧追記	注意事項や補足することがあれば書く。 「なお、会場には駐車場がないため、車でお越しの人はご注意ください」 「なお、対象者には研修カリキュラムを別途通知します」 「ただし、すでに受講した人は含まれません」など。
⑨添付資料	図表や地図など、同封した資料があればその名称と数量を記す。
⑩以上	文書全体が終了したことを示す。最後に必ず付ける。
⑪担当者名（連絡先）	直接の担当者がいる場合、部署、氏名、連絡先を書く。内容についての問い合わせがあるときのために書くので、電話の内線番号やメールアドレスなどを書いておく。発信者と担当者は違うので注意。文書内容の責任者は発信者で、担当者は文書内容に関する仕事の担当ということ。

□ 社内文書の例

※□は一文字分のスペース。以下を参考に、ページレイアウトの余白などに合わせて、レイアウトを見やすく調整するといいでしょう。

前付け

① 総務部発第120号□

② 令和○年○月○日□

③

□社員各位

④ 総務部長□

本文

⑤

コミュニケーション研修会の開催（案内）

⑥

□標記の研修について、下記のとおり開催します。対象者は業務を調整の上、参加してください。

⑦ 記

□1　日時　3月21日（金）14時から16時

□2　場所　本社第1会議室

□3　対象　令和○年4月入社から本年度4月入社の社員

付記

⑧

□□なお、対象者以外でオブザーバーとして参加を希望する人は、事前□に連絡してください。

⑨

□添付資料　研修会概要資料

⑩

以上□

⑪

担当　総務部　木村□□□

（内線450）

形式や言葉遣いに注意

社外文書の形式と作成のポイント

会社を代表して出す文書　品格重視

- 「社交文書」以外の社外文書は、横書き
- 文章は格調ある言葉遣いを用いて丁寧に書く。また、文書の本文部分は、手紙の慣用表現を適切に用いて書くようにする
- 頭語と結語を正しく用いる。頭語が「拝啓」なら結語を「敬具」とするなど、頭語と結語の組み合わせを間違えない（p222参照）
- 時候の挨拶を間違えないように注意し、適切なものを選ぶ。事務的な文書では時候の挨拶を省略したり、「時下（じか）」を使うこともある。「時下」は、長梅雨や冷夏、暖冬などでその月の時候の挨拶と実際が異なる場合などに用いる（p223参照）
- 敬体「です・ます調」を用いるが、「お願いします」を「お願い申し上げます」などのようにし、より丁寧な表現を心がける

社外文書は会社が
組織として公に
意思表示するもの。
より慎重に作成しましょう。

社外文書の書式　社外は品格重視

①文書番号	社交文書や私信には付けない。
②発信日付	社内文書の場合と同じ。
③受信者名	（株）など略さずに「〇〇株式会社」と正式に書く。 • 会社などの団体・部署宛て➡御中 　例 〇〇株式会社　総務部御中 • 役職名を使ったら➡殿 　例 総務部長殿 • 個人名に役職名を使ったら➡様 　例 総務部長　〇〇 〇〇様 • 多数宛て➡各位 　例 株主各位　お客様各位 （各位の後に「殿」や「様」は付けない　✕各位殿　✕各位様） 「御中」は、会社・官庁・学校・団体などに宛てる場合で、個人名を書かないときに用いる。「その中にいる人」に宛てるという意味
④発信者名	発信者名は、受信者と同格の職位にするのがマナー。通常は課長以上。印は、社外文書でも省略されることが多い。個人印と職印・社印の使い分けは、会社の「文書取扱規定」「公印規定」などに従う。
⑤表題（件名）	社内文書の場合と同じだが、社外文書の場合、丁寧さも必要になる。
⑥前文	用件に入る前の「挨拶」。「拝啓」などの頭語を1字下げずに行頭に書き、続いて1字空けて「向暑の候、ますますご健勝のこととお喜び申し上げます」など時候の挨拶をする。 • 相手が個人の場合は「ご健勝」「ご清祥」など • 会社などの団体は「ご発展」「ご隆盛」など 「拝啓　時下ますますご清祥のこととお喜び申し上げます」など。
⑦主文	文書の中心となる用件を述べる。1字下げ、「さて」で書き出し、用件に入る。
⑧末文	終わりの「挨拶」。改行して1字下げ、「まずは」で書き出すのが一般的。「まずは、略儀ながら書中をもって、御礼かたがたお願い申し上げます」など。 最後は「敬具」など頭語に合わせた結語を行の末尾に書く。末文の文章が行の末尾に来て結語を書けない場合は、改行してその行の末尾に書く。
⑨記（記書き）	社内文書の場合と同じ。

「**付記**」は、⑩「**追伸**」⑪「**同封物**」⑫「**以上**」⑬「**担当者名（連絡先）**」で構成される。

□社外文書の例

＊□は一文字分のスペース。以下を参考に、ページレイアウトの余白などに合わせて、レイアウトを見やすく調整するといいでしょう。

前付け

①　営業部発第123号□
②　令和○年○月○日□

③
□○○株式会社
□□営業部長　○○　○○様

④　株式会社○○○○
□営業部長　○○　○○㊞

⑤
新製品展示会開催のご案内

本文

前文⑥　拝啓　早春の候、貴社ますますご発展のこととお喜び申し上げます。平素は格別のお引き立てを賜り、厚く御礼申し上げます。

主文⑦　□さて、このたび弊社では長年開発を進めてまいりました新製品を発売する運びとなりました。
□つきましては、下記のとおり新製品の展示会を開催いたします。ご多用中とは存じますが、何とぞご来場を賜りますようお願い申し上げます。

末文⑧　□まずは、略儀ながら書中をもってご案内申し上げます。　敬具

⑨　記

□1　日時　4月8日（木）10時から17時
□2　場所　産業センター展示会場

付記

⑩
□□なお、駐車場はございませんのでご注意ください。

⑪
□同封物　1　新製品パンフレット　1部
　　　　　2　会場案内図　　　　　1通

⑫
以上□□

⑬
担当　営業部　中村　圭一□□□□
電話（00-0000－0000）

第6章　ビジネス文書

しきたりとマナーが重視される

社交文書の特徴と作成のポイント

社交文書作成のポイント

- 社交文書は出すべき時機を逃すと間が抜けたものになる
- 書式は縦書きにする場合が多い
- **「、」「。」といった句読点は、「途切れる」「終わる」につながるという意味から、年賀状や賞状、慶事の挨拶状、招待状など格式を重んじる文書には使わないほうがよいとする考えがある。そのため、基本的に句読点は使用しないほうがよい。**
- 社交文書には、文書番号を付けない
- 祝い状などは、発信日付を「吉日」とする場合もある
- 通知状や案内状など商用に近いもの以外は表題をつけない

格式を重んじる文書を作成するときは以下のことに留意

- 角丸のカード用紙を使用。文章量が多い場合は二つ折り、三つ折りカードで作成する（社長交代挨拶で、右に前任者、左に後任者。招待状で、右に本文、左に記書きなど）
- 封筒は洋形を用い、宛名は手書きの毛筆体にする

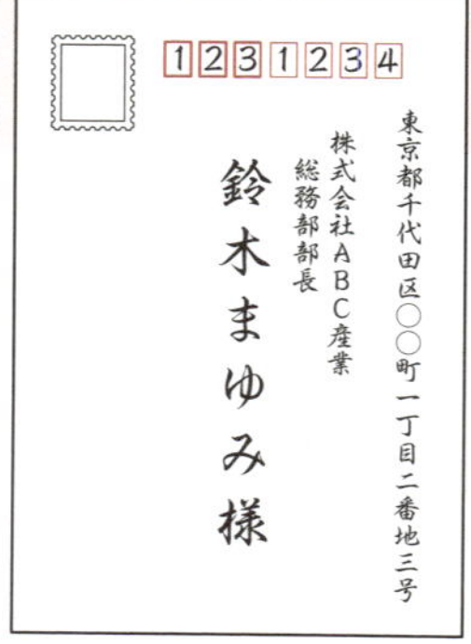

社交文書の種類

社交文書は、商取引に直接関係はなく、企業や担当者同士の良好な関係を保ったり、関係を深める目的で文書のやり取りをするものです。儀礼的な文書なので一般の商取引文書とは異なり、しきたりやマナーを守って作成することが大切です。手紙の慣用句を適切に用い、形式を整えて格調ある文章で作成するようにしましょう。

慶弔状 **祝電（p275）、弔電（p283）参照**	結婚や出産などのお祝い事や、葬式のときに送る文書。電報を打つのが一般的。 • 電報は、インターネット・電話（115番）・郵便局窓口から申し込む • 慶弔を知ったら打つ相手の氏名、住所を確認する。弔電は喪主宛てに打つ • 電文は、例文があるので参考にし、例文の一部を変えて利用してもよい • 縁起がよくないとされる「忌み言葉」は避ける。悔やみ状の「ますます」「重ね重ね」「再び」、結婚の「去る」「再び」など • 悔やみ状は、頭語、前文を省略して、すぐに本題に入る
礼状	相手への感謝の気持ちを表すための文書。
見舞い状	病気や災害などを見舞うときに出す文書。前文を省き、すぐに主文に入る。
挨拶状	役職者の異動、事務所移転、新事業所開設などを関係先に知らせるための文書。
案内状・招待状	会合やパーティー、式典などに参加を促す文書。

現場の声

「パーティーに欠席するので、電報を送っておいて」と部下に指示したら、祝電の文面をFAXで送っていたことが判明。「電報の送り方」がわからなかったらしく、恥ずかしい思いをした。電報そのものを見たことがない若い世代が多いのも事実だが、わからなかったら聞いてほしかった。（営業職　50代）

社交文書の例（角丸二つ折りカード）

＊□は一文字分のスペース。以下を参考に、ページレイアウトの余白などに合わせて、見やすくレイアウト調整するといいでしょう。
＊発信日付・発信者名・受信者名を「記」の前（右側）に書く書き方もあります。
＊結語は末文の文章とのバランスを考え、次の行末に書く場合もあります。

拝啓　早春の候　ますますご隆盛のこととお喜び申し上げます　平素は
格別のお引き立てを賜り誠にありがとうございます
□このたび弊社ではデジタルクリエイト部門を分離独立させ新会社の
株式会社プロメディアを発足させる運びとなりました　これに伴い新会
社の代表取締役社長には弊社常務取締役の池口潔が就任いたしました
何とぞご高承の上弊社同様に今後ともご支援ご高配を賜りたくお願い申
し上げます
□つきましては新会社設立披露の小宴を左記のとおり開催したいと存じ
ます　ご多忙中誠に恐れ入りますがご来臨の栄を賜りますようお願い申
し上げます
□まずは略儀ながら書中をもってご案内申し上げます　　敬具

記

□□一　日時　令和○年四月五日（月）十八時から二十時まで
□□一　場所　ホテルクラウン（地図同封）

□□令和○年三月一日
株式会社メディアサービス
代表取締役社長　岡　賢治□

□株式会社ABC産業
□□鈴木　弘之様

□□なお手数ではございますがご出欠の有無を同封のはがきで三月
二十日までにお知らせくださいますようお願いいたします　以上□

breaktime

「予祝」という言葉を知っていますか？　「あらかじめ祝う」ことで現実に引き寄せ、未来を創り出すという日本古来の考え方です。この「まだ来ていない現実」を言い切る例は、ビジネス文書のなかにも見られます。「拝啓　早春の候、ますますご健勝のこととお喜び申し上げます」などは、手紙などを出す相手が元気なのか、会社が繁栄しているのかはわからないのにそうであると断言しています。言葉の力で、あらかじめお祝いし、よい状態を引き寄せ、相手に贈っているのです。

社交文書の例　異動の挨拶状（ハガキ）

異動の挨拶状は、公的な文書でありながら、私的な用件でもあります。ハガキに印刷して送付してもいいでしょう。自分のことを述べる場合の主語「さて、私こと」「私儀（わたくしぎ）」は、行末に置き、他の文章よりも小さめに印字することによってへりくだった表現とするのが基本です。近年は、行頭に置くことも多くなっていますが、取引先や目上の人などに送る場合は正式な書式で明記するのが礼儀です（個人の挨拶状でも、格式を重んじ句読点を付けずに作成する場合が多い）。

拝啓　秋冷の候　ますますご清祥のこととお喜び申し上げます　平素はひとかた
ならぬお引き立てを賜り厚く御礼申し上げます
さて　私こと
このたび定期人事異動によりまして東京支社営業部勤務を命ぜられ十月一日に着
任いたしました
□大阪本社営業部在任中におきましては大変お世話になりました　厚く御礼申し
上げます　後任として〇〇〇が赴任しました　私同様ご指導をお願い申し上げ
ます
□微力ながら皆様のご期待に沿うよう東京支社で気持ちを新たに努力する所存で
ございます　今後とも変わらぬご指導ご鞭撻を賜りますようお願い申し上げます
□まずは略儀ながら書中をもってご挨拶申し上げます　敬具

□□令和〇年十月一五日

株式会社〇〇　東京支社営業部
高橋　恵一

ビジネス文書ならではの決まり事

社外文書の慣用表現

頭語と結語の組み合わせ

社外文書（社交文書を含む）の作成は、「頭語と結語の組み合わせ」「時候の挨拶」を間違えないように注意し、よく使われる慣用表現や尊敬表現・謙譲表現を正しく使いこなせるようにしておくことが大切です。

文書の本文部分は、「前文」「主文」「末文」で構成されていますが、**頭語は前文の最初に書く言葉で、結語は末文の最後に書く言葉です。**頭語と結語は組み合わせが決まっているので、間違えないようにします。

	頭語（意味）	結語（意味）
一般的な文書	拝啓（謹んで申し上げます）	敬具（謹んで申し上げました）
返信の文書	拝復（謹んでお答えいたします）	敬具
格式の高い文書	謹啓（謹んで申し上げます）	敬白・敬具 （謹んで申し上げました）
前文を省略	前略（前文を省略します） 急啓（急いで申し上げます）	草々 （丁寧な書き方をせず、申し訳ありませんでした）
前文を省略 （古風な表現）	冠省（前文を省略します）	不一 （思っていることを十分書き尽くすことができませんでした）

＊「前略」「急啓」「冠省」を使う場合は、時候の挨拶や前文の挨拶は省いて、すぐ用件に入ることになる。「前略」を目上の人や、初めて手紙を出す相手に使うのは失礼になる。親しい間柄や簡単な連絡をする場合に使う。お詫び、お悔やみやお見舞いなど急ぐ必要がある場合は「急啓」を使い、前文は省く。

時候の挨拶の例

1月	初春の候／厳寒（げんかん）の候／お健やかに新春をお迎えのことと存じます
2月	晩冬の候／立春（りっしゅん）の候／向春の候／余寒（よかん）なお厳しい折から
3月	早春の候／春寒の候／春分の候／ようやく春めいてまいりました
4月	春暖の候／陽春の候／晩春の候／桜花（おうか）の季節になりました
5月	新緑の候／薫風の候／立夏（りっか）の候／若葉の季節となりましたが
6月	初夏の候／梅雨の候／向暑の候／梅雨の長雨が続いています
7月	盛夏の候／猛暑の候／炎暑の候／厳しい暑さが続きますが
8月	晩夏の候／立秋の候／残暑の候／立秋とは名ばかりの暑さですが
9月	新秋の候／初秋の候／秋涼の候／朝夕はしのぎやすくなりましたが
10月	秋冷の候／仲秋の候／紅葉の候／秋色いよいよ深まりましたが
11月	霜降（そうこう）の候／晩秋の候／向寒の候／寒さが日ごとに増してきましたが
12月	師走の候／初冬の候／寒冷の候／暮れも押し迫ってまいりましたが
いつでもよい	時下（このところ、今現在という意味。季節を問わない） 例：拝啓　時下ますますご清祥のこととお喜び申し上げます。

＊事務的な文書では、時候の挨拶を省略したり、「時下」を使うことがある。手紙・ハガキには、必ず時候の挨拶を入れる。

前文に用いる慣用表現

前文では、頭語を書いた後1字空けて時候の挨拶を書き、相手の繁栄や健康を祝い、喜ぶ言葉を述べます。続いて、日頃お世話になっていることや引き立ててもらっていることを感謝する言葉を述べて、前文を終わります（表記は、「お喜び」「お慶び」どちらも可）。

団体宛て

	意味	用例
ご発展 ご隆盛 ご繁栄	会社の繁栄をお祈りします。	ますますご発展（ご隆盛・ご繁栄）のこととお喜び申し上げます。

個人宛て

	意味	用例
ご健勝 ご清祥 ご清栄	健康で無事に暮らしていることを喜んでいます。	ますますご健勝（ご清祥・ご清栄）のこととお喜び申し上げます。

＊「ご清栄」は健康と繁栄をお祈りする意味で、団体宛てでも使用可

◆団体宛ての前文の例

「拝啓　盛夏の候、貴社ますますご発展のこととお喜び申し上げます。また、平素は格別なご愛顧をいただき、深く感謝申し上げます。」

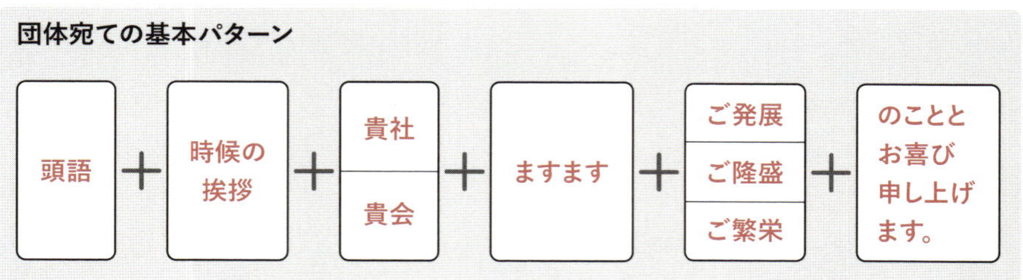

◆個人宛ての前文の例
「拝啓　早春の候、ますますご健勝のこととお喜び申し上げます。また、いつも格別なご厚情を賜り、深く感謝申し上げます。」

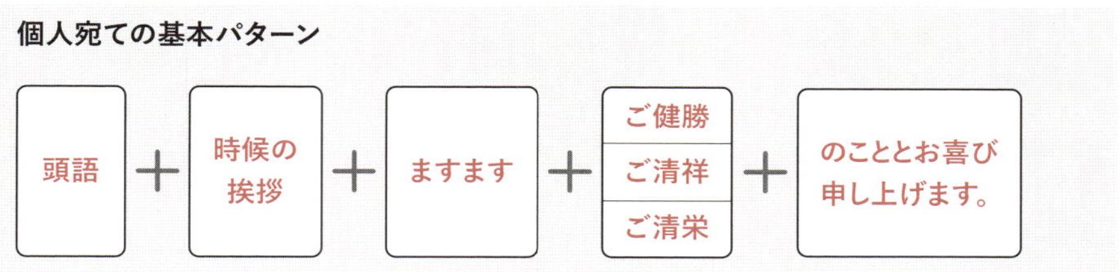

◆感謝の挨拶の例
「平素は格別のご高配を賜り、厚く御礼申し上げます。」

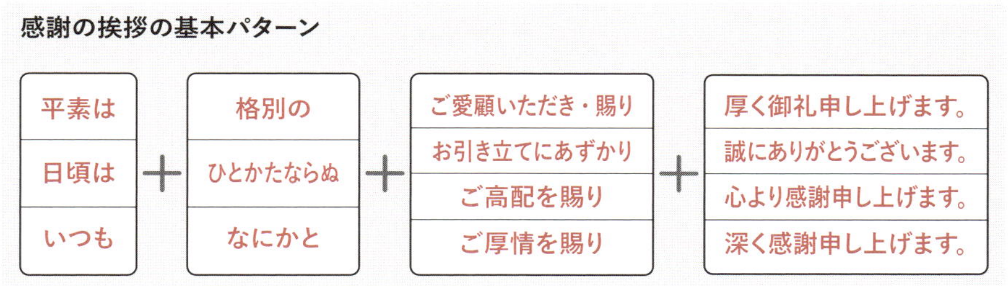

末文に用いる慣用表現

末文とは、前文、主文を述べた後、最後に挨拶として締めくくる文のことです。

◆本来は出向いて挨拶すべきところを書面でする場合の言い方の例
「まずは、略儀ながら書中をもってご挨拶申し上げます。」

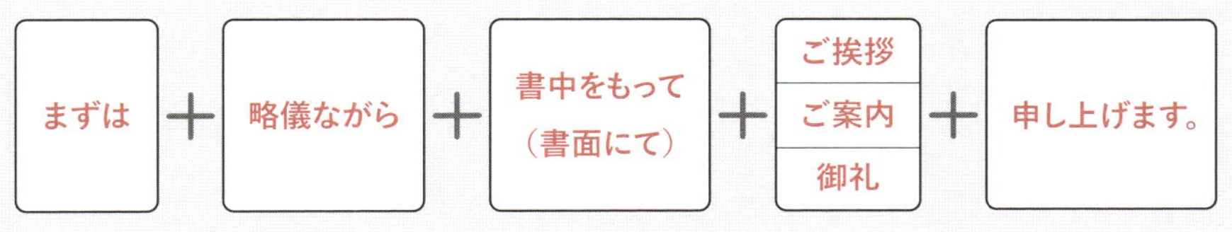

ビジネス文書　慣用語の意味と用例

慣用語（読み）	意味・解説	用例
愛顧（あいこ）	ひいき 目をかけて引き立てる	平素は格別な**ご愛顧**を賜り、深く感謝申し上げます。
遺憾（いかん）	残念	誠に**遺憾**ではございますが～。
一意専心（いちいせんしん）	あることに心を集中し、一生懸命になること	**一意専心**社業に邁進いたす所存でございます。
引見（いんけん）	面会 「面会してください」と相手に頼むときに使われる	**ご引見**のほど、よろしくお願い申し上げます。
鋭意（えいい）	気持ちを集中して励むこと	**鋭意**努力いたす所存でございます。
かたがた	～のついでに ～を兼ねて	まずは、ご挨拶**かたがた**お願い申し上げます。
恵贈（けいぞう）	礼状などで使われる 相手から品物が贈られてきたときのお礼の言葉	結構な品を**ご恵贈**くださいまして、ありがとうございます。
恵与（けいよ）	礼状などで使われる 直接品物を頂いたときのお礼の言葉	貴重な資料まで**ご恵与**賜りまして、誠にありがとうございます。
幸甚（こうじん）	非常に幸せであること 招待状などでよく使われる	ご出席くだされば**幸甚**に存じます。
このたび	今回	**このたび**当社は下記のとおり本社を移転することになりました。
査収（さしゅう）	書類などを調べて受け取る	**ご査収**のほど（ご査収くださいますよう）、お願い申し上げます。
自愛（じあい）	自分自身を大切にすること	**ご自愛**のほど、お祈り申し上げます。
小宴（しょうえん）	自分側が催す宴会の謙譲語	落成披露の**小宴**を開催いたしたいと存じます。

慣用語（読み）	意味・解説	用例
笑納 **（しょうのう）**	贈り物をするときにへりくだって、「つまらない品物など笑って受け取っていただきたい」の意味	粗品ではございますが、**ご笑納**いただければ幸いに存じます。
所存（しょぞん）	考え 心に思っていること	今後このようなことがないよう、万全を期す**所存**でございます。 ＊「万全を期す（ばんぜんをきす）」とは、手落ちや抜かりなどがないようにすること、完璧にしておくこと
末永く **（すえながく）**	これから先もずっと	今後とも、**末永く**ご愛顧を賜りますよう切に（心から）お願い申し上げます。
精励 **（せいれい）**	努め励むこと	社業に**精励**いたす所存でございます。
専一（せんいつ）	ただ一つのことに専念すること	ご自愛**専一**にお願い申し上げます。
先般（せんぱん）	先日	**先般**は、お忙しい中ご参加くださり、ありがとうございました。
他事ながら **（たじ）**	「あなたには直接関係のないことですが」の意味で、自分のことを述べるときに使う	おかげさまで私どもも元気に過ごしておりますので、**他事ながら**ご休心ください。
多忙・多用	多忙：非常に忙しいこと 多用：用事が多いこと	**ご多用**のところ恐れ入りますが、ご臨席いただければ幸いです。
衷心 **（ちゅうしん）**	心の底から	このたびの不始末、**衷心**よりお詫びいたします。
つきましては **ついては**	そこで そのことに関して 従って	**つきましては**、本日、改めてお送りしましたので、ご査収くださいますよう、お願い申し上げます。
同様	～と同じように	後任として、鈴木が赴任しました。私**同様**ご指導お願い申し上げます。
何とぞ	どうか	**何とぞ**、ご高配のほど、お願い申し上げます。
拝顔・拝眉 **（はいがん・はいび）**	お目にかかる 会う	詳細は、**拝顔（拝眉）**のうえ、申し上げたいと存じます。

慣用語（読み）	意味・解説	用例
倍旧 （ばいきゅう）	挨拶状などでよく使われる「今まで以上・前よりも一層」の意味	**倍旧**のご指導のほど、よろしくお願い申し上げます。
万障お繰り合わせの上 （ばんしょう おくりあわせ）	招待状などでよく使われる 「何かと差し障りがあるかもしれないが、やりくりして都合をつけてほしい」の意味	**万障お繰り合わせの上**、ご出席くださるようお願い申し上げます。
平素（へいそ）	いつも 普段 常日頃	**平素**は格別なご高配を賜り、心から感謝申し上げます。
放念・休心 （ほうねん・きゅうしん）	放念：心にかけない、心配しないこと 休心：安心することで、「どうぞ、当方のことは気にかけないで、安心してほしい」と述べるときに使う	どうぞ**ご放念**くださいますようお願い申し上げます。 他事ながら、**ご休心**ください。
毎々（まいまい）	いつも 毎度	**毎々**格別のお引き立てにあずかり、感謝申し上げます。
まずは	何はともあれ	**まずは**、ご報告申し上げます。
末筆ながら （まっぴつ）	末文の挨拶で使われる 「最後に書きます」の意味	**末筆ながら**、ご自愛のほどお祈りいたします。
由（よし）	聞いた内容を表す言葉 〜の様子	このたびは、〇〇支店支店長にご就任の**由**、誠におめでとうございます。
来臨・来席・臨席 （らいりん・らいせき・りんせき）	出席する	**ご来臨（ご来席・ご臨席）**賜りますようお願い申し上げます。
略儀（りゃくぎ）**ながら書中をもって**	略式ですが手紙で	まずは、**略儀ながら書中をもって**、ご挨拶申し上げます。
私儀 （わたくしぎ） **私こと** （わたくしこと）	「私」の格式を整えた言い方 私に関しての意味	**私儀**、このたび当社代表取締役に就任することに相成りました。

主に文書で使う　名詞の自他の使い分け（口頭は第２章を参照）

相手側（社外）		自分側（社内）
○○様／貴殿／先生／貴職	本人・職業	私／当職／本職
貴社／御社／貴行／貴店／貴省／貴庁／貴所／貴公社／貴公団／貴会／貴協会／貴組合／貴局／貴院／貴校／貴大学／貴学／貴園	団体・組織	私（わたくし）ども／当方／当社／弊社／当行／当店／当省／当庁／当所／当公社／当公団／本会／当会／当組合／当局／当院／当校／当学／当園
御地／貴地／貴方面／貴県	場所・土地	当地／当方面／弊地
貴邸／貴宅／尊宅	住居	拙宅／拙家／小宅
佳品／結構なお品	物品	粗品／寸志／心ばかりの品
ご書面／ご芳書／ご書状／貴信／貴書	手紙	愚書／愚状／書状／書中／書面
ご意見／ご高見／ご高説／ご所感／貴意	意見	所見／私見／私案／愚見／愚案／所感／微意
ご配慮／ご高配	配慮	配慮
お納め／ご査収（書類）／ご笑納（贈答品）	授受	拝受／頂戴
おいで／お越し／ご来社／お立ち寄り／ご来臨	訪問	お伺い／参上／ご訪問
ご芳名／ご氏名／お名前	名前	氏名／名前
ご令息様／ご子息様／お子様	息子	息子／長（次・三…）男
ご令嬢様／お嬢様／ご息女様	娘	娘／長（次・三…）女
ご主人／ご主人様	夫	主人／○○（姓）
奥様／ご令室様	妻	妻／家内
お父様／お父上／ご尊父（そんぷ）様	父	父／老父

相手側（社外）		自分側（社内）
お母様／お母上／ ご母堂（ぼどう）様	母	母／老母
ご両親様／お父様お母様	両親	両親／父母
お兄様／ご賢兄／弟様／ご賢弟	兄・弟	兄／愚兄／弟／愚弟
お姉様／妹様	姉・妹	姉／愚姉／妹／愚妹
ご祖父様	祖父	祖父
ご祖母様	祖母	祖母
お舅様／お父上様	夫の父	義父／舅／夫の父
お姑様／お母上様	夫の母	義母／姑／夫の母
ご岳父様	妻の父	義父／岳父／妻の父
ご岳母様	妻の母	義母／外母／妻の母
ご家族様／皆々様／ご一同様／ ご一家	家族	家族一同／私ども

相手側と自分側の
使い分けを確認しましょう。

動詞の自他の使い分けの例（p72 も参照）

相手側（社外）		自分側（社内）
お会いになる／会われる	会う	お目にかかる／お会いする
賜（たま）う／くださる	与える	差し上げる
おっしゃる／言われる	言う／話す	申す／申し上げる
いらっしゃる／行かれる	行く	伺う／参る
いらっしゃる／おいでになる	いる	おる
お（引き）受けになる	（引き）受ける	承る
お思いになる	思う	存ずる
お聞きになる／聞かれる／お耳に入る	聞く	伺う／拝聴する／承る
いらっしゃる／来られる／おいでになる／お見えになる	来る	伺う／参る
ご承諾なさる	承諾する	承る
お知りになる	知る	存ずる／存じ上げる
なさる	する	いたす
お尋ねになる	尋ねる	伺う／お尋ねする
いらっしゃる／おいでになる	訪ねる	伺う／おじゃまする／参上する
召し上がる／食べられる	食べる	頂く／頂戴する
お読みになる／読まれる	読む	拝読する
ご高覧／ご覧になる／ご一覧／お目通し	見る	拝見する
お納めになる／お受けになる	もらう	賜る／頂く

郵便物も会社のイメージを左右する「顔」

封書やハガキの書き方 郵便の知識

改まった気持ちを表現するツールとして重要

日常生活のなかで、ハガキや手紙を書く機会は少なくなっています。しかしビジネスでは、改まった気持ちを表現するツールとして重要です。

御礼状や挨拶状など儀礼的なものはハガキを利用してもいいでしょう。ただし、文面が見えるため誰に見られてもよい前提で書く必要があります。個人情報は記載しないように注意しましょう。**出欠の返信ハガキに個人情報を記載してもらうときなどは、目隠し用の個人情報保護シールを同封し配慮しましょう。**

また、封書は請求書の送付などさまざまな書類の郵送に利用されます。封筒の書き方にもいくつかのルールがあります。内容物に合わせた封筒を選び、封筒の宛名もきちんと書くと信頼感がアップします。

不手際があれば、差出人である自分はもとより、会社の信頼を失うことになるのです。封筒は会社のイメージを左右する「顔」です。

封筒の種類

封筒には、いろいろな大きさ、形があります。入れる書類、文書に合った大きさのものを選びます。また、定形と定形外では郵便料金も違うため注意しましょう。

封筒には和封筒と洋封筒があり、和封筒は長形封筒とも呼ばれています。

定形
- 長さ14～23.5cm
- 幅9～12cm
- 厚さ1cm以内
- 重さ50g以内

※定形の範囲を超えたものが定形外郵便物

社名入り封筒（和封筒の場合が多い）

最も使用頻度が高い社名入りの封筒は、事務的なものに使われる。請求書などは中身の見える窓付きの封筒も使われる。二重になっている封筒は、公私を問わず改まった場面で用いるが、弔事にかかわる文書では、「不幸が重なる」として避けるのがマナーとされる。

洋封筒

ハガキサイズの紙が収まる封筒がよく使われる。白無地タイプは、式典やパーティーの通知、就任の挨拶などで使われる。

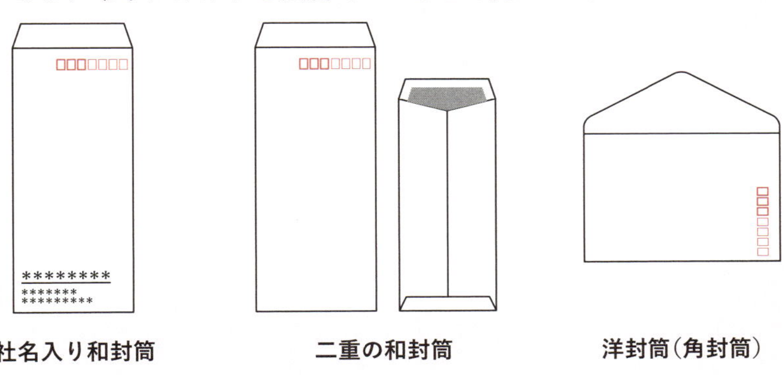

社名入り和封筒　　二重の和封筒　　洋封筒（角封筒）

「親展」とは

郵便物の外脇付けである「親展」は、宛名人以外の開封厳禁、つまり「宛名の本人が開封してください」という意味です。しかし漢字のイメージから、「宛名の人に親しみを込めて」というような意味だと勘違いしていたという人がいます。または、常識として意味は知っていても、なぜそのような意味になるのかまでは知らない人も多いでしょう。

「親」の訓読みには、「おや」「した（しい）」以外に、「みずか（ら）」という読み方があります。意味はもちろん、自分で直接、みずからということです。「展」には「巻いたものを開く」という意味があるので、「親展」は名宛て人自身が直接開封して読んでほしいという意味になるのです。

封筒の表書き

①切手

重さや大きさに合った金額の切手を貼る。何枚も貼らずなるべく1枚、多くても3枚以内に（定形料金に速達料金を追加など複数枚になる場合も）。横長式では、切手を貼る位置が右上にくるように封筒を使うことがポイント。切手の下は消印のスペース用に空けておく。

②郵便番号

郵便番号で自動的に振り分けられるため間違いは厳禁。特に手書きの場合は丁寧に。封筒を横に使う場合も、郵便番号は縦書きの場合と一緒。

③住所

縦書きは、郵便番号欄から1字分空け、封筒の右端を1～1.5cmほど空けて郵便番号枠の右端に揃えて書く。宛名よりも小さな文字で書くが、1行で収まらない場合は、ビル名など切りのよいところで改行し2行目に。その場合、1行目よりもやや文字を下げて書く。番地の途中で改行しないこと。縦書きの場合は、番地は漢数字を使う。

④宛名

氏名は中央に大きめの文字で。住所の1行目よりも1～2字分くらい下げる。（株）（公財）（一社）などは省略せずに、「株式会社」「公益財団法人」「一般社団法人」と正式に書く。会社名と部署は次のどちらかで書く。

- 会社名の後に行を変えて1字下げて書く
- 会社名の下に1字空けて書く
  肩書きは4文字までは名前の上に書くが、5文字以上のときは、名前の右に小さめの文字で書くなどバランスよく整える
- ホテルなどに宿泊している人に送る場合は、ホテルの住所を書いた後に、「〇〇ホテル気付（きづけ）」と書き、改行して相手の名前を書く

⑤外脇付け

朱書きが基本。会社の定型ゴム判の利用も。

親展→宛名人に開封してほしい場合
至急→急ぎの場合
重要→重要な文書
〇〇在中→請求書在中、写真在中、履歴書在中など、内容を明記する場合

□ 封筒の表書き

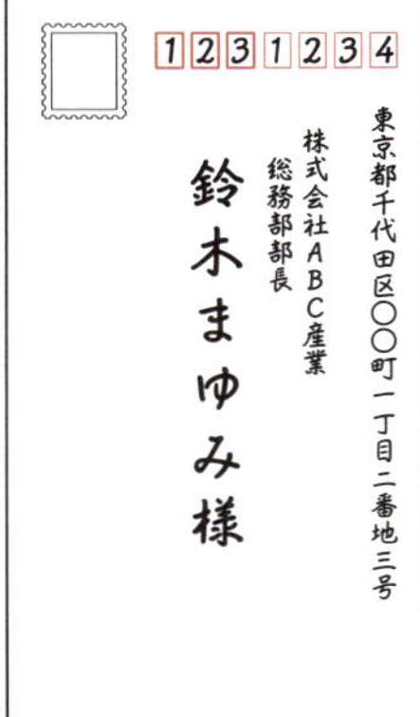

縦型封筒の縦書き

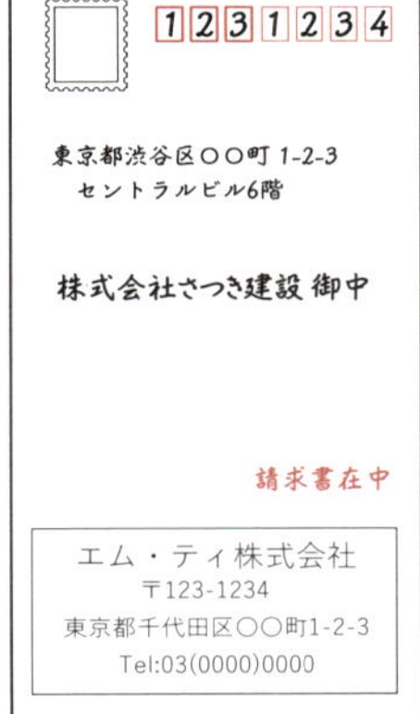

縦型封筒の横書き

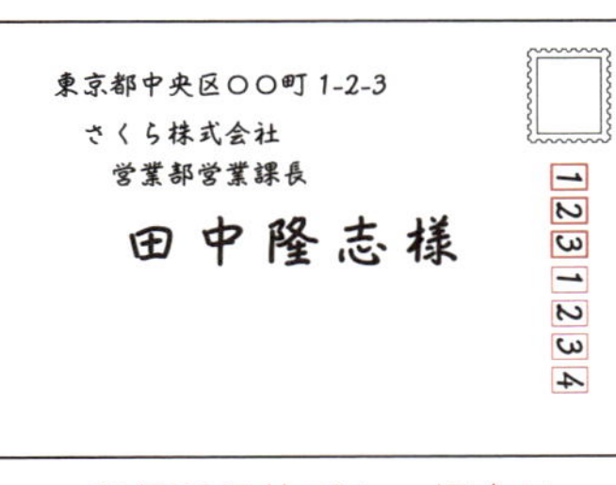

＊郵便番号枠がない場合は
住所の上に書いても可

洋封筒の横書き

様 ➡個人宛て、特定の相手に対して使う敬称

（役職名も名前もわからないときに「様」を使う場合：〇〇株式会社　営業部ご担当者様）

先生➡教員・医師・弁護士など（様と併用）

御中➡企業など団体・部署など

組織のどなたか（個人名を書かない・担当がわからない場合など）に対して使う敬称。「そのなかにいる人」に宛てるという意味。御中と様は同時に使わない。

✕「株式会社〇〇 御中　山田美穂様」

〇「株式会社〇〇　山田美穂様」 〇「株式会社〇〇 御中」

「御侍史」（おんじし・ごじし）、「御机下」（ごきか・おんきか）

医師宛ての手紙や医療機関の発行する紹介状などで使われることも多い医療業界ならではの宛名の作法の一種。「〇〇病院　〇〇先生御侍史」「〇〇科　担当先生御侍史」「〇〇先生　御机下」など手紙の「脇付け」として使われる。基本的にどちらを使っても問題ないが、「御侍史」は「先生に直接渡すのは恐れ多いため、あえて侍史（秘書のような役割の人）に手紙を渡します」という意味がある。「御机下」は「直接渡すのは恐れ多いため、あえて机の下に置かせていただきます」という謙遜の意味を持った言葉。医師から医師に宛てた手紙やメール、医療事務などから医師に宛てた手紙、メールでも使用される。医療関係で働く人は押さえておきたい用語。

封筒の裏書き

①封締め

未開封を意味する。必ずのり付けで封をし、セロハンテープやホチキスは失礼なので避ける。それぞれのゴム印の利用も多い。

一般的な文書→「〆」

（×（バツ）に見えないように注意）

改まった文書→「封」「緘（かん）」

慶事の場合→「寿」「賀」

②差出人

中央の中心線より右側に差出人の住所、社名、中心線より左側に部署名・差出人の氏名を書く。本来は封筒の中央に書くのが正式だが、左側にまとめてもよい。社名入りの封筒の場合、裏面に改めて同じ住所を書く必要はない。印刷された社名の横に名前を印鑑で押す場合もある。

③日付

投函日を入れる場合は、左上に明記。

□ 封筒の裏書き

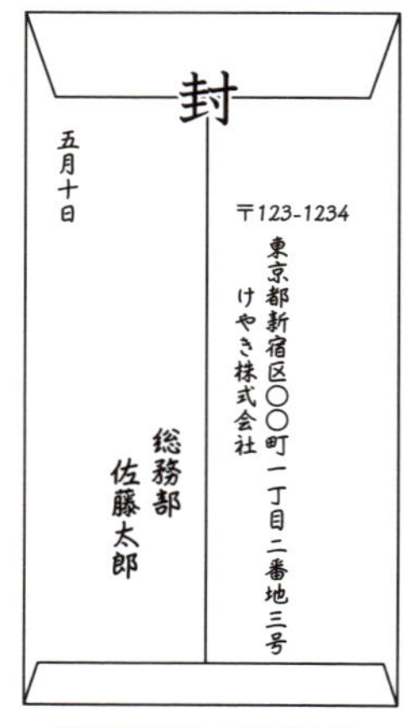

縦型封筒の縦書き
＊左側にまとめて書いてもよい

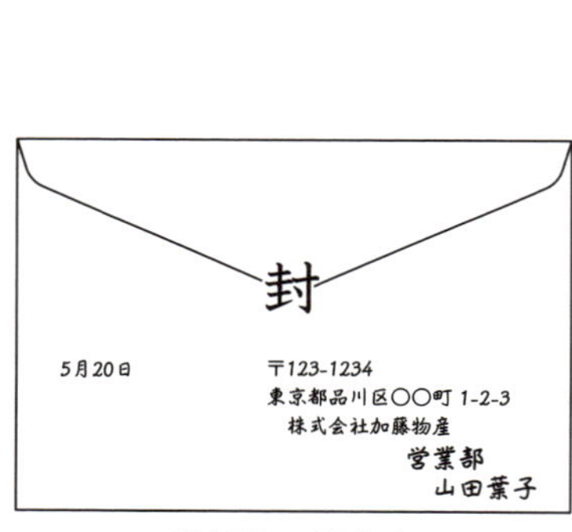

洋封筒の横書き

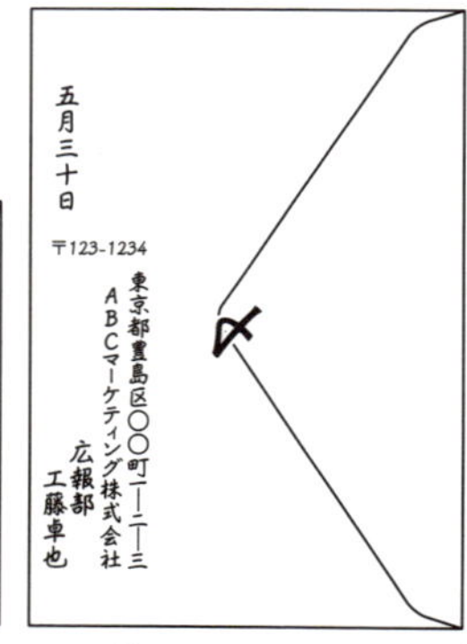

横型封筒の縦書き

手紙・文書の折り方と入れ方

手紙や文書は、通常は三つ折りにしますが、封筒のサイズによって四つ折りにする場合があります。相手の社名や氏名に折り目がつかないように配慮します。折り方も入れ方も、相手が開封したときに読みやすい状態にするのがマナーです。

三つ折り①

重要な文書のたたみ方。用紙を開くまで内容がわからない。下から3分の1を折り、さらに上から下に折り重ねる。

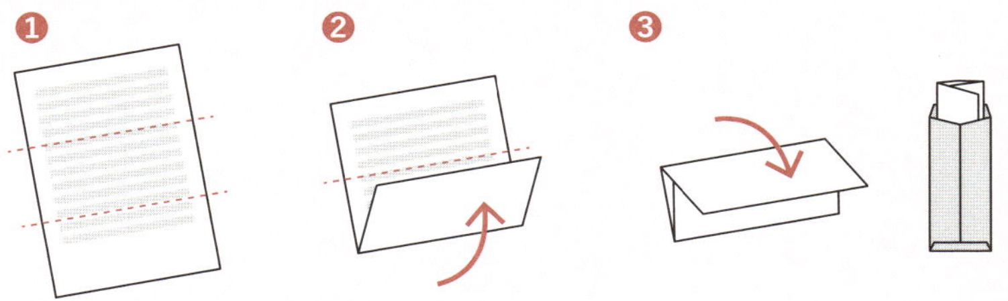

三つ折り②

下から3分の1を折り、上の3分の1を裏側に向けて表側が見えるようZ型になるように折りたたむ。タイトルがすぐにわかるように折ることで、チラシやDMなど興味を持たせるのにも効果的。

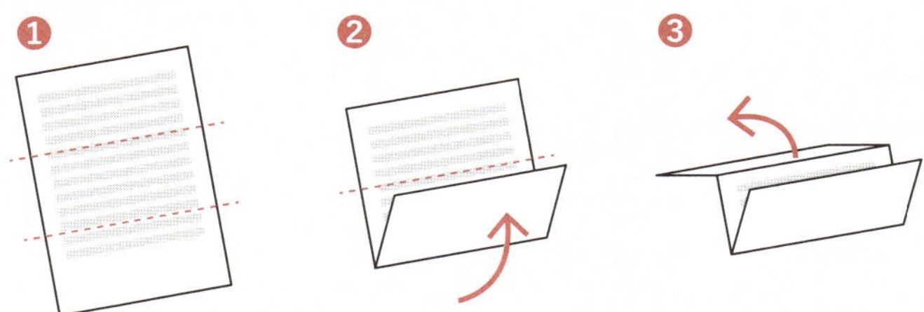

四つ折り

四つ折りの場合は下から上に半分に折り、さらに上から下に折り重ねる。

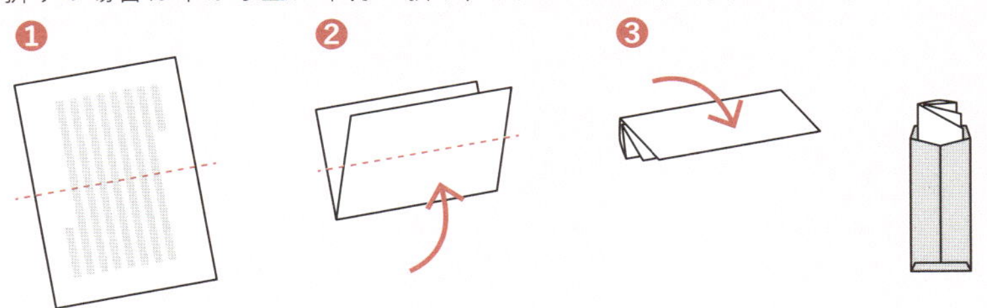

ハガキの書き方

ハガキの場合も基本は封筒と同じです。差出人の住所は表面に書きますが、その場合、ハガキの中央より少し上から書き始めます。差出人の氏名は、宛先の住所より小さめで、住所は氏名よりもさらに小さく書きます。

123-1234
東京都千代田区〇〇町一―二―三
桜ビル四階
株式会社ABC産業
総務部部長
鈴木まゆみ様
東京都新宿区〇〇町一―二―三
けやき株式会社
総務部
佐藤太郎
123-1234

縦書き

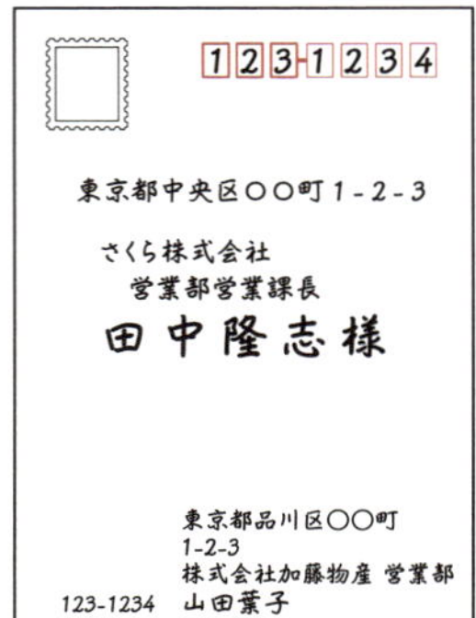

横書き

返信ハガキの書き方

- 「株式会社〇〇　行」となっている「行」を縦に二重線で消し、「御中」
- 返信ハガキの裏面の「御出席」「御欠席」の該当しないほうを、二重線で消す
- 出席する場合は「御欠席」を二重線で消し、「御出席」「御住所」それぞれの「御」と「御芳名の」「御芳」を二重線で消す。「出席」は、丸で囲んでも、囲まなくてもよい
- 出欠どちらの場合も、「喜んで出席させていただきます」「残念ですが、出張のため欠席させていただきます」など一言添える
- 欠席の場合は、「出張のため」「すでに予定が入っているため」など簡単な理由を書くが、「時間がない」「忙しい」などは失礼。特に結婚披露宴を欠席する場合は、「やむを得ない事情で欠席させていただきます」と書き、欠席理由は詳しく書かない

123-1234
東京都千代田区〇〇町一―二―三
すずらん株式会社 行
御中

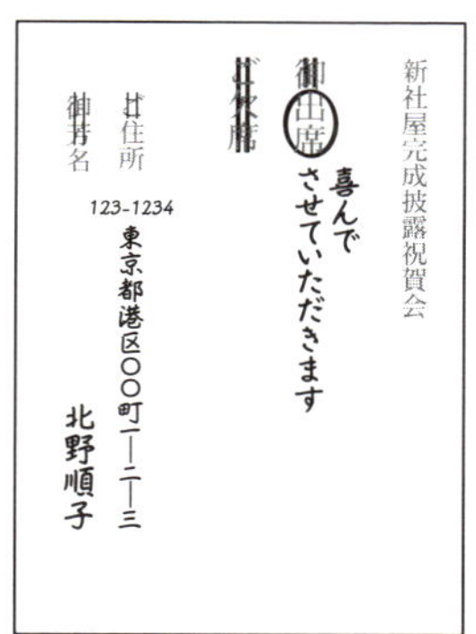

返信ハガキの書き方（表）　返信ハガキの書き方（裏）

＊二重線で消す場合、縦書きは縦に。横書きは横に二重線を引く。
＊返信ハガキも、基本的に句読点は打たない（p218社交文書作成のポイント参照）

check

返信ハガキを送り返してもらうときは、自分宛ての表記に「行」と表記しておくことを忘れずに。最初から自分の名前に「様」や会社名に「御中」を付けるのは厳禁。また、封筒で返信してもらう際は、返信用封筒に宛名を印刷し、切手を貼るか料金別納などにして相手に料金の負担など手間をかけさせないことも大切。

適切な郵送方法

業務上の郵便物は、内容物に見合った郵送方法にし、コスト削減も考えながら対処しましょう。特殊取扱郵便は、郵便局の窓口に差し出すケースがほとんどで、事前契約が必要なものもあります。

郵便料金・切手の使い方

郵便切手は1円から500円まであります。普通切手の他に慶事用切手や弔事用切手もあり、用途に合わせて使い分けます。キャラクターや記念切手はビジネスには適さない場合があるので、避けたほうがいいでしょう。

大量の郵便物を送る場合、切手を貼る手間が省ける料金別納郵便、料金後納郵便などがありますが、祝賀会の招待状など、格式を重んじる内容の儀礼的な文書を発送する場合は、人数が多くても慶事用切手を1枚ずつ貼ります。

□ 特殊取扱郵便　＊通常の料金に特殊取扱料金が加算される。

種類		内容
書留 引き受けから配達まで記録が残るので、確実に届けられる。壊れたり届かなかった場合、賠償が受けられる。速達と併用できる。	**現金書留**	現金を1通50万円まで送れる。硬貨もOK。専用の封筒があり、手紙や現金を包んだ祝儀袋・不祝儀袋も入れられる。
	一般書留	有価証券（商品券・手形・小切手等）や貴金属、宝石その他の貴重品を送るときに利用するとよい。万一のときは実損額の賠償を受けられる。
	簡易書留	重要な書類、原稿、5万円までの有価証券などを送るときに利用するとよい。一般書留に比べて料金が割安。賠償は5万円まで。
速達		急ぐ場合に利用する。表面の右上部に赤い線を表示する。ポストに投函できる。
配達日指定		日曜日を含め、配達日を指定することができる。
配達証明		一般書留とした郵便物や荷物を配達した事実を証明する制度。
内容証明		一般書留とした郵便物で、いつ、どんな内容の文書を誰から誰宛てに差し出されたかを証明する制度。
レタックス **Webレタックス**		電子郵便。簡単に祝電・弔電を送ることができる。手書きの文字やイラスト・写真を添えたメッセージも送付可能。

check

重要な文書で折り目をつけるのを避けたい場合

A4資料やパンフレット、重要な文書を折らずに封筒に入れる場合は、A4が入る封筒が多く使われます。用紙がよれたり（少ない枚数の場合）雨に濡れるのを防ぐためにクリアファイルなどに入れる心配りも必要です。送付先が多い場合は、ラベルシールを貼ってもOK。表に会社のロゴや社名などが印刷されている場合は、差出人の部署名と名前をその下に書きます。または、裏に和封筒の裏同様に書きます。

□ 大量郵便物の発送　＊切手を貼る手間が省けて効率的。事前に郵便局に申請し、封筒に所定のマークを印刷するかスタンプを押す。

料金受取人払	アンケートの返信など、返信を受けた分だけの料金等を支払えばよく、経費を抑えられる。
料金別納郵便	料金が同じ郵便物・荷物を一度に10通（個）以上発送する場合に使う。料金は別にまとめて支払う。
料金後納郵便	郵便物・荷物を毎月50通（個）以上発送する場合に使える。1ヶ月の料金を後でまとめて支払う。
郵便区内特別郵便物	同じ形・重さ・取り扱いの郵便物を同時に100通以上、同一郵便区内に出す場合に割安で利用できる。

料金受取人払郵便
○○局
承　認
0000
差出有効期間
0000年0月
00日まで
（切手不要）

差出郵便局名
料金後納
郵便

□ 郵便荷物サービス　＊追跡サービスで配達状況の確認が可能。

ゆうパック	25kg以下で3辺の合計が170cm以下の荷物。25kgを超え30kg以下の場合は「重量ゆうパック」になる。専用の宛名ラベルがある。
クリックポスト	自宅で簡単に運賃支払手続きと宛名ラベル作成ができ、全国一律運賃で荷物を送れる。郵便ポストからいつでも差し出せて郵便受けに届く。フリマアプリやネットオークションに出品した小型の商品などを、安く簡単に送ることができる。
ゆうパケット	重さ1kgまでの小さな荷物の発送に便利。運賃は全国一律で厚さに応じて設定される。郵便ポストからいつでも差し出せて郵便受けに届くので送る人も受け取る人も便利。
レターパックプラス レターパックライト	厚紙の専用封筒に手紙や荷物を詰めて送る。直接、ポストにも投函できる。レターパックプラスは配達先に対面で届けられ、受領印か署名をもらう。レターパックライトは対面ではなく、郵便受けへ配達される。

上手に使って作業効率アップ

FAXの基本

FAX送信のマナーと注意点

メールでのやり取りが一般的とはいえ、FAXもビジネスのコミュニケーションツールとして役割を担っています。便利で手軽ですが、一定のルールがあります。基本的にビジネス文書と同様のマナーを心がけましょう。特性を理解し、下記のマナーと注意点を守り上手に使えば、作業効率も大幅にアップするでしょう。

①送信状は必ずつける

送信状は、送信概要と挨拶文を兼ねたもので、他社のFAXとの区切りになるので1枚目に必ず送る。送信する合計枚数も記入。通し番号を付けておくと受信漏れがあってもすぐに対処できる。

②番号を間違えないよう要確認

FAX機に番号が事前登録されている場合も多いが、新しい連絡先や送信頻度が少ないところへ直接打ち込んで送る場合、FAX番号と電話番号を間違えないように事前に必ずチェック。

**③大量送信に注意
できるだけ少ない枚数**

FAXの送信は、受信する側でプリントされるため、できるだけ少ない枚数にまとめて送信するのがマナー。一度に大量の枚数を送ると、受信側の用紙が不足したり、インクの消費、紙詰まりなどの原因にもなる。

④個人情報、機密情報は送らない

関連企業に送る場合も、担当者以外の第三者の目に触れる可能性がある。誰が読むかわからないため、個人情報や機密情報はFAXでは送信しないのが原則。誰に見られてもよい内容だけに絞る。

⑤すぐに確認が必要な場合、送信後に電話をする

一番多い失敗は、送信後に先方へ確認することを忘れたために起こるトラブル。数日前に送った書類をまだ見ていないということもある。無事に送信できても、問題なく相手が受け取ったかどうかわからないため、すぐに見てもらいたいものは送信後に電話で確認を。ただし、お互いに忙しい場合などもあるため、状況によって臨機応変に対応。

メリット

- 相手の不在時でも送ることができる
- 文字だけでなく、図や絵、写真も送れる
- 書面として残しておける

デメリット

- 鮮明に送れない（特に写真の場合）
- モノクロでしか送れない
- 未送信が発生することがある

check

FAX送信の注意点

カラー文書を送るとき

カラー印刷のものは、そのまま送ると判読できなくなる場合もあるので、一度モノクロにコピーをしてから送るとよい。

原稿の文字や写真などが小さいとき

文字が小さい原稿は、つぶれて見えなくなる可能性があるため、拡大して送るなどの配慮が必要。

業界によってはまだまだ使われているFAX。注意点を確認しましょう。

FAX 送信状の基本フォーマット

企業によって送信状のフォーマットもさまざまです。会社で決められている場合はルールに従い、各自で作成する場合は以下を参考につくっておくと効率よく作業できます。送信状もビジネス文書です。すぐに理解できるわかりやすさがポイントです。

□ FAX送信状の例

①送信日は必ず記入

②送信先の
会社名・部署名・
担当者のフルネーム

③発信元の連絡先
会社名・部署名・
氏名・住所・
電話番号・FAX番号

④簡単な挨拶
時候の挨拶は不要。通年使える簡単な挨拶文。

⑤送信枚数の合計
「3枚（本状を含む）」「本状を含め、全○枚送付いたします」など。

⑥送付内容
何ついての用件か、一目でわかるように。

①令和○年4月1日

②
株式会社神田
総務部課長　○○　○○様

③
株式会社ABC産業
総務部　田村修一
〒123-1234
東京都千代田区○○町1-2-3
TEL　03（0000）0000
FAX　03（0000）0000

FAX送信のご案内

④
いつもお世話になっております。下記の書類をお送りいたします。ご査収のほど、よろしくお願い申し上げます。

⑤送信枚数　全3枚（本状含む）

⑥祝賀会式次第案1部　会場レイアウト1部

⑦
後程こちらからご連絡いたします。
よろしくお願いいたします。

以上

⑦受信後の依頼など
受信後にどうしてほしいか、こちらから連絡するのかなどを書く（④に入れてもよい）。
あらかじめ候補をあげ、レ点で選ぶようにしても便利。お得意様やお願いの場合などはこちらから連絡する。

欠かせないビジネスツールを好印象に

ビジネスメールの基本

便利なメールの落とし穴

ビジネスの現場にメールは欠かせません。メールは即時性があり、単なる連絡手段だけではなく、データの保存や編集、加工もでき、情報共有などにも便利です。相手の時間を拘束せず、同時にたくさんの人に送信することもできます。

しかしその気軽さから、**手紙や会話に比べ、言葉の選び方によっては誤解を生む可能性もあります。**儀礼的な挨拶は省略しますが、ビジネス文書である以上は最低限のマナーを守りましょう。

相手が読みやすいように改行したり、段落の行数や1行の文字数に気を配ることもマナーです。好印象のメールはビジネスの強い味方になるでしょう。

メリット

- 自分も相手も都合のよいタイミングで送信・確認できる
- 一度に複数人に送信可能
- 情報の共有が簡単
- 「送信履歴」が証拠として残る
- 送受信した内容が保存・検索できる
- さまざまな文書、画像、動画ファイルを送信可能
- 低コスト

デメリット

- いつ読んでもらえるかわからない
- 一度送信した内容は取り消すことができない
- 文字化けなどで相手に読めないことがある
- 文章の書き方によっては、感情が伝わりにくく、誤解を招く場合がある
- 迷惑フォルダーに入ってしまうと、相手が気がつかない可能性がある
- セキュリティが完全ではない
- パソコンやスマートフォンなどデバイスによってレイアウトが崩れる

送信時間帯と曜日に配慮

メールは相手の都合を気にせず、自分のタイミングで送信できる点は便利ですが、休業日の前日（例えば金曜日の夕方など）にメールを送信した場合、返信をもらうのが週明けになる可能性もあります。その場合は、「**お返事急ぎません。〇日頃までにご連絡いただければ幸いです**」など配慮の一言を添えます。また、受信した側なら、「**土日は休業日のため、社内での検討は週明けになります**」など添えて、受信したことを伝えるといいでしょう。

また、会社のメールをスマートフォンなどで受信している場合もあるため、いつでも送信可能とはいえ、**遅い時間帯や早朝に送るのは控えましょう。**

メールと電話・対面を効果的に使い分ける

社内の同じ空間にいてもメールで済ませるなど、便利なツールが本来の人対人のコミュニケーションの妨げになっている場合もあります。便利なのでつい頼りがちですが、重要な事を伝える場合は、メールだけでは不十分です。電話や口頭での確認が、よりよいコミュニケーションにつながるでしょう。

社外への伝達には、手紙、ハガキ、電話、FAX、メール、SNSやチャットツールがありますが、それぞれの特徴を理解して、どの伝達方法が最適かを選ぶ必要があります。

メール作成前の準備　ビジネスメールの目的と結果は？

ビジネスメールには、明確な目的があります。報告、相談、依頼、御礼の場合もあります。それに対して、どのような結果や効果があるのかも考えることで、より的確なメールを書くことができます。

メール作成時に確認すること

- 的確な件名
- 「CC」「BCC」を使う場合は、使い分けに注意（p254参照）
- メールに盛り込む内容を漏れなく書いているか
- 返信ならば相手の要求を満たしているか
- 内容を本文に書くか、添付ファイルにするか
- メールした後に、電話や対面でフォローするのか

こんなときは？

Q. 先方とファーストコンタクトを取るとき、電話とメールのどちらがいいですか？

A. 紹介者がいて、相手にこちらから電話連絡があることを連絡済みの場合は、電話でもいいでしょう。しかし、ホームページなどからアポイントを取る場合は、まずはメールがおすすめです。いきなり電話をかけるよりも、メールのほうが用件が伝わりやすくなります。担当者と直接電話で話したい場合も、まずはメールで日時を打ち合わせするといいでしょう。

こんなときのメールは NG

キャンセル・変更など急ぎの用件

メールを送っても相手が必ず読むとは限らない。キャンセルや変更など急ぎの用件は、まずは電話で直接相手に知らせる。不在の場合は伝言をお願いした後に、メールを送っておくとよい。

トラブルやお詫び

電話で連絡した後、直接先方に伺ってトラブルの対処やお詫びを伝えるのが原則。メールで済ませてしまおうという態度は誠意が伝わらず、余計に相手を怒らせてしまう可能性がある。

□ ビジネスメールのルール　快適な連絡のための決まり事

- 会社のアドレスでは私用メールは原則禁止
- パソコン、スマートフォンなどのデバイスにウィルス対策を施す
- 文字化けしがちな文字の使用は避ける（半角カタカナや①⑵Ⅲといった機種依存文字など）
- 大容量のファイル添付は避ける。添付は2MB以内に収めるのが無難。それを超える場合は、クラウドサービスやストレージサービスを利用（容量が大きいファイルの送信方法は社内ルールに従う）
- 重要文書、個人情報、機密情報の送信はできるだけ避け、送る場合は、パスワードロックをかけるなど社内ルールに従う
- 原則的にHTML形式よりテキスト形式を使用する
- メールの最後には署名を入れる
- 絵文字、顔文字は使わない
- 不確かなWebサイトのURLを開くような指示はしない
- ファイルを作成したソフトを相手が持っていない場合は開封できないので、確認する心配りも

メールは「1往復半」で完結させると効率的。返信は24時間以内

メールの効率的なやり取りは、「こちらからメールを出す⇒相手から返事が来る⇒それに対しての返信」という形の「**自分⇒相手⇒自分**」または、「**相手⇒自分⇒相手**」の「1往復半」が効率的。

また、メールは受け取ったら24時間以内に返信を心がける。メールを受信した翌日には返信するようにする。検討や決定するのに時間がかかる場合も、**とりあえずメールは確認したことを知らせる返信が必要。**即答できない内容でも、答えられる部分のみ送り、残りについてはいつ頃までに返答できるか、だいたいのめどを知らせる心配りを。急ぎの場合は、電話連絡することも大切。

ビジネスメール作成のマナー

宛先

メールを受信すると、送信者名と共に「宛先（TO）　○○　○○」のように受け手の名前が表示される。この宛先は送信者が**どのように登録しているか相手にわかるため、表示名は、「様」などの敬称付きで送るのがマナー。**受信したメールにそのまま返信すると、受信者の表示名は敬称なしで相手に届くので注意。頻繁にやり取りする相手は、アドレス帳に登録をすると便利。その際、お客様や社外の人を呼び捨てにしないように、自動で敬称が表示されるように設定しておく（アドレス帳に登録するとき、表示名に敬称を付けて登録、または敬称欄から「様」「御中」などを選んで登録しておく）。

返信メールで、件名は変更しない

メールソフトの設定にもよるが、メールに返事をするために「返信」ボタンをクリックすると、アウトルックなどでは、自動的に件名の頭に「Re:」や「RE:」が付く。同じ内容についてやり取りをするなら、**「Re:」と件名はそのままにする。件名を変更せずに返信することで、一連のやり取りの一貫性が保たれる。**同じ件名が何通にもなる場合は末尾に番号を付けたり、【再送】【改定】【最新】など補足を付けるのもわかりやすくする方法。以前はやりとりを繰り返すとその回数の「Re:」が何個も重なったが、アウトルックのメールソフト仕様が更新され、返信を繰り返しても「Re:」は1回のみ表示される（Gメールのやりとりは数字で表示される）。「Re:」が付いていれば返信メールだと判断がつき、逆に「Re:」がついていなければ新規のメールだと判断されるためわかりやすい。そのため内容が変わる場合は新しいメールを作成する。転送の場合は、Forward（転送する）の略で「Fw:」や「Fwd:」と表示される。

□メール内容の構成

挨拶 ▶ 本文 ▶ 結び ▶ 署名

宛先：　□□　□□様

CC：

BCC：

件名　新商品企画会議のお知らせ

添付ファイル　会議資料

挨拶

ABC株式会社
企画開発部　高野　幸子様

いつも大変お世話になっております。
株式会社TY食品の田中要一でございます。

本文

新商品の企画会議が、
下記の日程で決定いたしましたのでお知らせいたします。

ご多用のところ恐縮ですが、
ご出席くださいますようお願いいたします。
詳細は添付資料をご確認ください。

【新商品企画会議】
日時：　5月25日（火）午後1時～3時
場所：　弊社第2会議室
内容：　新商品キックオフミーティング
※添付ファイル：会議資料

結び

以上でございます。
ご不明な点がございましたら、ご連絡ください。
どうぞよろしくお願いいたします。

署名

****
株式会社TY食品
営業部　田中　要一
〒123-1234　東京都港区○○町1－2－3
TEL　03－1234－○○○○（直通）　FAX　03－1234－○○○○
E-MAIL　tanaka@TY-○○jp　HP　https://TY○○○○jp
****

受信者名
アドレス帳に顧客の名前を登録する際、敬称をつけて登録することで送信者の気遣いが伝わる。

件名
具体的でわかりやすい件名。後でメールを参照したり、検索したりするときにも便利。

本文・書き出し
「社名＋部署名＋フルネーム＋様」（株）は略すのは失礼にあたるので、株式会社と正式に書く。

本文・内容
手紙などの場合は、段落ごとに1字空けるが、メールの場合は1字空ける代わりに改行し、空白行を入れて間を空ける。1行が30文字程度を目安に改行したり、区切りのよい文節や句読点で折り返すと読みやすくなる。
また、2行から5行を目安にひとまとまりにすると相手が読みやすい。

署名
メール以外でも連絡がとれるように住所や電話番号などの連絡先も併記する。

作成の基本

レイアウトは左寄せ

- 宛名、挨拶、本文、署名などはすべて左寄せで書く
- 手紙などの場合は、段落ごとに1字空けるが、メールの場合は、1字空ける代わりに改行し、空白行を入れて間を空ける
- 1行が30文字程度を目安に改行すると、読みやすくなる
- 区切りのよい文節や句読点で折り返すと読みやすくなる
- 段落は2行から多くても5行でまとめる

宛名

- 会社名、担当部署、担当者の名前を書くが、（株）と略すのは失礼にあたるので、「株式会社」と正式に書く
- 会社名を1行目に書き、2行目に部署名（役職名）・氏名、または、2行目に部署名（役職名）、3行目に氏名など文字のバランスを見ながら整える

1行目　会社名
2行目　部署名　役職名　氏名

例
株式会社○○○○
営業部長　○○　○○様

1行目　会社名
2行目　部署名　役職名
3行目　氏名

例
○○大学
医学部　教授
○○　○○先生

- 「部長」「課長」などの役職名は敬称なので、「部長様」と書くのは間違い。「理事長」「委員長」なども同様で「理事長様」とはしない。教員、医師、弁護士などは「○○先生」（様と併用）。団体宛てで、個人名が不明な場合は「御中」。同じメールを複数の人に送る場合は「報道関係各位」など、「各位」を使う

件名は、一目で内容がわかるように簡潔に

- メールを開かなくても、件名で内容がすぐにわかるように書くことがポイント
- 件名は15文字程度まで
- メールは、1通につき、一つの用件を書くのが原則だが、用件が二つあるなら用件も2項目書くと、内容がはっきりする。後でメールを参照したり、検索したりするときにも便利
- 用件の後に（○○食品　田中）など、社名、名前を入れると、相手にもわかりやすい。同じ内容でやり取りを繰り返す場合も有効
- すぐに確認してほしいときなどに【重要】【緊急】【至急】、その他【ご連絡】【お伺い】【お願い】などを付けると、目的が一目でわかりやすくなる

件名の例：○月○日　ビジネスマナー研修について（平田）
新商品のサンプルの件（○○商事　中村）
【至急】○○工事のお見積りの確認
【お伺い】○○の件について
【ご連絡】企画会議について

本文の書き出しは挨拶と名乗りから

挨拶と名乗り

本文の書き出しは、まず挨拶。メールでは、手紙のように頭語と結語、時候の挨拶など格式ばったものは不要。一般的なものは下記。

「お世話になっております」

「いつも大変お世話になっております」

何度も会っている相手でも、挨拶に続けて次のように名乗る。

「○○会社の小池です」

「森川でございます」

続いて、頻繁に会う相手には気遣いの言葉を添えると好感度アップ。

「先日はありがとうございました」

「先日の～ではお世話になりました」

親しい相手や、状況によって下記を加えてもよい。

「お久しぶりです」

「ご無沙汰しています」

面識のない相手へのメール

「はじめまして。〇〇商事〇〇部の佐藤と申します」

などにつづき、どんな仕事をしている会社か、簡単に説明する。

「(場所) で (事業内容) をしております」

初めての人にいきなり「お世話になっております」とは書かない。紹介者がいるのか、どのようにしてメールアドレスを知ったかなどを述べる。

「〇〇会社の〇〇様からご紹介いただき、ご連絡いたしました」

「御社のホームページを拝見し、メールを差し上げました」

そして、本題の前に「メールの目的や理由」を短く伝える。

「新規プロジェクトについて、ご提案します」

本文は、結論⇒理由⇒詳細

まずは結論から述べることが重要。箇条書きなどを使い、わかりやすくまとめるのがポイント。

メール本文の締めくくり

最後は「結び」できちんと締める

「よろしくお願いいたします」

「今後とも、どうぞよろしくお願いいたします」

「ご検討のほど、よろしくお願い申し上げます」

署名

相手が後で連絡しやすいように、社名、名前、電話番号、メールアドレスなどが入った署名を文末に必ず付ける。署名のフォーマットをつくり、事前に登録しておくと便利。

check

「拝」とは

「拝」は、手紙やメールの最後に「〇〇　〇〇拝」と、差出人である自分の名前の後ろに書き、相手に敬意を表す語です。医療業界や官公庁では多く見られる使い方で、慣習がない業界でも、高年齢層に使用頻度が高いようです。名字のみに「拝」を付けることもありますが、以下は失敗談です。医師からのメールに書かれた「〇〇病院　中村　拝」に対し、「〇〇病院　中村　拝　先生」と返信。中村が苗字、「拝」を名前だと思い込んだのです。知っているか知らないかは大きな違いです。

TO・CC・BCCの使い分け

宛先（TO）

一人に対して送信する場合に受信者のアドレスを入れる。**複数の人のアドレスを選び、同時に送信することもできるが、受信者全員の名前（アドレス）が宛先欄に並ぶため、送られる人同士がアドレスを知っていることが前提。**知らない人のアドレスを載せるのはCC（下記CCの説明参照）と同様、個人情報漏えいになるため注意が必要。

CC

CCは、Carbon Copy（カーボンコピー）の意味で、メインとなる宛先以外の人、第三者に参考として一緒に送る場合に使う。メールを書く前に、他の誰が知っているほうがいいのかを考えるが、この場合、社内や関係者など、**CCとして送られる人同士がアドレスを知っていることが前提。知らない人のアドレスを載せるのは個人情報漏えいになるため、十分な注意が必要。**

CCに複数人いる場合は役職順に。並び順が難しい場合や人数が多い場合は、「CC：関係各位」と書くこともできる。

CC付きのメールを受信した場合、返信は全員に返信が基本（CCに入った人は、原則として返信不要）。

CCで送っている人がいる場合、
宛名にも書く。

例
○○株式会社
○○　○○様
（CC：○○　○○様）

BCC

メールアドレス変更のお知らせなど、複数の人に一斉に送信する場合は、個人情報の観点からBCCを使う。

Blind Carbon Copy（隠しカーボンコピー）の意味で、送り先のアドレスは隠されている。宛名には各位などと書き、「このメールは、BCCで一斉送信しております」など書き添えるとよい。

ビジネスメール誤送信の体験談・事例

宛先欄にアドレスを入力して
メールアドレスが流出

行政機関からある事業を一部受託していた会社が、複数の利用者宛てに一斉に送るメールを、BCCではなく宛先欄にアドレスを入力して送信したため個人メールアドレスが漏えいする事案が発生。受託事業者だけではなく、委託した行政機関がSNSなどを使いお詫びした。

BCCとCCを間違い、多くの
送信先からクレームが来てしまった

BCCで一斉送信するところを、間違ってCCで送信し、全員のメールアドレスが流出。取引先から多くのクレームがあり、信用を失った。

他社の社内連絡が、
なぜかCCで送られてきた

以前仕事をしたことがある他社の営業マンからのメール。久しぶりに仕事の依頼かと思い開いてみると、完全に社内連絡の内容で、誤送信だった。こちらが知っても特に問題ないような内容だったが、念のため、誤送信であることを返信すると、アドレス帳で選び間違ったとお詫びのメールが来た。信頼できる人だと思っていたが、仕事相手としては不安が残った。

「全員に返信」で
取り返しのつかないことに

他部署の後輩が、仕事で迷惑をかけた取引先にお詫びのメールを送った。その際、お詫びしたことを共有するために、CCで先輩社員にもメールが届くようにした。先輩社員は励ますつもりで、そのメールに返信。ところが、差出人宛ての「返信」ではなく、「全員に返信」で、「大変だったね。でも、お歳暮で○○を贈っておけば機嫌も直るよ」という文面を送ってしまった。もちろん、そのメールは取引先にも届き、取り返しのつかない事態となった。

「知らなかった」では
済まされないことがあります。
社会人として今一度、
ルールを確認しましょう

メールの定型フレーズでスムーズに

メールは、原則1スクロール以内の分量で簡潔、的確な文章が求められます。まわりくどい表現を避け、テンポよく伝えるために定型のフレーズを活用しましょう。一つのことを伝えるにも、いくつかの表現を知っていると文章にも彩りが生まれます。メールは文字だけのやり取りのため、誤解を避けるためにも慎重に言葉を選びましょう。

書き出し　名乗り

いつもお世話になっております。○○会社の○○（名前）でございます。

突然のメールで失礼いたします。私、○○会社の○○（フルネーム）と申します。

ご無沙汰しております。

先日はお世話になりました。

先日はわざわざご足労いただき、ありがとうございました。

初めてご連絡いたします。

はじめまして。○○商事○○部の○○（フルネーム）と申します。

○○会社の○○様からご紹介いただき、ご連絡いたしました。

御社のホームページを拝見し、メールを差し上げました。

用件を述べる

～の件について、ご連絡いたしました。

～の件について、ご報告申し上げます。

～の件についてご相談できればと思い、ご連絡差し上げました。

早速ではございますが、～の件で詳細を申し上げたく、ご連絡いたしました。

メールを受け取ったことを伝える

メールを拝受いたしました。ありがとうございます。

メールを確認いたしました。後ほど改めてご返事させていただきます。

返信の遅さを謝る

ご連絡を差し上げるのが遅くなり、大変申し訳ございません。

〜で不在にしておりました。返信が遅くなり、申し訳ありません。

相手への配慮

お忙しいところ、恐れ入りますが、

お忙しい中、誠に恐縮ですが、

ご多忙中、恐縮に存じますが、

ご多用のところ、申し訳ございませんが、

勝手を申しまして恐れ入りますが、

お手数をおかけいたしますが、

依頼の言葉

〜していただけませんでしょうか。

〜願えませんでしょうか。

〜いただきたいと存じます。

誠に厚かましいお願いとは存じますが、

誠に勝手なお願いで恐縮ですが、

不躾なお願いで恐縮ですが、

唐突なお願いで恐れ入りますが、

以上でございますが、ご協力のほど、よろしくお願いいたします。

以下の件、ご確認くださいますでしょうか。

ご査収のほど、よろしくお願いいたします。

ご査収くださいますよう、お願い申し上げます。

ご検討いただければ幸いです。

ご検討いただけますでしょうか。

〇月〇日（〇曜日）までに、ご返事いただければ助かります。

ご返事をお待ちしております。

御礼の言葉

ありがとうございます。

感謝申し上げます。

御礼申し上げます。

幾重にも御礼を申し上げます。

お詫びの言葉

申し訳ございませんでした。

大変失礼いたしました。

お詫び申し上げます。

大変ご迷惑をおかけいたしました。

ご容赦くださいませ。

お許しくださいませ。

自責の念にかられております。

繰り返さぬよう肝に銘じます。

私の至らなさによって、このような結果を招いてしまいました。

結びの挨拶

ご不明な点があれば、お気軽にご連絡くださいませ。

取り急ぎ、用件のみにて失礼いたします。

取り急ぎ、メール拝受のご連絡と御礼を申し上げます。

いつもお願いばかりで恐縮ですが、どうぞよろしくお願いいたします。

今後とも（引き続き）、どうぞよろしくお願い申し上げます。

印象アップのフレーズ

いつもお気遣い（お心遣い）いただき、ありがとうございます。

いつも気（お心）にかけていただき、感謝申し上げます。

年末にお会いして以来、随分ご無沙汰しておりますが、お元気でいらっしゃいますか。

猛暑続きでございますが、いかがお過ごしでしょうか。

先日、ご紹介いただきました〜に早速行ってきました。おっしゃるとおり、素晴らしい〜で感動いたしました。

またお目にかかれる日を楽しみにしております。

寒い日が続きますので、どうぞご自愛ください。

ビジネスでも当たり前になったコミュニケーションツール

SNSのマナー

個人も企業も使っているSNS

私たちの生活に浸透したSNS。連絡や情報共有が手軽にできることから、現在では幅広い年代の人が利用し、もはやSNSなしの生活は考えられないという人も多いでしょう。インターネット利用者に占める個人のSNSの利用者の割合は年々増加しています。

また、その活用の場は、気の合う仲間内だけで楽しむものではなく、社会人としての振る舞いが求められるビジネスの場でも一般的になりました。特に会社の公式アカウントを運用している人は、個人アカウントとの区別をしっかりつけなければなりません。自分が、そしてまわりの人たちが便利に使い続けていくために、SNSのルールとマナーを確認しましょう。

check

SNSとは？

広く浸透しているFacebookやX、Instagramなどは、ネット上であっても社会的（ソーシャル）なつながり（ネットワーキング）が生まれることから、ソーシャル・ネットワーキング・サービス、略してSNSと呼ばれる。実名を登録する場合は、実社会でのつながりにも影響する。

企業の活用実態と目的は？

多くの企業で、商品の紹介や情報の提供にSNSが使われ、また採用活動目的でのSNS活用も盛んです。社員同士の連絡ツールとしてSNSの使用を許可している会社もあります。ビジネスシーンでは、基本的に職場のルールに従いましょう。

SNSを利用するときの心構え

SNSは手軽である一方、全世界に知られてしまうという恐れもあります。不特定多数の、自分の知らない他人からも見られているということを意識しましょう。ごく親しい人たちだけでの投稿のつもりが、瞬く間に世間に広まってしまうのです。SNSは、公共の場と同じであるとわきまえましょう。

「たった一つの投稿が」「ちょっと返信を怠ったために」……、そういったことから、SNS上だけでなく、実際の人間関係に影響が及び、信頼を失ってしまう場合もあります。

気軽にできるからこそ、慎重になることが必要です。SNSこそ、社会人としてのマナーが求められる時代になっています。マナーの基本「思いやりの心」と、社会人としての自覚を持ち、賢く利用していきましょう。

ルールを知らないことで起こるSNSトラブル

①人間関係のいざこざを発信してトラブルに

嫌いな上司や苦手な同僚、取引先とのいざこざをつぶやき、それが原因で人間関係が崩れてしまうことがある。人間関係が崩れると、仕事自体がうまくいかなくなる。

②会社の機密情報を発信して会社に不利益

社内の機密情報をつい漏らしてしまうと、会社に不利益をもたらすことになりかねない。その場合は重大な責任問題に発展する。

③個人の発言のつもりでも、企業の代弁者である自覚を

プロフィールに所属企業を載せている場合や、個人アカウントでも自社のPRなどをしている場合、不適切な発言があると、個人の発言だと主張しても、その企業を代弁する発言だと認識される可能性がある。軽い気持ちの発言が企業のイメージダウンに。自分の立場をわきまえて発言することが重要。

こんなときは？

Q. 顧客や取引先の人が、SNSで自社商品やサービスについてクレームや悪口を発信していた場合、コメントしてもいいでしょうか。

A. 正義感をもって行動したいところですが、ここは我慢し、コメントするなどは控えましょう。まずは上司や担当部署に報告・相談して解決策を見出しましょう。

社会人として守るべきSNSの基本ルール

①書いたら必ず読み直す

SNSの危険な点は、本人以外のチェック機能がないこと。誰でも気軽にボタン一つで発信できてしまう気軽さは利点でもあり、リスクでもある。誰のチェックも受けずに全世界に向けて発信される怖さを自覚し、送信前に書いたものを読み直すことが重要。投稿の内容については、自分と他人とでは「投稿してもよい」というボーダーラインが違うことも知る必要がある。「これくらいならいい」と思う些細なことが、実は周囲を不快に感じさせるマナー違反の行動かもしれない。投稿文や写真は、載せる前に冷静に考えることも必要。

②宗教・政治・他人のプライベート情報など避けるべき投稿内容を把握する

- 宗教・国籍・人種など差別発言につながりかねないこと
- ドラッグや暴力などの反社会的なこと
- 人によって意見の異なる政治信条
- 他人の個人情報やプライベート情報
- 他人に対する批判

③投稿する写真は、人や物、場所を公開していいか確認する

写真を投稿する場合、写り込んでいるものからさまざまな情報を読み取られることがある。不都合がある場合は、写真のトリミングや加工などで見えなくする工夫が必要。また、一緒に写っている人に公開してもいいか必ず確認したほうがよい。

④友達申請やID交換は相手の意思を尊重

気軽につながることができるのがSNSの最大の魅力。しかし、その使い方はさまざまで、自分なりのルールを持っている人が大勢いる。積極的につながるつもりがない場合、知らない人からいきなり友達申請が届くと戸惑う人も。相手に事前にメッセージし、友達になりたい旨を伝えて挨拶後にリクエストを送ることを心がける。申請を送って承認されてから御礼のメッセージを送るよりも、先に挨拶し、相手の意思を尊重するほうが好印象。

⑤メッセージを送る前に、頻度や時間帯を考える

LINEやFacebookなどのメッセージは、24時間送ることができて便利だが、自分にとって都合のいい時間が、相手にとっても都合がいいとは限らない。深夜や早朝などは迷惑。また、既読マークがついたからといって、すぐに返事をもらえると思わないこともマナー。既読になったから返事はするべきだと強要するのは避ける。既読は、確認してくれたと思うくらいに。

⑥タグ付けやハッシュタグはその後の影響を想像

Facebookでのタグ付けは、相手のタイムラインにも表示されるため、その相手にとって見られたくない人にも見られることが予想される。自分のタイムラインに載せるかどうかの設定もできるが、タグ付けをする場合は相手に確認するのがマナー。また、Instagramのハッシュタグは、写真とまったく関係のないようなものを付けるのも避ける。

⑦著作権侵害の投稿

イラストや写真、文書のほか、テレビ画面を撮影してアップするのは違法。

⑧グループトークやメッセージのやり取りの注意点

LINEのグループトークは、同じ目的を持った人のグループで共有したい内容をコメントする場だが、1対1で話す場合はグループではなく個人のLINEでやり取りするほうがよい。ややこしい話は、実際に会ったり電話で話すほうが行き違いがなく正確に伝わる。Facebookのコメントのやり取りも、すべての人が読めるので、会話は見られていることを意識する。

⑨ネット上の情報が正しいとは限らない

ネット上にはさまざまな情報が溢れている。特に匿名性の高いXなどでは、中にはデマやうわさのようなものもあり、問題にもなる。自分自身で情報の信憑性を判断し、むやみにリポストやFacebookのシェアをしないことも心がける。

⑩社内の人とSNSで連絡する場合

社内のグループラインやSNSを通じて社内イベントの日程調整や連絡などをする場合もある。職場のルールに従って使い、いくつかの点に注意する。

- 社内連絡は定期的にチェックする
- 目上の人にスタンプは使わない
- 社内のうわさや愚痴を言わない

これはNG

これも注意！　酔った勢いで投稿しない

仕事が絡んだ場であればなおさらだが、仕事ぬきの場合でも、酔ってSNSを利用するのは危険。不適切な内容の書き込みをしてしまうリスクが伴う。

チャットツールを活用

チャットツールとは？

パソコンやスマートフォンを介してリアルタイムでコミュニケーションをとることができるコミュニケーションツールで、代表的なものに「slack」、「Chatwork」などがあります。チームのコミュニケーションをすべて一元化し、**みんなが情報共有をしながら作業できるなど、業務の効率化を目的**とするサービスは各企業で取り入れられています。一方的なメールと違い、実際に会話をするように使える気軽さが特徴で、1対1だけでなく複数人でのコミュニケーションが可能になります。

メリット

- 複数人でリアルタイムの会議や打ち合わせが可能。会議場所を設ける必要がない
- プロジェクトや部署ごとのグループチャットを作成して、伝達漏れや情報検索の手間を軽減
- 画像や動画、資料ファイルなどの情報共有を簡単にすばやくできる
- セキュリティ性が高く、情報漏えいのリスクが少ない

こんなときは？

Q. 取引先とチャットツールでやり取りをしています。一度お会いした後はチェットでのやり取りのみ。その際、私から先方へ送ったコメントの返信に「了解!」のスタンプが押され、コメントはありませんでした。仕事でのお付き合いが始まったばかりで、しかもかなり年下の人だったので戸惑いました。スタンプは親しい間柄や社内の上司から部下、先輩から後輩に対して許されるものと思っていましたが、使ってもいいのでしょうか。「承知しました」の意味で、取引先にスタンプだけで済ますのは失礼にはならないのでしょうか。

A. チャットツールは、メールの簡潔化・合理化を目的として開発されました。そのため、業界によっては、「『承知しました』はスタンプで」を社内ルールとしている会社もあります。しかし、そのルールは会社や業界で違っているのが現状です。今後、一般的にも浸透していくことが予想されますが、フランクすぎて失礼と思われる場合もあるため、特に社外とのやりとりは関係性なども含めて臨機応変に対応しましょう。

column　漢字と平仮名、使い分けていますか？

文書作成では、漢字で書くか平仮名にするかを迷う場面もあるでしょう。例えば、「致す」や「時」「所」などは、どのように使い分けていますか。常用漢字表にあるため、漢字で書き表しても間違いにはなりませんが、その意味や用法の違いによっては平仮名で書き表したほうがよいとされるものがあります。代表的な書き分けの用例を参考にして、使い分けましょう。

●「いたす」と「致す」

「いたす」……「謙譲」の意味を表すとき。「お願いいたします」「拝見いたしました」など。

「致す」…………「影響を及ぼす、ある結果を引き起こす、もたらす」の意味で、「不徳の致すところでございます」「致し方ない」など。

●「いただく」と「頂く」

「いただく」……「～ていただく」と用いるとき。「報告していただく」「ご出席いただく」など。

「頂く」…………「頂戴する」「頂上」などの意味のとき。「お手紙を頂く」「コーヒーを頂く」「山の頂」など。

●「こと」と「事」

「こと」…………抽象的な内容などを表すとき。「申請書は、総務部まで提出のこと」「明日、伺うことにしている」「許可しないことがある」など。

「事」……………具体的な事柄を表すとき。「頼み事」「事は重大」「詳しい事は後日お話しします」など。

●「とき」と「時」

「とき」…………「～する場合」と言い換えられるときなど。「問題が発生したときは必ず連絡を」など。

「時」……………「時期」「時刻」「時点」などの意味を表すとき。「時が解決してくれるだろう」「時は金なり」「実行の時」「時と場合による」など。

●「ところ」と「所」

「ところ」………抽象的な意味。「現在のところ」「ご多忙のところ」「私が聞いたところでは」など。

「所」……………具体的な場所・土地などを表す。「所変われば品変わる」「支店がある所は」など。

第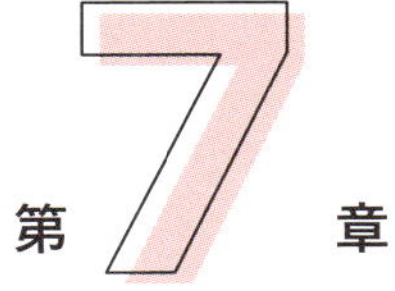章

問われる大人のマナー

おつき合い・冠婚葬祭・食事

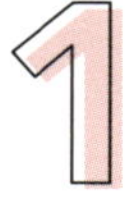

ビジネスにはさまざまな行事がある

社会人としてのつき合い

基本を押さえて慌てずに

社会人になると、**公私共におつき合いの幅が広がり、冠婚葬祭を含めたさまざまな場面で、マナーを知っているか、大人としての振る舞いが問われます。**例えば、入社1年目から結婚披露宴の招待を受ける場合もあるでしょう。仕事関連ならそれもビジネスです。取引先から招待を受けて出席する場合、いくら普段の仕事がきちんとできていても、知らずに誤った行動をとれば、非常識な人と思われイメージダウンが仕事にも影響するでしょう。仕事関連での冠婚葬祭のマナーは自分自身だけの問題ではなく、会社の品格が評価されるのです。慶弔の場面には多くの決まり事があります。また、社内での行事や懇親会もあるでしょう。いざというときに慌てないよう、基本を押さえておきましょう。

社内・部署やチームでの懇親会が身近なつき合い。

マナーを守って参加しましょう

ビジネス行事の基礎知識

冠婚葬祭というと、一般的には慶弔の儀式、いわゆる結婚式と葬儀が身近なセレモニーでしょう。人生の節目の大切な儀式ではありますが、その他にもビジネスの一環として行うさまざまな行事や式典があります。

□ 公式行事の種類

年中行事	新年会、入社式、定時株主総会、定時取締役会、賀詞交歓会など
一般行事	新製品発表会、代理店表彰式、社員表彰式、退職者送別会、クリスマス行事など
特別行事	創立記念式典、新社屋落成記念式典、社長就任披露パーティー、開業・開店記念パーティー、叙勲受章祝賀会、賀寿祝賀会など

※弔事として、社葬・追悼式なども含まれる

□ 暦の知識と年中行事

年始まわり	新年の挨拶のために、取引先などをまわること
賀詞交歓会	業界関係者などで行う新年祝賀会のこと
松の内	元日から松飾りのある期間を松の内と言う。一般的には、1月1日から7日まで
年度初め	4月1日。官庁をはじめ、この日付けで人事異動が発表される企業が多い。この頃に栄転・転勤に伴う歓送迎会が開催される
暑気払い（しょき）	暑さを払うための対策。近年は会社での宴会を暑気払いとすることが多い
納会	12月下旬に、その年の最後の締めくくりとして催す会
御用納め（仕事納め）	官公庁が12月28日でその年の仕事を終えること

さまざまなお祝い事がある

慶事(けいじ)の基礎知識とマナー

慶事の種類

慶事とは、祝賀行事や昇進・栄転・賀寿・結婚などのお祝い事のことです。さまざまな種類があり、会社や上司が関係する慶事では準備や進行、受付、お客様の接待を担当することもあります。また、招待を受けて出席する場合も多いでしょう。取引先などの祝賀行事が開催される場合は、上司の指示に従って祝電を打ったり、祝いの品を贈ったりします。ご祝儀も用意しますが、基本的なことを押さえておきましょう。

主な慶事の知識と対応

会社などの祝賀行事
- 創立30周年などの式典や祝賀会
- 本社社屋や工場などの落成式や竣工式
- 新店舗などの開店披露

個人
- 結婚・賀寿
- 受賞・受章
- 昇進・栄転・就任

落成式（竣工式）・記念式典

新工場や社屋が完成したときの落成式や、創立周年記念式典などの招待状を受け取ったら、できるだけ早く返事をし、祝いの品を贈ります。祝いの品としてはお酒や胡蝶蘭などが一般的です。

＊お祝いのメッセージ例

「新社屋落成を祝し、貴社のますますのご発展と社員一同様のご健勝をお祈り申し上げます」
「創立○周年、おめでとうございます。貴社のこれまでのご功績に敬意を表すとともに、今後のさらなるご繁栄をお祈り申し上げます」

受賞・受章

各団体などから賞を受ける「受賞」、国から勲章（くんしょう）や褒章（ほうしょう）を受けることを「受章」と言います。仕事関係者の受賞・受章を知ったら、すぐに祝電や祝い状、祝いの品を贈るなど対応します。

勲章の種類

文化勲章、瑞宝章（ずいほう）、旭日章（きょくじつ）、菊花章（きっか）など

褒章の種類

藍綬褒章（らんじゅ）、黄綬褒章（おうじゅ）、紫綬褒章（しじゅ）など

＊勲章・叙勲祝いのメッセージ例

「栄えあるご受章を、心からお祝い申し上げますと共に、ますますのご活躍をお祈り申し上げます」

昇進・栄転・就任

取引先などの関係者が昇進・栄転することになったり、要職に就任することが決まったら、祝電を打ったりお祝いの品を贈ったりします。

昇進　上位の役職に就くこと

栄転　上位の役職に就いて職場を移ること

就任　「長」がつくような地位、役職に就くこと

＊お祝いのメッセージ例

「このたびのご栄転、誠におめでとうございます。これからも変わらぬご指導を賜りますようお願い申し上げます」

賀寿（かじゅ）（長寿の祝い）

賀寿の年齢は一般的に、還暦は満年齢（生まれた時を0歳として誕生日がきたら1歳、2歳）、その他は数え年（生まれた時にすでに1歳という考え方）で行いますが、近年では、満年齢でお祝いする場合が増えています。仕事関係者の賀寿の祝いに祝電を打ったり贈り物をすることもあります（贈り物は相手の好みや趣味に合ったものを選び、数日前に贈る）。

還暦　満60歳。（数え年で61歳）60年で干支が一回りし、満60歳で生まれた年の干支に戻る（還る）ことから。

古希　70歳。中国の詩人、杜甫の「曲江詩」にある一節、「人生七十古来稀なり」から。「希」は本来「稀」と記すところを、一般的に常用漢字の「希」が使われている。

喜寿　77歳。七十七を組み合わせると喜の草書体「㐂」に見えることから。

傘寿　80歳。八十を縦に書くと、傘の略字「仐」に見えることから。

米寿　88歳。八十八を組み合わせると、「米」の字ができることから。

卒寿　90歳。九十を縦に書くと、卒の略字「卆」に見えることから。

白寿　99歳「百」の上の「一」を取ると、「白」になることから（100－1＝99）。

＊お祝いのメッセージ例

「謹んで還暦のお祝いを申し上げます。これからもお体を大切にご活躍ください。ますますのご健勝をお祈りしています」

「つつがなく古希を迎えられましたことを、心よりお祝い申し上げます。どうぞこれからもお体を大切にいつまでもお元気でいらしてください」

祝賀会などに招待されたときのマナー

招待状への対応

- 招待状に出欠の連絡をする返信ハガキが同封されていたら、できるだけ早く返事を出す。仕事の都合で出欠が決まらない場合は、ギリギリまで待ってもらうよう先方にお願いする
- 返信ハガキには、出欠どちらの場合にもお祝いの言葉を添えるのがマナー。さらに、出席の場合「喜んで出席させていただきます」、欠席の場合は「残念ですが、出張のため欠席させていただきます」など、一言添える。「すでに予定が入っているため」など簡単な理由を書くが、「時間がない」「忙しい」などは失礼（p276参照）

祝電を打つ

- 招待の席に出席できない場合は、上司と相談し祝電を打つ
- 場所や氏名を確認し、必ず「祝電」扱いで「日時指定」

祝いの品を贈る

- 祝いの品を贈る場合は、それぞれの祝い事にふさわしい品物をリストアップし、上司と相談して贈る

パーティーに出席するときのマナー

- 招待状に服装の指定がないときは、会場の格や開始時刻などによって決める（p278参照）
- コートや荷物はクロークに預け、ハンドバッグ以外は会場に持ち込まない
- 祝賀会などでお祝い金（ご祝儀）を持参する場合は、祝儀袋を袱紗(ふくさ)に包んで（簡易的な挟み袱紗でもよい）持って行き、受付で袱紗から出す（包み方はp303参照）。渡すときは、「このたびはおめでとうございます」など言葉を添えて相手から見て正面に持ち替えて両手で手渡す
- 受付で芳名録に記帳を促されたら丁寧に書く

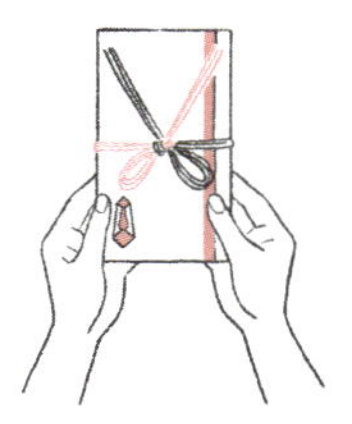

- 胸章を渡されたら、会場を出るまで左胸の位置に付けておく
- 会場の入り口で渡される「ウェルカムドリンク」は、歓迎の意味で出される飲み物。乾杯用の飲み物ではないので、すぐに口をつけてかまわない
- ディナーパーティーでは、ハンドバッグは椅子の背もたれと背中の間に置く。中座するときは、ナプキンを軽くたたんで椅子の上に置く
- 立食パーティーでは、会場に着いたら、受付を済ませ、まずは主催者に挨拶する。上司が一緒の場合は、その後に続いて挨拶をし、名刺交換をする。立食パーティーはさまざまな人と知り合うチャンスでもあるので、参加者と積極的に交流を。しかし、パーティーでの主催者挨拶や祝辞などにはしっか

り耳を傾ける。同僚や顔見知りでまとまり、周囲を気にせず盛り上がるなどは厳禁。基本的に出入り自由。帰るときは主催者に知らせに行かなくてもよいが、主催者との関係性から一言挨拶するなど臨機応変に対応する（立食パーティーのマナーはp310参照）

- やむを得ず遅れた場合、来賓が挨拶しているときは、会場内に入るのを遠慮する（主催者側であれば、出席者の行動を規制するようなことはしない）
- 立食パーティーなどで、終わる前に途中退場する場合は、その場の雰囲気を壊さないように気遣って帰る

パーティーは
非日常的な場ですが、
ビジネスの一環でも
あることを忘れずに

こんなときは？

Q. 改まった場で乾杯の挨拶を聞いているとき、グラスは持つor持たない、どちらがいいのでしょうか。また、会の進行役になった場合、気をつけることはありますか。

A. 乾杯をするために起立してグラスを手に持っても、乾杯の発声をする人が話をされる場合があります。「乾杯の前に少しご挨拶を……」とあれば、一度グラスを手にしても、いったんテーブルに置いて聞きましょう。グラスを持ったまま聞いていると、「早く話を切り上げなければ」と焦らせてしまうかもしれません。

司会を担当する場合は、あらかじめ乾杯の発声をする人と打ち合わせをしておきましょう。発声前に話をするという場合は、「乾杯のご発声の前に、まずはご挨拶をお願いします」などと添えて、着席のまま話を聞けるようにします。話し終えて、「では……」と乾杯にうつるタイミングで参加者にグラスを持って起立を促すといいでしょう。

結婚式のマナー

さまざまなお祝いの席でも、特に人生の門出である結婚式には気をつけたいマナーがあります。押さえておきましょう。

結婚披露宴の招待状を受け取ったら

結婚式や披露宴の招待状を受け取ったら、できるだけ早く返事をしましょう。返信の期日が遅めに設定されていても、**1週間以内に返信する**のがマナーです。とはいえ、もし欠席する場合、受け取って2、3日後などあまりにも早い返事は相手をがっかりさせてしまうかもしれません。調整しても都合がつかないことを伝えるためにも、1週間を目安にしましょう。また、どうしても当日の予定が立たない場合も、返事を先延ばしせずに、まずは電話やメールで伝え、はっきりしたら返信ハガキで改めて連絡しましょう。

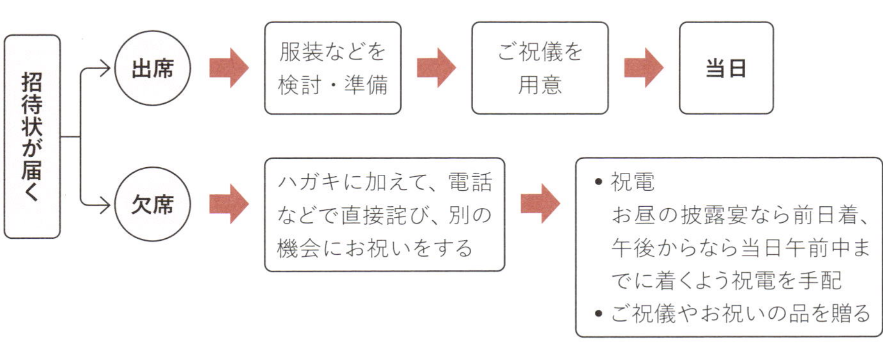

招待されていないときは「祝電」を送る

取引先の関係者の結婚式では、必ずしも招待を受けるとは限りません。この場合は、上司に確認を取ってから祝電を打つこともあります。電報サービスのウェブサイトなどから、早めに予約をしておくといいでしょう。**送り先は結婚式場で、宛名は新婦の場合、旧姓のまま送ります。**メッセージは定型文を使っても、アレンジして相手に合わせて考えてもOK。忌み言葉を使わないように注意しましょう（仕事関係の場合、個人で出席してもさらに会社として祝電を打つ場合もある）（送り方はp219参照）。

返信ハガキの書き方

返信ハガキの余白には、出欠にかかわらず、必ずお祝いの言葉と招待されたことへの感謝の言葉を書き添えるのがマナーです。出席の場合は、「このたびは大変おめでとうございます」「喜んで出席させていただきます」など、忌み言葉に十分注意して祝福の言葉をつづります。

「、」「。」といった句読点は、「途切れる」「終わる」につながるという意味から、格式を重んじる文書には使わないほうがよいとする考えがある。返信ハガキも、基本的に句読点は打たない（p218社交文書作成のポイント参照）。

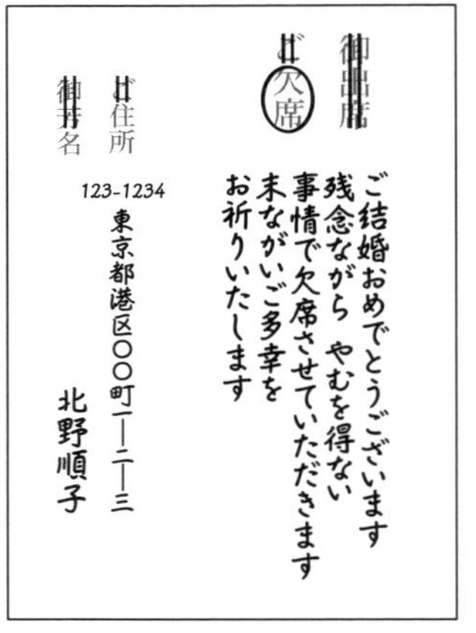

欠席（裏）

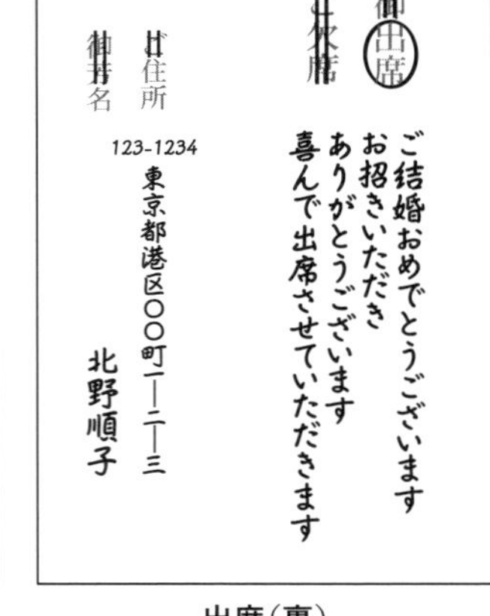

出席（裏）

- 文字を消す場合、縦書きは縦に、横書きは横に二重線を引く
- 宛名の「〇〇　〇〇行」となっている「行」を縦に二重線で消し、「様」
- 返信ハガキ裏面の「御出席」「御欠席」の該当しないほうを、二重線で消す
- 出席する場合　「御欠席」を二重線で消し、「御出席」「御住所」の「御」、「御芳名」の「御芳」を二重線で消す。「出席」は、丸で囲んでも、囲まなくてもよい
- 欠席する場合は、理由は簡単に「出張中」「所用のため」「やむを得ない事情で欠席させていただきます」などと書き、欠席理由は詳しく書かない

表

□ 忌み言葉はNG　祝電・スピーチで注意

別れを連想させる言葉	別れる　分かれる　切れる　切る　離れる　遠ざかる　壊れる　去る　出る　帰る　割れる　消える　など
不幸・不吉な言葉	死　苦しい　九（く）　四（し）　病む　失う　薄い　悲しむ　嫌う　など
繁栄しないイメージの言葉	途絶える　つぶれる　閉じる　最後　終わる　欠ける　流れる　滅びる　枯れる　はかない　など
再婚を連想させる言葉	重ね重ね　重ねて　重々　たびたび　再び　再度　返す返す　続いて　また　二度三度　再三　など

ご祝儀（お祝いの現金）を贈る

結婚式には、「新札」を用意します。**相場は相手との関係や地域性、年齢や会場、披露宴の形式などによって異なりますが、一般的に会社関係者は2万円～3万円が相場**になります。**お祝いを贈る側が30代以上であれば3万円を基準に。**出席する同僚と相談して、金額を統一しておいてもいいでしょう。

日本では昔から、割り切れる偶数は慶事には不適切とされ、お祝ごとには、「1、3、7」といった奇数が好まれてきました。しかし、偶数でも「8」は末広がりでおめでたいとされ、奇数でも「苦」をイメージさせる「9」は避けられる数字です。「死」が連想される「4」は絶対に避けます。

かつては敬遠されがちだった「2」は、現在ではペアを連想させる数字として、結婚式で使っても差し支えありません。しかし、風習を気にする人もいるため、2万円を包む場合は、「1万円札1枚と5千円札2枚」でお札の枚数を3枚にする方法があります。

招待を受けて欠席の場合は、相場の金額をめどに、半額から3分の1程度の金額のお祝い金を贈ります。直接手渡しできない場合は、ご祝儀袋に入れて式の1週間前までに現金書留で郵送します。**また同額程度の品物や新郎新婦に必要なものを購入してもらう意味で、商品券なども喜ばれます。**

会費制パーティーの場合

会費制の披露宴や二次会では、会費は受付で現金で直接支払うのが一般的。ご祝儀袋も不要です（会費額の確認が必要なため）。個人的に品物を贈りたい場合は、後日手渡すか郵送するのがよいでしょう。

結婚祝いの品を贈る

贈り物はできるだけ早く贈りましょう。持参するときは吉日（大安・友引）の午前中を選びます。

お祝いで同じ品が重なる場合があるので、相手に希望の品を聞ける場合は、その品を贈るとよいでしょう。

□ **結婚式のお祝い金の相場**（ご祝儀袋の包み方はp298参照）

家族や親族	5万円	7万円	8万円	10万円
経営者から従業員	3万円	5万円		
会社関係者・友人など	2万円	3万円		

パーティーの正装・略式の服装

お祝いの席では、その気持ちを華やかな装いで表現します。招待客としてではなく、主催者側、主役、主賓、親族の立場になることも踏まえ、慶事における服装を知っておきましょう。

招待状に服装の指定がないときは、会場の格や開始時刻などによって決めます。

	男性	女性
正装	午前・昼はモーニング 日没後・夜間はタキシード	洋服の場合：イブニングドレス 和装の場合：未婚者は振袖 既婚者は留袖
略式	ブラックスーツ・ダークスーツ	スーツやワンピース

「平服でおこしください」と書いてある場合は？

平服とは、「正装でなくてもかまいません」という意味。基本的に略礼装のことで、**普段着のことではないので要注意**。取引先の祝賀会などは、スーツが一般的です。結婚式や披露宴の招待状に書かれているときは、男女それぞれ「略礼装」の基本を押さえて出席します。平服と書かれていない場合も、親族や主賓として出席する場合を除けば、略礼装で問題ありません。

結婚式・披露宴の装い

新郎新婦の引き立て役に徹する

披露宴は公式な式典とは違い、新郎新婦の個人的なパーティーなので、友人、知人としての参加であれば、略礼装を基本としましょう。**基本的に白系統の服装はマナー違反です。白は新郎新婦の色だからです。**殺生をイメージさせる毛皮や革製品も避けましょう。男女ともに、ヘアスタイルにも気をくばり、女性はメイクも普段より華やかに。

□ 男性の略礼装

ゲストの男性の略礼装とは、ブラックスーツのこと。ダークスーツでチャコールグレーや濃紺のスーツなどでもよい。

シャツ
シャツは白が基本
白のスタンダートか、ウィングカラー（立襟）のシャツ。

ネクタイ
白かシルバーグレーのネクタイが基本。アスコットタイをウィングカラーのシャツに組み合わせても華やかさをプラスできる。

ポケットチーフ
ネクタイの色に合わせて、白やシルバーのものを選ぶ。

小物にも気を配る
靴は革靴が基本だが、クロコダイルなどの爬虫類の革はNG。多少光沢があってもOK。時計はカジュアルなものでなければOK。

□ 女性の略礼装

式のスタイル（ホテル、結婚式場、ガーデンなど）によるが、女性は昼と夜ではドレスコードが異なる。

新婦より目立つのは厳禁。「喪」をイメージさせる黒一色のドレスもNG。黒ドレスでも、素材や光沢感をポイントに選び、明るい色の羽織りものやアクセサリー・コサージュなど小物で華やかさをプラスするとよい。ファー素材、黒のストッキングやタイツも避ける。

昼

メイク・ヘアスタイル

当日の装いや会場の雰囲気に合わせて、普段よりも華やかに。華やかに着飾ることは、お祝いの気持ちの表れでもある。

アクセサリー

昼間の披露宴なら、パールやコサージュなど光らないアクセサリー。

服装

昼は光らない素材を用いた露出が少ないエレガントなスーツやワンピースが定番

足元

生足につま先やかかとが出るミュールやブーツはフォーマルな場にふさわしくない。基本はストッキングにパンプスでヒールが3センチ以上あるものを選ぶ。

小物は革がNG

荷物がたくさん入った大きなバッグはクロークに預ける。小さめの華やかなパーティーバッグが基本。ビニール素材や殺生を連想させる革製はNG。布製のもので、ビーズや刺繍などがあしらわれた華やかなものがおすすめ。

夜

夜はイブニングドレスに光るアクセサリーで華やかさを演出してもよい。

和装

和装も新婦より目立たないことに注意し、派手な柄は控える。未婚者の正装は振袖だが、訪問着でもOK。

3 通夜・葬儀のマナー

弔事の基本知識と心得

弔事とは（通夜・葬儀・告別式）

弔事は「通夜」、「葬儀」、「告別式」の順で行われ、仏式や神式では葬儀の後すぐに告別式が行われます。基本知識は身につけておきましょう。

通夜

通夜とは、死者を葬る前に家族や親戚、知人がひつぎの側で終夜過ごし、故人に付き添うことを言います。しかし、現在はこのようなしきたりは薄れ、**午後6時、7時頃から始まり、2時間程度で終了する半通夜が一般的です。**

また本来、通夜に参列した場合は葬儀・告別式にも参列するのが作法ですが、仕事の都合などで通夜だけで済ませる人も多くなっています。故人と懇意にしていた場合は、通夜だけでなく、葬儀・告別式にも参列することになりますが、その場合、香典は通夜に届けることになるのでそれまでに準備しておくようにします。

葬儀・告別式

葬儀は、遺族や親戚などが集まって故人の冥福を祈るための儀式です。仏式の場合は僧侶の読経や遺族、親戚の焼香が行われます。

告別式は故人と縁のあった人たちが最後の別れを惜しむ儀式です。会葬者は順次祭壇の前に進み出て礼拝を行いますが、仏式の場合、案内に従って前の方から順次焼香していきます。神式の場合は「玉串奉奠（たまぐしほうてん）」キリスト教式の場合は「献花」を行って礼拝します。会葬者の礼拝が済むと、告別式は終了となり、その後、出棺（しゅっかん）して霊（れい）きゅう車でひつぎを火葬場に運ぶことになります。

一般会葬者は告別式が終了したら帰ってかまいませんが、出棺してひつぎを霊きゅう車に納め、喪主または親族代表者が最後の挨拶をするまでは、できるだけいるようにし、故人とのお別れをして見送りましょう。

訃報（ふほう）（人が亡くなったときの知らせ）を受けたら

弔事は突然訪れます。不幸があった上司や同僚、取引先などから電話で訃報を受けたときは、**まずはお悔やみの言葉を述べましょう。**すぐ上司に知らせ、どのように対応するか指示を受けることになります。細かい情報の収集や香典の手配など、しなければならないこともあります。また、上司や同僚の家族の弔事や社葬についても基本的な心得を身につけておく必要があります。

悲しみのセレモニーだからこそ、冠婚葬祭のなかでも、最も繊細で思いやりのある行動が求められます。

訃報を受けて確認すること

新聞やテレビあるいは関係者から訃報の情報を知ったら、**必要な情報を確認します。**仕事関係者の場合は、所属企業から通夜や葬儀の場所や日時など詳しい情報がまとめられて関係各所に通知されることがほとんどです。通知内容をまずは上司と総務に報告します。情報をもとに上司と相談し、必ず会社の対応に従います。

逝去（せいきょ）の日時　逝去の経緯と死因

- 関係者に連絡する場合などの基本事項として知っておく必要がある。訃報の通知には、一般的に逝去の日時が記載されている。また、「長年闘病の末」「急病のため」など経緯、死因も記載されている場合がある。詳しく書かれていないことを、深く聞いたりするのは控える
- 弔辞（ちょうじ）を頼まれた場合は、立ち入らない範囲で経過などを聞くこともある

喪主（もしゅ）に関する情報

- 弔電（ちょうでん）は喪主宛てに打つので、故人と喪主との関係、氏名、住所、電話番号などを確認しておく

通夜、葬儀・告別式の日時と場所

- 「いつ」「どこで」執り行われるのかを確認し、交通手段や所要時間などを調べておく

葬儀の形式・宗教など

- 宗教によって儀式の執行の仕方や礼拝の作法、香典の表書きも異なってくるので必ず確認しておく。また、無宗教の場合は、どのような形式で執り行れるのか概略を聞いておく

慶弔規定など、社内資料の確認

- 慶弔に関する決め事や前例などを調べて、上司の判断材料にしてもらう

訃報を受けた後の対応

関係者への連絡

社外の仕事関係者の訃報は、社内の関係者に連絡します。自社の社員やその家族の訃報を連絡する場合は、関係先とのつき合いの深さや個人の社会的地位、業界での立場によって判断が異なります。「身内だけの家族葬にしたいので参列はご遠慮ください」など、故人や遺族側の事情、意向は最優先にし、その旨も重要な連絡事項です。

供花（きょうか）・供物（くもつ）の準備

供花や供物を贈るかどうかは、上司に相談して決めます。供花や供物は祭壇に供えるものです。**贈る場合は、通夜や葬儀の前日までに届くようにしますが、一切断るケースも少なくありません。**その場合は通知文に記載してある場合もありますが、葬儀会場に問い合わせて確認を取ります。また**宗教によっては供えるものが異なるので注意します。**供花、供物の手配は、会場の葬儀社に依頼することも。

- 仏式では生花、花輪、果物、菓子、茶など
- 神式では生花、酒、魚、榊、果物など
- キリスト教式では白系統の生花など

弔電の手配（送り方は p219 参照）

参列できないときは、弔電を打ちます。**通夜開始の3時間前まで、または葬儀の前日までに喪主宛てで会場に到着するよう手配します。**個人として参列できる場合でも、会社としては打つ場合も多いので、故人との関係性をみて対応します。電報の文章は凝ったものにする必要はありません。喪主の名前がわからないときには、故人のフルネームを書き、次のようにします。

- ○○○○様　ご遺族様
- ○○○○様　遺族ご一同様

◆先方の父親が亡くなった場合の一般的な電文例

例）「ご尊父様のご逝去を悼み、謹んでお悔やみ申し上げます」

□ 弔電で用いる敬称

喪主との関係	故人の敬称（読み）
実父	ご尊父（そんぷ）様
実母	ご母堂（ぼどう）様
妻の父	ご岳父（がくふ）様
妻の母	ご岳母（がくぼ）様
配偶者	ご主人様／ご令室様
兄弟	ご令兄（れいけい）様／ ご令弟（れいてい）様
姉妹	ご令姉（れいし）様／ ご令妹（れいまい）様
息子	ご子息様
娘	ご令嬢様

香典の手配と表書き（種類と書き方は p299 参照）

職場の上司や同僚の家族が亡くなったときは、**部署単位で香典を包み、代表者が葬儀に出席する**のが一般的です。しかし、懇意にしている同僚など、相手との関係性から、個人で香典を包み通夜や告別式に出席することもあるでしょう。個人的に参列したくても出張中などで参列できないときは、参列する人に香典を託したり、現金書留で送る方法もあります(p240参照)。

香典などの現金を供えるときの表書きは、宗教によって異なるので注意します。

宗教の形式が不明な場合は、どの宗教にも共通する「御霊前」。通夜あるいは葬儀・告別式に行く前に用意しておきましょう。また、仕事関係者であれば、名前だけでなく、会社名も書きます。

□ 香典の相場

地域や関係性によって異なる相場だが、およその目安は次のとおり。

友人・同僚・上司・取引先関係　5千～1万円

友人・同僚・上司の家族　3千～5千円

香典は、あらかじめ不幸を予測していたようにも受け取られるという理由から、新札は避け、使った痕跡がある程度のお札を用意しましょう。どうしても真新しいお札しかない場合は、折り目をつけてから入れます。

□ 宗教による礼拝のマナー

仏式の「焼香」、神式の「玉串奉奠」、キリスト教式の「献花」の仕方を心得ておきましょう。各宗派によるお別れの作法です。

焼香（仏式）

仏式では、会葬者は焼香を行います。その手順は以下のとおりです。

❶ 焼香台の近くまで進み、遺族に一礼する
❷ 焼香台の前に来たら祭壇に向かって一礼する
❸ 右手の親指と人さし指、中指の3本で抹香をつまみ、やや頭を下げて目の高さに押しいただいたあと、香炉にくべる
❹ 遺影に合掌して一礼する
❺ 遺族のほうを向き一礼して席に戻る

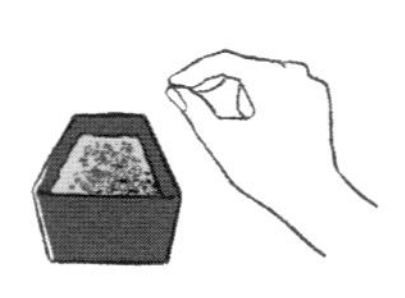

玉串奉奠（神式）

神式では玉串を捧げ、二礼二拍手一礼しますが、二拍手は音を立てません（しのび手）。神官から玉串を受け取る前に遺族と神官に一礼します。

神官から玉串を受け取る。左手で葉先側、右手で茎を持ち、玉串を捧げる台まで進む

❷

玉串の葉先側を神前に向ける（茎が手前になる）

❸

左手で根元、右手で葉先側を持つように持ち替える

❹

時計回りに180度回転させ、葉先が手前に来るようにして台に置く

❺ 二礼二拍手（二拍手は音を立てない）一礼する
❻ 遺族と神官に一礼して席へ戻る

献花（キリスト教式）

花は係の人から渡されます。

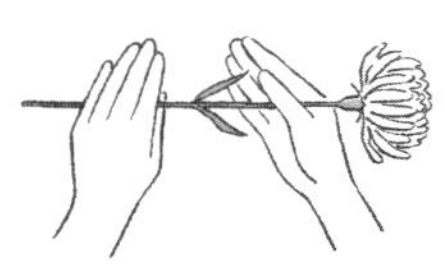
左が茎、右に花が来るように受け取る

❷
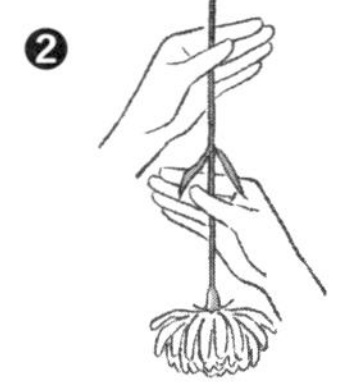
花が手前に来るように右回りに90度回転させる

❸
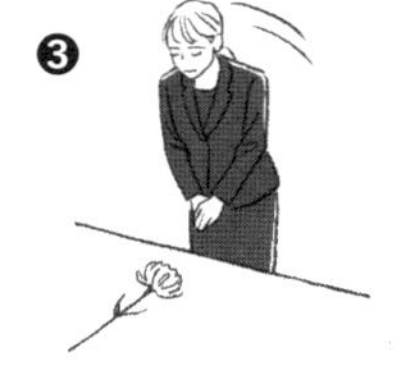
そのまま献花台に置き、一礼して席に戻る

参列するときの心得

受付での挨拶

受付では、**「このたびはご愁傷さまでございます」**などと挨拶する。**「お悔やみ申し上げます」「ご冥福をお祈りいたします」**などでもよい。

キリスト教では、人は亡くなると神のもとに召されると考えられているため、悲しい気持ちからくるお悔やみの言葉ではなく、**「安らかなお眠りをお祈り申し上げます」**など。

香典を渡すときのマナーと手順

不祝儀袋は汚れないように袱紗に包んで持って行く（挟み袱紗でも可）。

①袱紗から不祝儀袋を取り出し、袱紗をたたむ。

②不祝儀袋が相手側に正しく向くようにして両手で差し出し、「御霊前にお供えください」と言葉を添える。

会葬者芳名録の記入の仕方

香典を渡してから記帳するのがマナー。個人で参列する場合は自分の名前を。上司の代理で参列する場合は、上司の名前を書き、その下にやや小さく、代理という意味で（代）と書く。または上司の名前の左下に小さめに「代　○○○○」と代理人の名前を書く。預かった上司の名刺の左上に「弔」、代理人の名刺の左上に「代」とそれぞれ書き、香典と一緒に受付で渡すとよい。

式場で顔見知りの人に会ったときの対応

- 目礼するか、軽く会釈をする程度にとどめる
- 取引先の人に「いつもお世話になっております」などと挨拶したり、個人的な会話をしてはいけない
- 故人を見送る厳粛な場であることを心得て、ふさわしい立ち居振る舞いを

弔事のマナー

通夜に参列するときの服装

本来喪服は、近親者が喪に服していることを表すものなので、通夜であれば弔意を表す暗い色調のものでよいとされています。通夜では「急いで駆けつけた」ということで地味な平服でもかまいませんが、男性はできるだけ黒系統の地味なスーツを着用し、ネクタイと靴、靴下は必ず黒にします。スニーカーソックスなど素肌が見える短い靴下はNG。女性は地味な無地のワンピースか黒やグレーのスーツ。最近は亡くなった当日に通夜が行われることが少なくなったため、喪服着用での参列も多いのが現状です。

葬儀・告別式に参列するときの服装

葬儀・告別式では、喪服、黒のスーツが一般的です。通夜同様、ネクタイと靴、靴下は必ず黒にします。素肌が見える短い靴下はNG。女性は黒のスーツか喪服。葬式や法事、墓参りのときに手にする仏具である数珠を持参します。

通夜、葬儀・告別式共通

女性

- メイクは控えめにし、香水はつけないようにする
- 髪をまとめるなら低い位置に。毛先がパサパサと遊ばないように
- アクセサリーは結婚指輪と一連の真珠のネックレス以外は身につけない(二連ネックレスは、不幸が重なる意味で避ける)
- コートを着用する場合は、黒か地味な色のシンプルなものを。ファーやムートンは殺生を表しNG
- 靴やハンドバッグは黒で、飾りや金具なしで光沢がないものにする。高すぎるヒールは厳禁
- ストッキングは黒。黒のタイツや網タイツ、素足はNG

□ 弔事に関する用語

ともびき 友引	六曜の一つ。「友を引く」と言われ、葬式などはしないほうがよいとされる日
みっそう 密葬	遺族や親戚など身内の者だけで内々に行う葬儀のこと
かいそう 会葬者	葬儀に参列する人のこと
こじん 故人	亡くなった人のこと
せいきょ 逝去	人が亡くなること
きょうねん 享年	死亡したときの年齢
もしょう 喪章	人の死を悲しむ気持ちを表現するためにつける黒いリボンや布
ちょうもん 弔問	遺族を訪問して悔やみを言うこと
ちょうじ 弔辞	故人を惜しんで葬儀のときに述べる悔やみの言葉
ふくも 服喪	喪に服すること（死者の親族がある一定期間、公的な交際を避けたり派手な振る舞いを慎むこと）
もちゅう 喪中	喪に服す期間のこと。期間は宗教によって異なり、仏教の場合は四十九日
もしゅ 喪主	葬儀を執り行う名義人
ほうよう 法要	故人の冥福を祈るための行事
めいふく 冥福	死後の幸福
おふせ 御布施	葬儀や法事などで僧侶に渡す金品のこと。その表書き
こうでん 香典	本来は仏式で使う用語で、仏前に香や花を供える代わりの金銭のことだが、現在では宗教に関係なく、霊前に捧げる金銭のことを一般的に香典と言う
こうでんがえ 香典返し	もらった香典に対して、返礼の品物を贈ること
きあ 忌明け	服喪の期間が終了すること
きびき 忌引	近親者の死去により学校や勤務先を休むこと。また、そのために認められた休暇のこと
しょなのか 初七日	死後７日目のこと。またはそのときに執り行う法事のこと
かいき 回忌	年ごとの命日のことで満１年目は一周忌、満２年目は三回忌。故人を供養するための法要が営まれる。以下、七回忌（満６年目）、十三回忌（満12年目）、十七回忌（満16年目）などがある

日本特有のマナーを知ろう

贈答のしきたりとマナー

贈答の基本知識

ビジネスの場では、お世話になっている取引先へのお中元やお歳暮など、恒例となっている贈答の他、取引先の慶事や関係者の個人的な祝い事などで贈答の手配をすることもあります。いざというときに困らないよう、基本的な知識やマナーを心得ておきましょう。

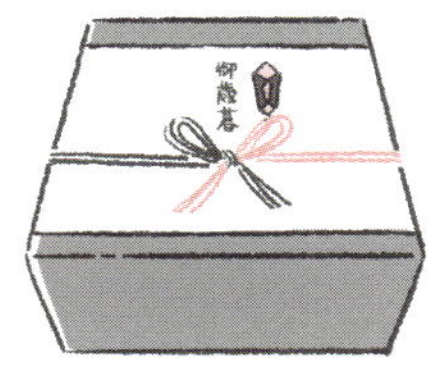

年賀を贈る

年賀は、**正式には年始まわりの挨拶として、正月三が日（1月1〜3日）に手土産として持参する**のが礼儀。

企業は一般的に正月休みに入っているため、三が日に行けない場合は、**遅くとも松の内（1月1〜7日）の7日までに**は済ませる。

品物を選ぶ際は、贈る趣旨や予算などを考慮して先方に喜ばれるものを選定できるように心配りをしなければなりません。

また、贈答品を受け取ったら上司に報告し、礼状を書きます。必要であればお返しの手配もします。

贈答にはタイミングが必要です。慶事・弔事とも時機を逃すと、間が抜けたものになり失礼になることも。また、季節の贈答は昔からのしきたりとして、贈る期間が決まっているのでそれまでに贈るのがマナーです。

お中元・お歳暮を贈る

中元や歳暮は毎年決まった時期に**日頃お世話になっている人や組織に贈る恒例の贈答品。**しかし、毎回同じ人、同じ会社宛てに同じ品物を贈るとは限らない。贈答品の手配を指示されたときは以下のことに留意する。

- 以前に贈った記録を調べて参考にする
- 上司に予算を確認しておく。相手により予算が異なることや、毎年同じ金額とは限らない
- 贈る相手の好みや事情（病気をしたなど）がわかれば選びやすい
- 特殊なものは避け、一般的なものを選ぶようにする。特殊なものは、相手の好みに合わなかった場合は、かえって迷惑になるが、一般的なものなら家族や知人などにおすそ分けすることもできる
- 相手の地位や年齢、組織の社員構成などを考慮し、ふさわしい品物を選ぶ
- 品物を送るときは添え状を付けるか、別に送り状を出すと丁寧

□ お中元

- 地域によって異なるが一般的には7月15日までに贈る。古代の中国では旧暦の7月15日を中元としていたことから、この時期にやり取りする贈り物を中元と言うようになった
- 7月15日を過ぎたら立秋（8月8日頃）までは「暑中御見舞」として贈り、立秋を過ぎたら「残暑御見舞」とする
- ビールやジュース類、水羊羹やゼリーのなど涼感のある菓子、そうめんがよく贈られる

□ お歳暮

- 12月初旬から12月20日頃までに届ける。20日を過ぎても年内であればよいとされるが、年末の慌ただしい時期は避ける（その時期を逃したら「御年賀」あるいは「寒中御見舞」として贈る）
- 一般的にお中元よりも重視されるので、お中元を贈った場合はそれよりも金額的に高い品を贈るのがよい
- 品物としては、酒類や缶詰類、正月用食材（ハムなど）がよく贈られる

check

お中元やお歳暮を個人に贈る場合、相手が喪中であっても贈ります。ただし、お中元やお歳暮の期間が四十九日の喪中にかかる場合は、時期をずらしてそれぞれ「暑中御見舞」、「寒中御見舞」として贈ります。喪中の個人には「年賀」として贈れないので注意しましょう。少し気がひける場合には、お祝いの印象が強い赤と白の水引をかけないなどの配慮をします。
仕事関連で組織に贈る場合、受け取った側は返礼する必要はありません。しかし、個人間では返礼するのが一般的。

breaktime

「見舞う」という言葉には「上位の者が下位の者を気遣う」というようなニュアンスがあります。その点を配慮し、暑中御見舞を「暑中御伺(おうかがい)」、寒中御見舞を「寒中御伺」として贈る場合もあります。しかし、一般的には「御見舞」が使用されているため、失礼にはなりません。

現場の声

勤務先では、お中元やお歳暮で頂いた品を会社の備品として使うことになっている。ところが、新入社員がお中元のコーヒーセットを勝手に持ち帰ってしまった。会社のもの=自分のものという意識だったらしい。先輩社員に叱られていたが、なぜ叱られるのか理解できなかったようだ。新入社員教育といっても、どこから何を教えていいのか悩む。

（管理職　40代）

人生の節目に祝福を！　相手に「喜ばれる物」を贈る

人生のあらゆる節目にお祝いのシーンがあります。出産、入学、卒業、就職、結婚記念日などプライベートなことでお祝い事の情報を得たら、祝福の言葉を贈りましょう。

贈り物をするときもお祝いの言葉を添え、素直に表現することでコミュニケーションは円滑にまわっていきます（結婚はp277参照）。

また、自分が「贈りたい物」ではなく、「何を贈ったら喜ばれるか」の視点を持ち、親しい間柄であれば直接聞いてもいいでしょう。

お祝い事	贈る時期	品物選びのポイント
出産	知らせを受けてから1ヶ月以内に	大きめのベビー服やおもちゃ、おむつなど。現金や商品券も喜ばれる。
新築	新築完成後1ヶ月以内に	キャンドル、灰皿、赤一色の物など火事を連想させる物はNG。インテリア用品は好みがあるので、相手に確認を。
開店・開業	開店・開業の前日か当日	お店や事務所に飾って見栄えのする観葉植物や鉢植えの花に、「祝御開店（開業）」の立て札を立てて贈るのが一般的。花輪やインテリア雑貨なども。開店開業日に持参するなら、花束やワインなども。

＊友人や仕事関係者は、金額で５千円から１万円程が相場。相手との関係性で臨機応変に。

こんなときは？

Q. **アルバイト先の女性店長からバレンタインデーに、「いつもお世話になっているから」とチョコレートを頂きました。「お礼は、いらないからね！」と言われ、本当にしませんでしたが、ホワイトデーに何かお返ししたほうがよかったのでしょうか（男子大学生）。**

A. 人生の節目には、お祝いなどで金品を頂き、それに対して「内祝い」としてお返しをします。バレンタインデーなら、ホワイトデーにお返しをするのが一般的ですが、あえて「いらない」と言われたのは、アルバイト学生に余計なお金を使わせたくないという気遣いがうかがえます。しかし、アルバイトを続けるにあたって、こちらこそお世話になっているという気持ちを、ホワイトデーという機会を使ってお返ししたほうがよかったでしょう。時機を逃しても、「ホワイトデーのお返しもできなかったので」など一言添えて旅行のお土産を渡すなどの気配りが、今後社会人になったときに生きてくるでしょう。

出産祝いなどで
悩んだら、
カタログギフトという
選択肢もあります。

病気・災害・陣中見舞いなど

見舞いの知識

病気見舞い

知人や職場・仕事関係者が入院して病気見舞いに行くときは、**相手の容態を第一に考えます。病状や精神状態などを考慮して、負担にならないタイミングを選びましょう。**弱っている姿を周囲に見られたくない人もいます。会いたがっていない相手に強引に会いに行くのは、お見舞いとは言えません。**本人や家族に様子を伺い、本人が見舞いを許可、また来てほしいと願っている場合に限り**、訪ねるようにします。弱っているからこそ、気配りは不可欠です。伺うタイミングのほか、持参するお見舞いの品や身だしなみなど、以下のようなことに留意します。

- **入院した直後、手術の前後は行かない。立て続けにお見舞いに行くのも迷惑**
- **病院で指定された面会時間内でも、食事時間内は避ける**

見舞う際のマナー

病名や病状について詳しく聞かない

相手のことが気がかりであっても、本人が話したくない場合もある。また、「やつれた」「弱った」など、相手の見た目について話をするのもNG。医者が本当の病名を告げていない場合もある。

他の病人の話や不幸な話はしない

他人のことであっても、病気の話や不幸な話を聞くと、病人は自分に置き換えて悲観的になるため、本人にショックを与えるようなことは言わないように気をつける。「もっと大変な人もいるのだから」など、励ます意図があっても不適切。

職場の人を見舞う場合は、必要以上に仕事の話をしない

責任を感じさせないように配慮。

長居はしない

相手が希望すれば別だが、そうでない場合は、長くても30分以内にとどめる。

大勢で押しかけない

職場の同僚などと誘い合って大勢で見舞うのは避ける。

同室の患者にも配慮する

同室の人がいる場合、静養の邪魔をしない。患者本人や付き添いの家族などにも挨拶する。お見舞いへの嫉妬や騒音でトラブルになることも。

見舞うときの服装

服装は清潔感を心がけ、気持ちが穏やかになるような淡い色のものを選ぶ。赤や青など気分を高揚させる強い原色は避ける。香水をつけるのもNG。

見舞いの品を贈る際の留意点

現金や果物、菓子類、花（水換えの必要ないアレンジメントがおすすめ）などが一般的。食べ物は治療上制限されていることがあるので、確認をしておくとよい。

□ 花を贈る際の注意点

- 鉢植えの花は避けるのが常識。鉢植えから連想される「根付く」という言葉が「寝付く」に通じるとして不適当
- シクラメンは、「死」「苦」が入っているためよくない
- 切り花の数も、4本、9本は「死」、「苦」を連想させるのでよくない
- 椿の花は、花が落ちるときの様子が「命を落とす」、散りやすい花は、「命が散っていく」ことを連想させるため縁起が悪い
- あじさいは、色があせることから「精彩に欠ける」ので不吉とされる
- 菊は、「葬儀の花」なので縁起が悪い
- 香りの強い花（ユリなど）は、臭いや花粉で不快な思いをさせないために控える
- 「血」を連想させる深紅の花は避ける

現金を贈る場合の注意点（贈り方はp298参照）

相手が目上の人の場合、本来であれば現金を贈るのは失礼にあたる。しかし、入院中は何かと入り用なので、相手によっては現金を包んでも喜ばれる。「何がよいかと迷いましたが、お見舞いの品の代わりに」といった言葉や手紙を添えて渡すと相手も受け取りやすく、角も立たない。ただし、お見舞い金も「4（死）」や「9（苦）」の数字は避け、紙幣の枚数がこれらの数字にならないよう配慮も必要。

その他の見舞いの品

実用品

長期入院の場合は入院生活に役立つタオルなどの実用品が喜ばれる。気持ちが安らぐように、淡い色のものを選ぶ。

本・雑誌

入院生活が快適になるように、相手の趣味に合わせた本や雑誌などを。親しい間柄なら、事前にリクエストを聞くのもよい。

□ 病気見舞い金の相場

- 親へのお見舞い金……1万～5万円程度
- 子どもへのお見舞い金……1万～5万円程度
- 兄弟姉妹や親戚へのお見舞い金……5千～1万円程度
- 友人や知人へのお見舞い金……3千～5千円程度
- 会社関係の人へのお見舞い金……3千～1万円程度

check

お見舞いへのお返し

退院後は、お見舞いを頂いた方に「快気内祝」として品物を贈ります。頂いたお見舞いの3分の1～半分程度の金額の品を返します。

災害見舞い

関係者が地震、風水害、火災などで被害を受けたことがわかったら、災害見舞いをします。**災害見舞いは早ければ早いほどよいでしょう。**

その際、本人に直接、安否確認はしません。災害時は電話やメールがつながりにくくなっているので、連絡が殺到すると、相手の負担が増すだけです。安全確認は第三者を介して行うほうがいいでしょう。

支援やお見舞いは、相手が必要としているものを選びます。現金が必要か、薬や生活用品が必要かは、災害状況によって変わってきます。相手が今すぐに必要としているものだけを確実に届く方法で送ることを心がけます。

いきなり現地へは行かないようにします。災害時には、被災地に赴く人を受け入れる態勢が整っていないことのほうが多いので、落ち着くまでは状況把握に努めます。

お見舞い金を贈る場合

お見舞い金の場合、水引はいりません。白い封筒か、左に縦赤線が入った「お見舞袋」に入れます。表書きは「御見舞」のほか、「震災御見舞」「火災御見舞」「類焼御見舞」「近火御見舞」など。

類焼（るいしょう）御見舞

出火元の火によって延焼した家主に贈る

近火（きんか）御見舞

延焼を免れた家主に贈る。感じた恐怖や不安に対して見舞う

外袋には毛筆か筆ペンで「御見舞」と書きましょう。新札のほうがわざわざ用意してくれたその気持ちが相手に伝わり、よい印象を与えます。

□ 災害見舞い金の相場

- 親や子どもへのお見舞い金……3万～10万円程度
- 兄弟姉妹や親戚へのお見舞い金……1万～5万円程度
- 友人や知人へのお見舞い金……1万～3万円程度
- 会社関係の人へのお見舞い金……1万～5万円程度

御見舞

小林 みどり

陣中見舞い

陣中見舞いは、大きな仕事を抱えている慌ただしいオフィスなど、たくさんの人が集まる場所へ、関係者を元気づけるために訪れたり、金品を贈ることです。「お見舞い」という言葉を使っていますが、実際には「激励」と言っていいでしょう。お見舞い金を渡すときも、紅白の蝶結びのついたご祝儀袋を使います。表書きは「陣中御見舞」「祈御健闘」など。

- 競技大会へ向けて合宿したり、イベントを開催している場合、合宿所や事務所などに陣中見舞いを贈る
- 激励や景気づけのための贈り物なので、品物としては場を鼓舞する酒やビールの他、多くの人が気軽に飲食できる清涼飲料水や菓子類がよい

こんなお見舞いも
「楽屋見舞い」

関係者がリサイタルや発表会などを催す場合は、楽屋見舞いを贈ります。華やかな場なので、花などが好まれ、表書きは「楽屋御見舞」「御祝」などとします。

適切な種類を確認

祝儀袋・不祝儀袋の選び方と水引の種類

用途と水引の種類

現金を包む祝儀袋や不祝儀袋は以下のように用途によって適切なものを選びます。豪華なものから簡素なものまでありますが、包む金額に見合ったものを選ぶようにしましょう。現代では、デザイン性のある水引も多いため、金額や贈る相手との関係によって選ぶ必要があります。

用途	水引の種類
結婚祝い	紅白、金銀、金色、金赤の結び切り
弔事用	白黒、黒、銀色、銀白の結び切り
一般の慶事・陣中見舞い・楽屋見舞いなど	紅白のちょう結び
災害・病気見舞いなど	水引はない。表書きだけにする

水引の結び方の違い「ちょう結び」と「結び切り」

結び方には「ちょう結び」と「結び切り」の2種類があります。選び間違えると、失礼にあたるので違いを押さえておきましょう。

ちょう結び

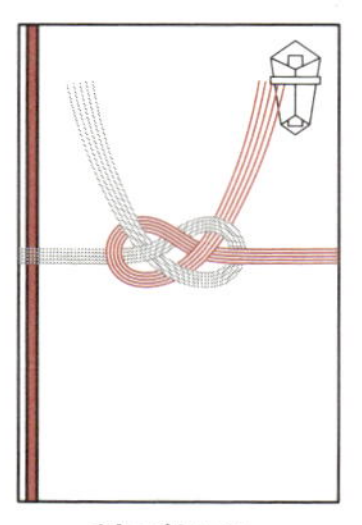

結び切り

ちょう結び

1度ほどいても何度も結べることから、その事が何度も繰り返されるようにという願いを込めて、**結婚以外のお祝いや餞別、一般の進物に使う。**

結び切り

1度結ぶとほどけない結び方で、縁がほどけない、2度と繰り返すことがないようにという願いを込めて、**結婚、弔事に使う。**

表書きの種類

	表書き	用　途
慶事	御祝、〇〇御祝、祝〇〇	新築、開店、栄転、就任など一般慶事
	寿	結婚、出産、賀寿などの祝いとそのお返し
	内祝	家内の慶事、慶事のお返し
	快気祝、快気内祝、全快祝	病気見舞いのお返し
	御祝儀	祝い事での心付け
弔事	御霊前、御香典、御香料	仏式の葬儀、告別式、法要。ただし、一般的に御霊前は四十九日の法要まで　その後は御仏前
	御仏前	法要（一周忌、三回忌など）
	御霊前、御神前、御玉串料 御榊料	神式の葬儀、告別式、御霊祭
	御霊前、御花料	キリスト教式の葬儀、追悼式、記念式
	＊宗教を問わない表書きは「御霊前」。ただし、浄土真宗では亡くなってすぐに仏様になるということで「御仏前」	
	志	宗教を問わない香典返し
	御布施	葬儀や法要で、お寺や僧侶へのお礼

一般の慶事
ちょう結び

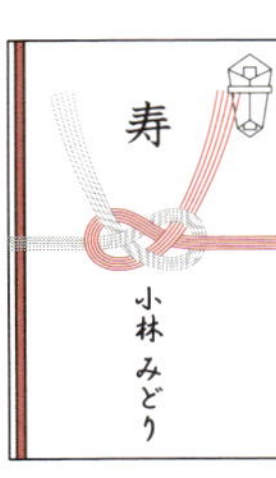

結婚祝い
結び切り

弔事
結び切り

現場の声

初めて友達の結婚式に出席するため、ご祝儀袋を買いに行くと、あまりにもいろいろなデザインがありすぎて驚いた。お祝いとして2万円を包んだが、豪華な袋のほうがいいと思い、鶴と亀の水引が付いた大きな袋を選んだ。後になって、それは5万円から10万円の高額な金額を贈るものだったことを知り、恥ずかしい思いをした。

（大学生　20代）

	表書き	用　途
その他	謝礼、薄謝、御礼	一般の御礼
	寸志	目下の人への謝礼
	御見舞、祈御全快	病気、けが、入院のお見舞い
	○○御見舞	災害見舞い（○○に「震災」、「火災」などと書く）
	記念品、御餞別	転勤や送別など
	粗品	訪問のときの手土産、景品
	御奉納、御祝儀	祭礼などへの寄付
	御酒肴料	酒肴の代わりに現金を贈るとき
	金一封	賞金や寄付
	陣中御見舞	運動選手の合宿やイベント準備作業中の人に贈るとき
	楽屋御見舞	趣味の発表会　コンサートへの差し入れ
	暑中御見舞	お中元が遅くなったとき（立秋（8月8日）まで）
	残暑御見舞	立秋以降に贈るとき
	御年賀	年始挨拶の品
	寒中御見舞	松の内を過ぎた1月8日から立春（2月4日）までに贈るとき

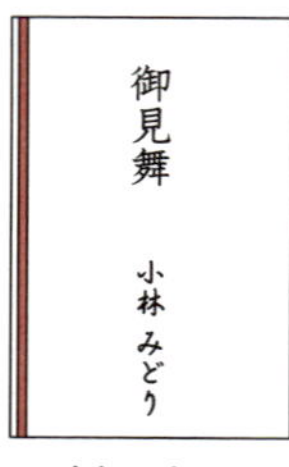

病気見舞い
災害見舞い

陣中見舞い
ちょう結び

祝儀袋・不祝儀袋の決まり事

慶事の場合は、新札を用意する　香典に新札はタブー

ご祝儀には新札を用意するが、反対に香典に新札はタブーとされる。真新しいと、準備していたという印象を与えるため。折りあとがないお札は、折り目をつけて使った形跡を。使いふるしのお札も失礼。祝儀袋・不祝儀袋についている中袋（中包み）に入れる。

中袋へのお金の入れ方　紙幣は向きを揃える、封はしない

祝儀袋…紙幣の肖像画（顔）を上にして、中袋の表に紙幣の顔がくるように入れる。

不祝儀袋…中袋の表に紙幣の裏側がくるように（加えて紙幣の顔は下にくるように入れる場合も）入れるのが慣例だが、お金の入れ方に厳密な決まりはないとされる。

10000

金参萬円也

筆・ペンの選び方

表書き、中袋の文字は、毛筆か筆ペンで。慶事の場合は濃い墨で。弔事の場合はお通夜や告別式は薄墨で書く。法要の場合は濃い墨でも問題ない。中袋も毛筆が望ましいが、黒いペンでもOK。

記名の仕方

水引の下の中央に氏名を書く。連名のときには上位の人を右から順に書く。ただし連名は3名までに。4名以上の連名の場合は、代表者氏名を中央に書き、左横に小さく「他一同（外一同）」と下段を揃えて書く。会社名や部署で贈る「営業部一同」など所属名を書き、贈った人の全員の名前を半紙に書いて中袋に入れる。

中袋の書き方

金額は、慶事は中袋の中央、弔事は裏側に書くことが多い。数字は大字「壱、弐、参、伍……」が正式（一、二、三の漢数字の改ざんを防ぐため）。しかし、「一、二、三、五……」、「萬」は「万」、「圓」は「円」でもかまわない。慶事は金額を中袋の中央に縦書きし、裏面の左側に住所と氏名を。

弔事は先方が香典整理をするとき一目でわかるように、住所・氏名と共に裏側に金額を書くことが多い。その場合、右側にやや小さく書く。

祝儀袋の書き方

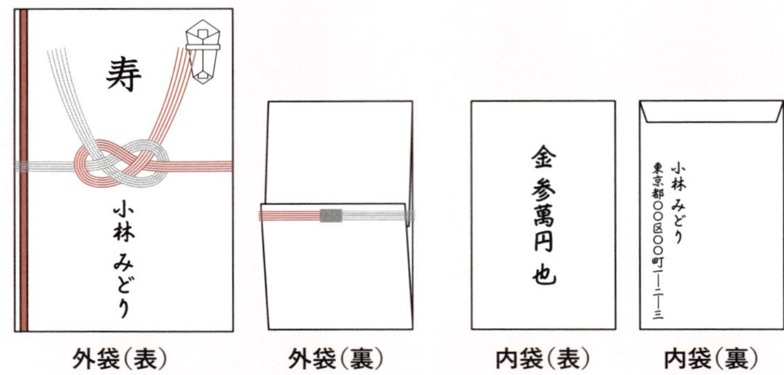

不祝儀袋の書き方

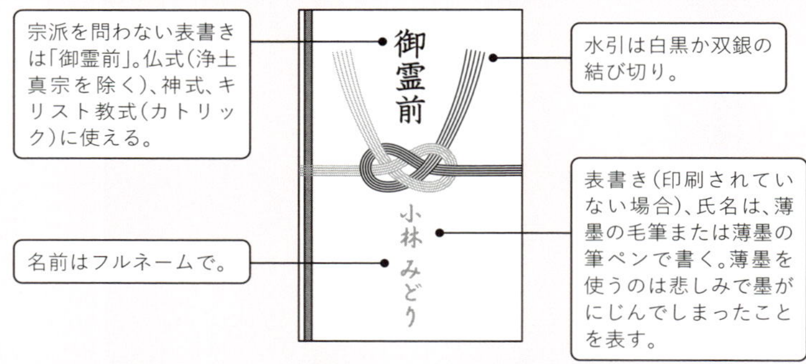

連名の場合

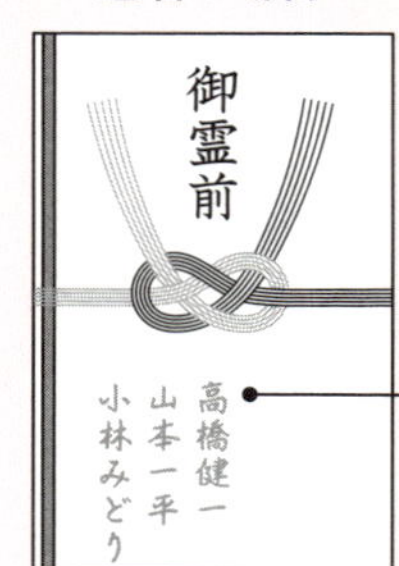

3名までなら中央から左へ目上順に氏名を並べて書く。または、中央に揃えて書いてもよい。その場合も右から目上順に書く。

仕事関係者

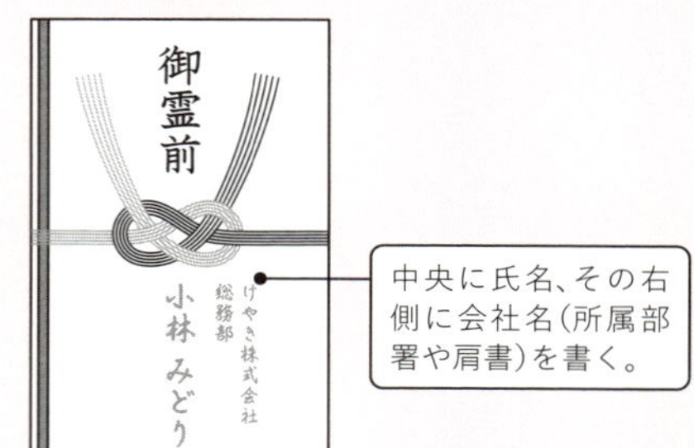

中袋を外袋（上包み）で包む折り方に注意！

祝儀袋の裏の折り返しは、「慶びを受け留める」「上に向かう」の意味で下側の折り目を上に。不祝儀袋の裏の折り返しは、「悲しみを流す」という意味で上側をかぶせて下向きに。

□ **外袋（上包み）のたたみ方**

慶事（御祝儀袋）　**弔事（不祝儀袋）**

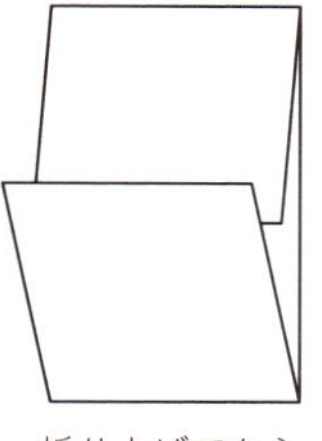

折り上げてから
水引を掛ける

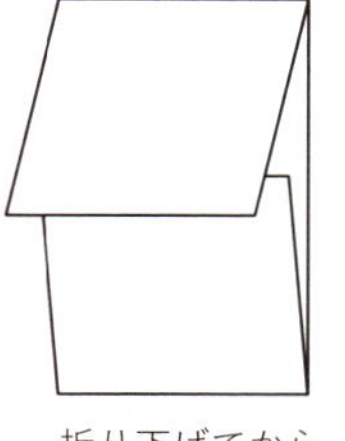

折り下げてから
水引を掛ける

袱紗（ふくさ）の包み方

祝儀袋・不祝儀袋共に、袱紗に包んで持参する。慶事用、弔事用、慶弔両用のものもある。また、簡易的な「挟み袱紗」も。なければ、小さなふろしきでもかまわない。そのままバッグに入れたり、スーツのポケットに入れないように。慶事・弔事では包み方が逆なので注意。

祝儀袋（慶事）
袱紗を広げ、中央（やや左）に祝儀袋を置き、「左→上→下」最後に右側を折り込む。

不祝儀袋（弔事）
袱紗を広げ、中央（やや右）に不祝儀袋を置き、「右→下→上」の順に折り、最後に左側を右にかぶせて包む。

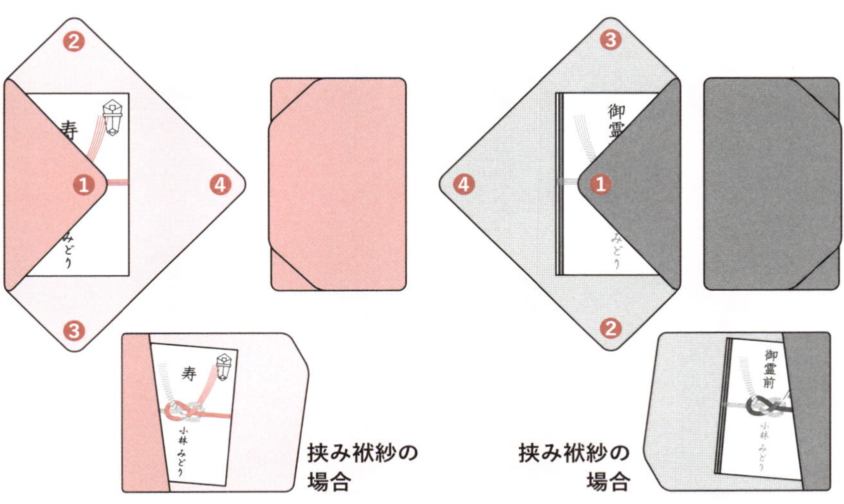

取引先との食事も仕事と心得る

接待・会食・食事のマナー

接待や食事で良好な人間関係を築く

接待は、社会人になって初めて経験することの一つかもしれません。新人のうちは接待を任されることはありませんが、上司のお供をするところからその学びは始まっています。随行でも、接待する側の人間です。会社の名前で接待することを忘れずに、接待される側をおもてなしする心得と術を身につけましょう。**接待やさまざまな場面の会食、社内での打ち上げも仕事です。**仕事をスムーズにし、良好な人間関係を築くことは必ず仕事に返ってきます。

また、接待や会食はもちろん、祝賀会や披露宴などに出席すると必ず食事やお酒が伴います。**どんなに仕事ができて信頼のおける人物でも、お酒の席での振る舞いや食事のマナーを身につけていないと、品性が問われます。**恥ずかしくない大人としてのマナーを身につけましょう。

接待と会食の違い

接待	ビジネスシーンにおいて取引先の相手をもてなすときに使われる言葉。会社を代表して行うものが接待と言える。
会食	ビジネスシーンに限ったことではなく、友人同士や家族間、親戚同士など幅広い関係性のなかで使われる。ある一つの目的を果たすために何人かが集まって食事をすること。

接待における両者の関係性は、イーブン（同等の関係）とは言えない部分がありますが、会食の関係はほとんどイーブンです。

取引先の接待や会食をする機会は、ビジネスに直結していることを意識し、細やかな心配りが必要です。ビジネスにおいて、「社会常識の範囲内であれば、接待は認められている」と感じている人がいる一方、接待を全面的に禁止する企業も増えているようです。しかし、**食や会話を通じて取引先との良好な関係を築き、仕事を円滑に進めていく重要性に変わりはありません。**会社の方針に従いながら、対応しましょう。

仕事が一区切りついたときや、プロジェクトの成功などでする打ち上げは会食の部類で、関係者が集まって慰労し合うものですが、これも仕事の延長です。関係性をよくすることは、スムーズに仕事を進めるうえで重要です。

会話がご馳走

上司と一緒に接待をするとき、まだ新人でも黙っていては失礼。しかし、一方的に話し続けたり、出しゃばった態度などは厳禁。

周囲への目配り、気配り

退屈そうにしている人がいたら、席が移動できる場合は声をかけたり、状況を見て会話に引き込むなどするとよい。共通する話題で全員が楽しめることがポイント。

取引先や上司を立てる

相手がリラックスして、気持ちよく時間を過ごしてもらうために心を尽くすことが接待、会食の基本。取引先や上司を立てた言動に努める。

これはNG

- 「勤務時間外だから」「お酒が飲めないから」「お酒の席は苦手」などの理由をつけていつも不参加
- 接待を受ける側だからと、偉そうな態度
- 社外秘など機密事項を漏らす

接待をするとき、受けるときの心構え

接待をするとき

①店と打ち合わせ

料理や接客レベルなどをポイントに選定し、事前に候補のお店で食事をしておくと安心。当日は準備に落ち度がないか、料理や席の確認をする。店舗との連携がカギとなるため、お店任せではなく打ち合わせをしっかりしておく。

②お出迎え

接待する側が当日遅刻するのは厳禁。約束の時刻より早く着いて準備。少なくとも一人は、店の入口でお出迎えする。

③宴会開始

主催者側の挨拶、お客様の紹介などを経て乾杯、食事。

④会計を済ませる

取引先に金額がわからないように、さりげなく支払いを済ませるのがスマート。終了時刻が近づいてきたら、場の雰囲気を壊さないようそっと席を立ち会計を済ませる。会社名で領収書をもらうことも忘れずに。予約の段階で、請求書払いにするか決めておくとよい。

⑤お開き、お見送り

必要に応じてタクシーの手配なども。終了時刻になったら、主催者側の挨拶でお開きに。一足早くお店の外に出てお客様を待ち、(車が)見えなくなるまでお見送りする。

接待を受けるとき

①店に到着

遅刻は厳禁だが、早すぎる到着も相手に迷惑がかかる。開始の5分くらい前をめどに到着するとよい。

②宴会開始

全員が揃い、主賓として紹介された上司が「このような席を設けていただき、ありがとうございます」などお礼を述べたら、一緒に頭を下げて感謝の気持ちを表す。

接待される側でも、常に主催者側や上司を立て、一歩下がった控えめな態度も必要。お酒の席では、飲みすぎたり、仕事の不平不満を口にするのは厳禁。

③御礼のご挨拶

翌日は、朝一番に御礼のメールを送り(または電話をし)、感謝の気持ちを伝える。

酒席のマナー

仕事関係者との酒席は、あくまでも仕事の延長です。フランクな場とはいえ、その後の関係を継続するためにマナーが求められます。社会人としての節度と品位を保つためにも、お酒に飲まれるなど、**度を超えた飲み方は厳禁です。**お酒に強い、弱いは個人差がありますが、日頃から自分の度合いを知っておくことも必要です。

ビジネスでのお酒の席は、**コミュニケーションの場であり、仕事のプラスになることもあります。**勤務時間外なので、必ずすべての誘いに応じる必要はありません。しかし、プライベートな時間を大事にしたい、お酒は飲めない、アフター5までも会社の人と過ごしたくないなどを理由に、一概に断るのはもったいないことです。

目下の人がお酌をするのがマナー

さりげなく周囲の人のグラスに目を配り、空になりそうな人がいたらお酌をすることで、コミュニケーションのきっかけにもなる。逆にお酌をされた場合は、恐縮した態度で気持ちよく受ける。

空腹で飲酒はNG。お酒に飲まれない

特に接待の場では、悪酔いして相手よりも先に酔いつぶれるなどはもってのほか。

自分たちだけで盛り上がらない

店内の他の客に迷惑がかかるほどの大騒ぎは禁物。予約の段階で店側に会社名を告げている場合は、イメージダウンに。

かたちだけでも乾杯する

お酒が飲めない人、お酒に弱い人は、乾杯のときだけでもグラスに口をつけ、あとはソフトドリンクなどにするとよい（車の場合は最初からウーロン茶などの断りを入れる）。飲めないのに無理をして飲む必要はないが、会話や雰囲気に合わせて楽しく盛り上がることは大切。

無理に飲ませたり絡むのは厳禁

その時は覚えていなくても、酒癖が悪いなどの噂はすぐに広まるもの。

無礼講は社交辞令

無礼講とは、あくまでも社交辞令です。気を使いすぎるのは相手も疲れてしまいますが、度がすぎる無礼講は相手やまわりのヒンシュクを買ってしまいます。

スマートなお酒の受け方・つぎ方

受け方：両手でグラスを持ち、相手がつぎやすい位置に差し出す。最初はグラスを傾け、徐々に起こしていくと泡が立ちすぎずこぼれる心配もない。お酌を受けたら、グラスを置く前に一度口をつけるのがマナー。

つぎ方：瓶のラベルを上にし、右手で上から持ち、左手で支えてつぐ。はじめは勢いよく、ほどよく泡が立ったらゆっくりつぐ。ビールと泡が7：3が理想的。

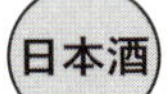

受け方：杯の縁を右手で持ち、左手を杯の底に軽く添えて受ける。

つぎ方：徳利は右手で中央を持ち、左手で首の下を支えて杯から少し離してつぐ。杯の7、8分目が目安。つぎ終わりに少し回して起こすと滴がこぼれにくい。

ワイン

受け方：グラスは手に持たず、テーブルの上に置いたままついでもらう。グラスの台に軽く指先を添えてもよい。フォーマルなお店では店員に任せるのが正式だが、カジュアルなお店では客同士でつぎ合うのも一般化している。

つぎ方：ラベルを上にして片手で底を包むようにして持ち、グラスに触れないようにして3分の1くらいまでつぐ。ボトルを回して滴を切るとスマート。片手で安定しないときは両手でもOK。

食事の基本マナー

食事のマナーは、ビジネスの場に限らず身につけておくべきものです。同席する人に不快な思いをさせないことが基本です。

マナーと一言に言っても、テーブルマナーや和食、中華の食べ方だけではありません。その前に、**クチャクチャと咀嚼音を立てて食べない、食べ物が口に残っている状態で話さないなど、食事相手や周囲の人に対する基本的なマナーがあってこそです。**

美しく振る舞うには、まずは姿勢

食事を美しい振る舞いで頂くには、まずは背筋を伸ばし、姿勢よく座ることが基本。背もたれに寄りかかる、テーブルに肘をつく、足を組むなど横柄な態度は慎む。

スマホ・携帯電話は電源オフかマナーモード。テーブルの上に置かない

電話をかけなければならないときは、料理が出てくる前のタイミングを見計らって「申し訳ありません」と一言断り、お店の外やロビーなどで話す。急に仕事の連絡が入り、どうしても取らなければならない場合も一緒。周囲への迷惑を考え、店内の席で話し始めることがないように心がける。

また、SNSに投稿するため料理の写真を撮ることも見慣れた風景になったが、料理が温かい、冷たいなど一番いい状態で運ばれてくることを考えると、撮影に時間をかけていては店側にも失礼。スマホをテーブルの上に置いたままで食事をすることは、サービスの邪魔になったり、会話の妨げになる場合もあるため避ける。SNSへの投稿でサービス特典など、投稿を事前に了承している場合もあれば、そうではない場合もある。お店や同席者に了承を得るなどの配慮が必要。

まわりとペースを合わせる

飲食は、食事相手にスピードを合わせるのが基本。料理が来る順番にもよるが、自分だけがどんどん食べ終わると、同席者を急かすことに。会話を楽しみながらも、気を配る。

立食パーティーの食事のマナー

立食形式のパーティーは、ビジネスでもよくあるスタイルです。立食ならではの食事のマナーがあるので、押さえておきましょう。

- テーブルには、オードブル→冷たい料理→温かい料理という順に並んでいる。そのとおりに進んでいくのが基本だが、苦手なものは取る必要はない。また、温かい料理と冷たい料理を一緒にしない
- 皿の上に大量に盛り付けていくのはスマートさに欠ける。皿に盛るのは3品まで。4品以上取ると味が混ざり、見栄えも美しくない
- 食べきれる量を少しずつ取る。盛り付けたのに残すのはマナー違反
- 料理の前で長い間立ち止まり、後ろの人の迷惑にならないように、料理を取ったらすぐに下がる
- 人と話すときは、皿は近くのテーブルに置き、グラスは持ったままでOK
- お皿とグラス、フォークを片手にまとめて持つのが本来のマナー。ワイングラスはお皿の縁にのせ、親指と人差し指でグラスの脚を挟み、他の指でお皿の裏側を支える。しかし、不慣れで不安定になるより、無理をせずに両手で運び、会話中はお皿をテーブルに置き、グラスだけ持つとよい

- 空いた皿はサイドテーブルや使用済みの皿置場に。次に料理を取るときは新しい皿を使う
- 壁際に置かれた椅子は立ち疲れた人のため。座り込んで食事をするのはマナー違反
- 仕事関連のパーティーでは、空腹を満たす目的は避け、食事と共に多くの人と会話を楽しむ

和食のマナー

和食の料亭も、接待などで使われます。馴染みのある箸で食べられますが、和食の世界は奥が深いもの。和食のマナーを知らずに普段の食事と同じ感覚で食べていたら、恥ずかしい思いをするかもしれません。ユネスコの無形文化財にも登録されている「和食」。社会人として、和食の食べ方もしっかりとマスターし、自信を持って食事をしましょう。

日本料理で一般的に提供されるのは、お酒を楽しむ会席料理。全品を一度に配膳する形式と、洋食のフルコースのように献立に従って一品ずつ運ぶ形式があります。前者の場合は、全品をまんべんなく食べていきます。また、右側にある器は右手で、左側にある器は左手で取ること。そうでなければ膳の上を腕が越え、袖が料理に触れる恐れがあります。これは「袖越し」と呼ばれ、NG。

会席料理のコース

会席料理はお酒を楽しむためのコース料理であり、ご飯が出るまではお酒と共に食すのが一般的。

一般的な流れ

先付（前菜）・食前酒 ➡ 椀物（吸い物）➡ お造り（刺身）
➡ 煮物 ➡ 焼き物 ➡ 揚げ物 ➡ 蒸し物 ➡ 酢の物
➡ 止め椀（味噌汁）・ご飯・香の物（漬物）
➡ 水菓子（果物）・菓子・お茶

箸遣いや食べ方を
しっかりマスターしましょう。

□ 箸の使い方――一目置かれる美しい箸遣い――

和食マナーのポイントは箸遣い。使い方次第で、上品にも下品にもなるものです。箸の持ち方一つで悪い印象を持たれる場合もありますし、また、たくさんのタブーがあります。普段から美しい箸遣いを意識しましょう。

正しい持ち方

親指、人差し指、中指で上の箸を軽く持ち、薬指を添える。

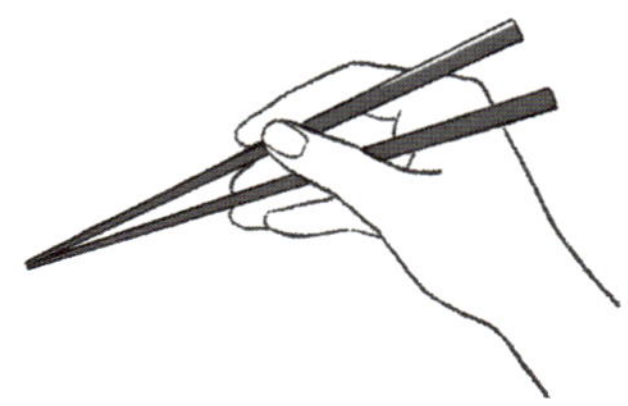

箸の持ち上げ方

①右手（利き手）の人差し指と中指、親指で箸の中央あたりを上から取り上げる
②左手を箸の下に添える
③右手は箸の上をゆっくり右へ滑らせる
④右手を上から下に滑らせ、左手を離して正しい持ち方をする

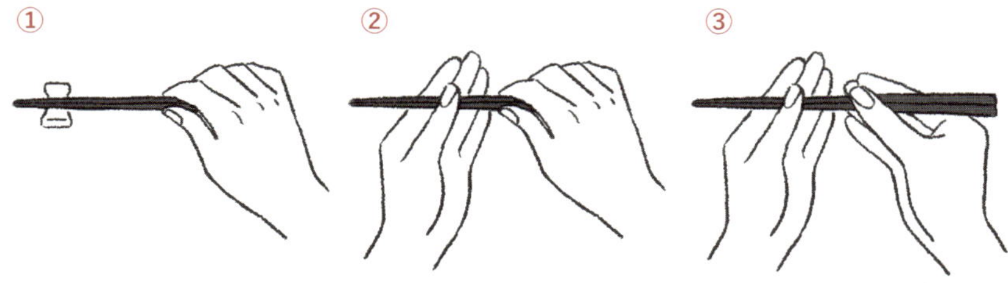

check

割り箸の扱い方

真横に割ると、隣の人にぶつかる可能性があるので、上下に扇を描くように割ります。膝の上で箸袋から引き出して割るのが正式なマナーです。箸置きがない場合は、箸袋を折って箸置きをつくります。

食後は、使用済みの箸だとわかるように、箸袋に戻して3分の1ほど下側を折り返すか、箸先を結び目の中に入れるといいでしょう。

器を手にしながら箸を持つ方法（右利きの場合）

①両手で器を持ち上げ、左手で底を支えて持ち、右手を離す
②箸は、右手の親指、人差し指、中指で取り上げる
③左手の薬指と小指の間に箸を挟み、右手で箸を正しく持ち替えて、左手から箸を離す

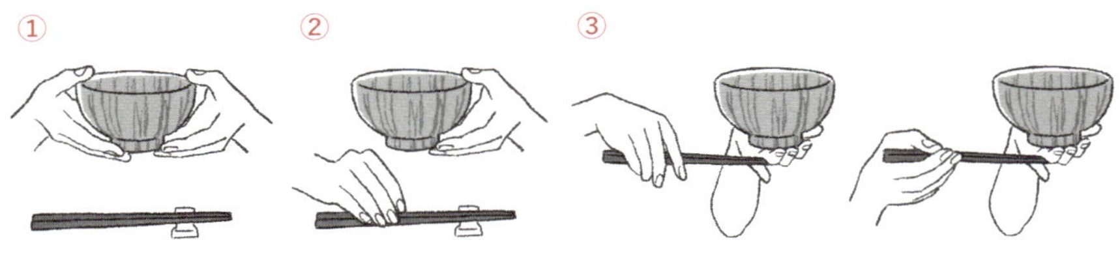

箸の下ろし方

①箸の中央あたりを、下から左手で持つ。右手で上から持ち直して、箸置きへと下ろす
②箸置きへ置く際は、箸置きから箸先が2センチほどはみ出すように置く。口に触れた箸先が、箸置きに触れないようにするため

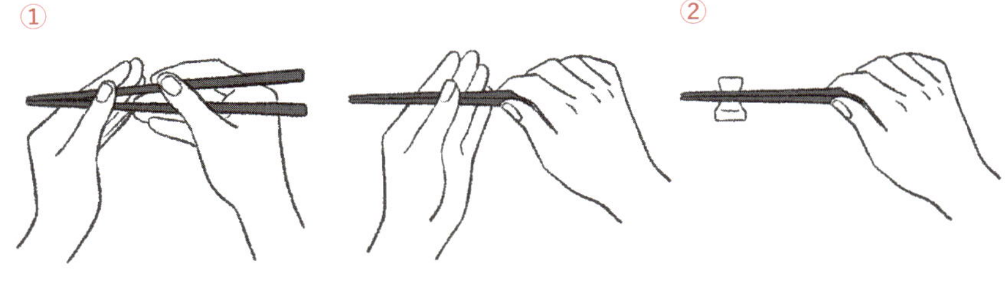

これはNG

嫌い箸――不作法とされる箸の使い方――

- 洗い箸　汁物などで箸を洗う
- 移り箸　一度取った料理を器へ戻して、他の料理を取る
- 拝み箸　両手で箸を挟み、拝むようにする
- 搔き箸　器に口をつけて、箸で料理を搔き込む
- 嚙み箸　箸先を嚙む
- 逆さ箸　大皿料理などを取る際に、箸を上下逆に用いる
- 刺し箸　煮物などの料理を突き刺して食べる
- 直箸（じかばし）　「取り箸」を使わずに、大皿から自分の箸で料理を取る
- 揃え箸　口や器を使って、箸先を揃える
- ちぎり箸　箸を1本ずつ手に持って、料理を切る
- 涙箸　箸で取った料理から汁を垂らしながら口へ運ぶ
- ねぶり箸　箸先を舐めたり、箸についた料理を舐め取る
- 箸渡し（合わせ箸、拾い箸、移し箸）　箸から箸へ料理を受け渡す
- 仏箸（立て箸）　箸をご飯に突き立てる
- 持ち箸　箸を持ったままの手で別の器を持つ
- 迷い箸　「どれを食べようか」と箸をあちこち動かす
- 寄せ箸　箸で器を引き寄せたり、動かしたりする
- 渡し箸　箸置きを使わず、器の上に箸を渡して置く

拝み箸

渡し箸

□ 和食のスマートな食べ方

椀や飯椀、小皿は手に持って食べる

- 小ぶりな器は手に持って食べるのがマナー
- 手に持つ頻度が高い器ほど手前に置いてある
- 持つ場合は、器と箸を片手で同時に持つのはマナー違反。いったん箸を箸置きに置いて、器は両手で扱う
- 中皿以上の器、奥にある平皿や大皿は持ち上げずに置いたまま食べる

ふた付き椀の扱い方

①左手を椀に添え、右手でふたを持って開ける。椀の上でふたの水滴を落とす
②右手で取ったふたに左手を添え、内側を上にして両手で右側に置く（ふたをふせて置くのはNG）
③食べるときは左手の親指を椀の縁にかけ、残りの指を椀の底に添える
④食べ終わったら、ふたをする。ふたの内側を上にするのはNG

尾頭付きの魚の食べ方

①尾びれ以外の外せるひれを箸で取り、皿の左奥にまとめる（懐紙で頭を押さえながら行うとよい）
②箸で背骨中心に頭側から尾びれに向かって切れ目を入れ、上半分を頭のほうからほぐしながら食べる
③上身の腹側（下半分）も同様に食べる
④背骨を尾びれ側から頭に向かって外し、皿の奥に置き、下身も同様に食べる（魚をひっくり返して食べるのはNG）
⑤懐紙は、外した頭や骨の上に置く
※懐紙とは文字どおり「懐（ふところ）に入れて携帯する紙」。着物がまだ一般的な普段着だった頃までは、常に懐に入れて持ち歩き、現代のティッシュペーパーやハンカチ、メモ用紙などさまざまな役目を持つ生活になくてはならない便利なものだった。

□ 和室の作法

- 座布団に座るときは、両手のこぶしをつきながら、少しずつ座布団ににじり寄ってから上がる
- 座布団をまたいだり、踏んだりしてはいけない
- 正座がベストだが、「どうぞ足を崩してください」と言われたら、「失礼します」と断って、女性はお客様や目上の人とは反対方向に足を崩す

- 事前に靴下に穴があいていないか確認を。素足はもちろんNG
- 正座ができる服装。女性はミニスカートなど膝が見える装いは避ける
- 敷居や畳の縁は踏まない

洋食のマナー

接待でもビジネスディナーでも、洋食の高級レストランはよく使われます。日常とは違った雰囲気が、特別なひとときを演出してくれます。しかし慣れていないと、戸惑う場面が少なくありません。特にナイフとフォークといった「カトラリー」は種類がたくさんあるため、予備知識ゼロでは上手に使いこなすのは難しいでしょう。料理を楽しむためにも、社会人として最低限、周囲を不快にさせないテーブルマナーを身につけましょう。

会話を楽しみながら
周囲に合わせたペースで

フルコースで、すべてのカトラリーがセットされている場合、基本的には**左右に並んでいるものは外側から、前方に並んでいるものは奥のほうから**使えばOKです。うっかりフォークやナイフを落としてしまっても、**自分で拾ってはいけません。**店のスタッフ（ウェイター）を呼び、新しいものをもらいましょう。

食事のときに**音を出すのはマナー違反です。**スープをズズッとすすったり、食器類を音を立てて使うのはNG。会話も周囲に迷惑にならない程度のトーンで。また、格式の高いフランス料理店などでは、料理のシェアはしてはいけません。

- 大きな荷物や、いくつか荷物がある場合は、他の人の迷惑にもなるので、お店かクロークに預かってもらう
- 小さめのバッグは椅子にかけたりテーブルの上に置かず、椅子の背もたれと腰の間に置く
- 携帯電話もテーブルの上に置くのはNG
- 座るときは椅子の左側から（洋室は右側が上位なので、立つときも座るときも左側から）。お店の人が椅子を引いたら、椅子の左側から椅子前に立って座り、立つときも左側から立つ。座るときに足を組んではいけない
- 香水のつけすぎはNG。料理の風味が損なわれるほか、ワインの香りが楽しめなくなり、まわりにも迷惑

□ フルコースの例

- フルコースとは料理に順番のあるコースメニューのこと
- 以下の順番で料理が1品ずつ出される

フランス料理 ＊格式の高いコース

① アミューズ（突き出し）
② オードブル（前菜）
③ スープ
④ パン
⑤ ポワゾン（魚料理）
⑥ ソルベ（口直し）
⑦ アントレ（肉料理）
⑧ サラダ
⑨ チーズ
⑩ アントルメ（甘いお菓子）
⑪ フルーツ
⑫ コーヒー&プティフール

※プティフールは一口大の大きさに仕上げたお菓子の総称。

イタリア料理

① アンティパスト（前菜）
② プリモ・ピアット
（主菜第一の皿　パスタ類）
③ セコンド・ピアット
（主菜第二の皿　肉・魚料理）
④ コントルノ（サラダや野菜料理）
⑤ フォルマッジ（チーズ）
⑥ ドルチェ（デザート）
⑦ カッフェ
（エスプレッソなど飲み物）

フルコースのテーブルセッティング（フランス料理）

ナイフとフォークは、出される順に外側から、オードブル（前菜）用、魚用、肉用の順に並んでいます。外側から順に使えばOK。

Ⓐバター皿
Ⓑ バターナイフ
Ⓒ パン皿
Ⓓ オードブルフォーク
Ⓔ 魚用フォーク
Ⓕ 肉用フォーク
Ⓖ オードブル皿
Ⓗ ナプキン
Ⓘ 肉用ナイフ
Ⓙ 魚用ナイフ
Ⓚ オードブルナイフ
Ⓛ スープスプーン
Ⓜ デザートスプーン
Ⓝ デザートナイフ
Ⓞ デザートフォーク
Ⓟ ゴブレット
（脚つき水用グラス）
Ⓠ 赤ワイングラス
Ⓡ 白ワイングラス
Ⓢ シェリーグラス
（食前酒用グラス）
Ⓣ シャンパングラス

□ ナプキンの使い方

- テーブル上にセッティングされたナプキンは、ウェイターと客を結ぶサイン
- 入店し座ってから、ナプキンを「取るタイミング」が重要。一般的にはそのテーブルの最上位の人が取ったら、他の人も取っていいとされる。接待の場合、取引先の役職の高い人が最上位
- 着席から起立しての乾杯が予定されているときは、乾杯するまではナプキンは取らない
- 注文が必要な場合は、注文後に膝に置く

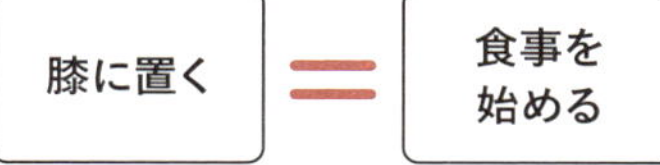

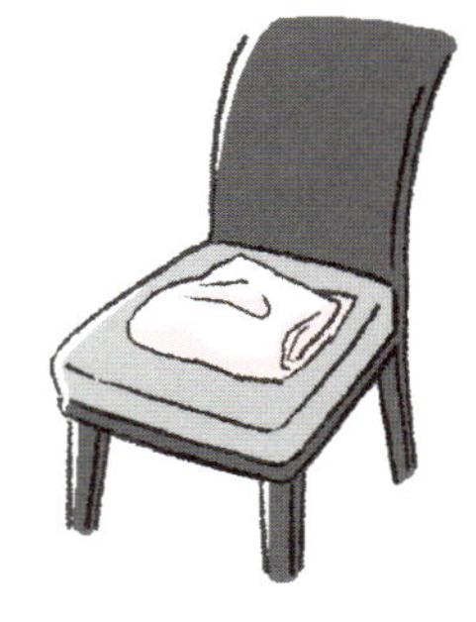

- 食事を始める際、テーブルにセットされているナプキンの折り目を自分側にして膝に置く。そのほうが口を拭きやすいため
- 口を拭くときは、汚れた部分が目立たないように二つ折りにした内側で拭く

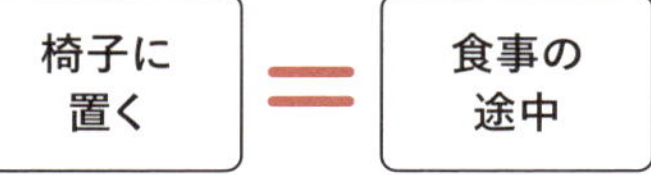

- 席を離れる際、椅子にナプキンを置く

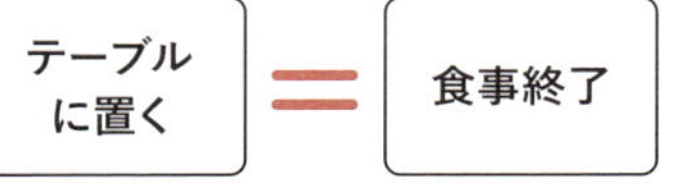

- 食事が終わったらナプキンを軽く無造作にたたみ、テーブル上に置いて立つ。中座との違いは、テーブルに置くこと
- ナプキンをきっちりときれいにたたまないことが「おいしかった」「満足した」というサイン

ナプキンのNGマナー

- 席についてすぐ広げる→ウェイターに「早く料理を出せ」というサイン
- 前掛けにする→食べ物をこぼす子供のようで、品性を問われる

□ ワイングラスのマナー

- ウェイターがワインを持ってきたら、ワインラベルを確認し、注文と間違いがなければついでもらう。ワインをついでもらうときは、グラスを持ち上げないこと
- 1杯目はウェイター、自分たちでつぐのは2杯目以降
- お店の人についでもらうのが正式だが、カジュアルなお店では客同士でつぎ合うことも一般化している
- グラスを持つ場所は、ステムと言われる脚の部分の中央よりやや下のあたりを、親指、中指、人指し指の3本で持ち、薬指と小指は軽く添える程度にする
- グラスに口紅がついてしまったら、指でサッと拭き、ナプキンで拭き取る
- ワイングラスは繊細なため、乾杯ではグラスは合わせず、目の高さに掲げてアイコンタクトで

料理とお酒

西洋料理には、肉には赤ワイン、魚には白ワインという基本があります。赤ワインはタンニンが豊富で、口内や胃の脂分をとりやすいから肉向き、白ワインは赤ワインほど濃厚ではないため、淡泊な魚向きといった理由からです。しかし、おいしく頂くためには、自分の好きなお酒を注文すればいいでしょう。

□ フォーク・ナイフのサイン

食事中  **まだ、お皿を下げないでください**

- 皿の上に「ハの字」（フォーク左、ナイフ右）に置くと、まだ食事の途中という意味
- ナイフの刃は内側に向け、フォークは裏返しておく

食事終了  **ごちそうさまでした**

- フォーク（左）とナイフ（右）を揃えて置く。ナイフの刃は内側にする
- 一般的にはフォークの盛り上がった背の部分を下にし、日本ではフランス式（4時の方向）に置くスタイルがよく見られる

□ 基本的な切り方、料理の取り方

- フォークとナイフを使って食べる料理は、左端から一口大に切って食べる
- 最初に料理を細かく切ってしまうことは、どの国でもタブー。肉汁が出て旨味が損なわれ、熱も逃げてしまう

イギリス式	フォークの盛り上がった背側を上に向けて、 そこに料理を乗せたり、先端に刺して口に運ぶ。
フランス式	料理を刺すときは、イギリス式と同じく背側を上に向けるが、 くぼんでいる腹側で料理をすくってもOK。
アメリカ式	料理を一口大に切ったら、右手にあるナイフをお皿に置き、 左手のフォークを右手に持ち替えて食べる。

□ スープは音を立てずに　スプーンの使い方

- スプーンの動きは「手前から奥にすくう」と「奥から手前にすくう」のどちらでもOK。前者はイギリス式で後者はフランス式。ただし、右から左、左から右へすくう動作はNG
- 音を立てずに頂くが、食べるような感覚だと音を立てずにすむ
- 残ったスープにパンをつけて食べてもかまわない。このときはパンを一口大にちぎってつける
- スープの量が少なくなってきたら、スープ皿の手前を浮かして、奥へと傾けてすくう。相手にお皿の裏側を見せない配慮
- コース料理でカップタイプの器でスープが出てくることはあまりないが、その場合は、残り少なくなったら最後は取っ手を持ち直接飲んでもかまわない
- 食べ終わりは、平皿の場合、スプーンは時計の4時の向きにお皿のなかに置くか、受け皿の手前か奥に。カップスープの場合は受け皿の手前か奥に置く

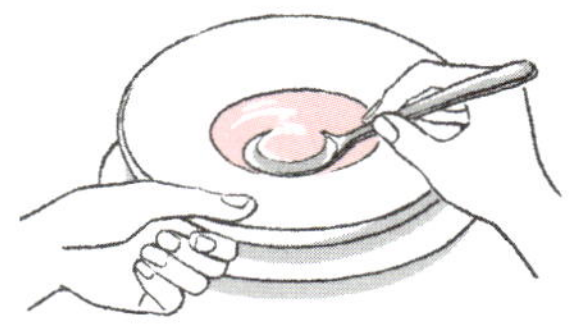

□ パンは一口大にちぎって食べる

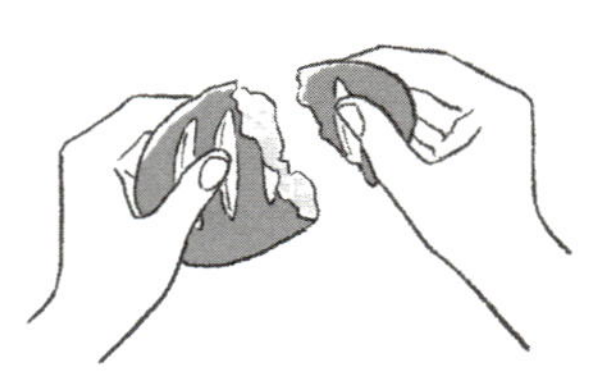

- パンは、パン皿の上で一口大にちぎって食べる
- バターを塗るときは、ちぎったパンを左手に持ち替える
- 共用のバターが出てきたら、自由に使用してかまわない。ただし、最上位の人から使用するのがマナー
- バターナイフで適量を取り、一度、自分のパン皿の上に置く。さらに、一口分のバターを取り、一口大にちぎったパンにつけて食べる。オリーブオイルにつけて食べる場合も同様
- バターナイフを使わず、パンに直接バターをつけるのは、とても恥ずかしい行為
- 自分で取ったパンは残さないこと
- パンくずはお店の人が片づけるので、そのままにしておく

こんなときは？

Q. 料理の食べ方がわからなかったら？

A. 恥ずかしがらずに、お店の人に食べ方を尋ねましょう。調味料の使い方も同様です。お店の人とのコミュニケーションも、テーブルマナーの一つです。また、実際に食事をして慣れること、場数を踏むことも必要です。マナー本を読んで知識を蓄えるだけでなく、レストランに足を運び、実際に食事をすることで身につけていきましょう。

Q. 食事中にフォークやナイフを床に落としてしまったら？

A. 自分で拾うのはNG。手を少しあげて、お店の人に合図をし、新しいカトラリーと取り替えてもらいましょう。同伴者は何事もなかったかのように振る舞うのが大人のマナーです。ナプキンを落としたり、料理をこぼしたときも、同じように対応してください。

□ コーヒーと紅茶の飲み方

- カップの柄の部分を持ち、ソーサー（皿）は持ち上げずテーブルに置いたまま飲む
- ソーサーの手前にスプーンが置かれていた場合、砂糖やミルクを入れて使った後は元には戻さず、カップの向こう側に置く（スプーンを使用しない場合も同じ）
- 取っ手についてはp198参照

こんなときは？

Q. お皿やグラスを割ってしまったら？

A. 小声で同席者に詫びを伝えて、お店の人に処理をお願いします。片づけはお店の人に任せます。手伝う必要はありません。ケガでもしてしまったら、さらにお店に迷惑をかけます。欧米はチップ制があるため、「お店の人の仕事を客が奪うことは失礼」といった認識があります。もちろん、片づけてもらったことへのお礼は伝えましょう。

Q. 料理を残して次の料理にいきたいときは？

A. カトラリーを食べ終わったときのサインにして置きます。お店の人が気づいて下げてくれるでしょう。

Good マナー

西洋料理の一流レストランなど静寂な店内で、ウェイターに声をかけるのはスマートとは言えません。用があるときは、アイコンタクトか胸のあたりで控えめに手をあげて合図を。

中国料理のマナー

中国料理は、ターンテーブルのついた円卓で食事をするのが一般的です。ターンテーブルを時計回りに回しながら、大皿料理を一人ずつ取ります。

他の人の分を取り分けるのはマナー違反
料理は主賓から取る

- 接待や目上の人が一緒だと、ついその人の分も取り分けてしまいがちだが、中国料理では自分で料理を取る。主賓から時計回りに、大皿料理に添えられた箸やスプーンを使い、一人ずつ取っていく
- よかれと思って、他の人の分を取り分けるのはかえってマナー違反
- 料理を取るときに立ち上がったり、身を乗り出したりすることもNG

ターンテーブルは時計回りに

- 主賓が料理を取った後、主賓の左側の人から順にターンテーブルをゆっくり回しながら料理を取っていく
- 料理を取る際は、全員に行き渡るように取る量を考える
- 料理を取った人がターンテーブルを時計回りに回す
- 回すときは、他の人が別の料理を取り分けていないか確認を
- 自分の番がきたら、右側の人に「ありがとうございます」とお礼し、左側の人に「お先に失礼します」と一言添えると丁寧

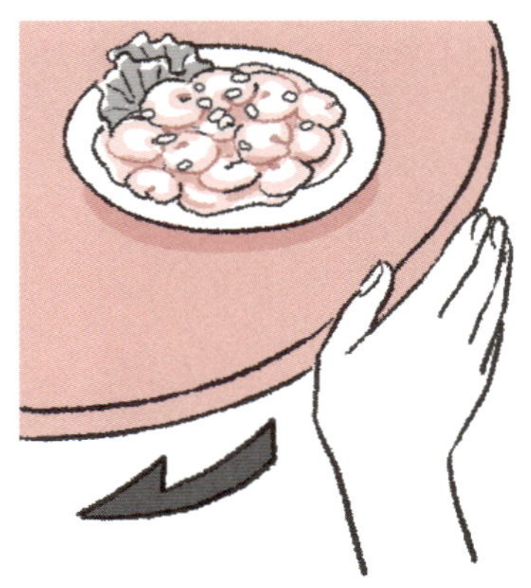

取り皿はテーブルに

- 取り皿は、味が混ざらないよう、料理ごとに替える
- ターンテーブルの上に、自分の取り皿やグラスを置いたり、使った皿を置いてはいけない

□ 中国料理の食べ方

- 中国料理では、箸とれんげ、湯飲み（グラス）、ごはん茶碗以外は手で持ち上げてはいけない
- 取り皿もテーブルの上に置いたまま食べる
- 箸は、縦にセッティングされているのが正式。その場合は、食事中は縦に、食事を終了したら横向きに置く

れんげの持ち方

- 正式な持ち方は、溝に人差し指を入れ、親指と中指ではさむというもの
- 用途は、スープはもちろん、麺類や小籠包を食べる際にも使う
- 口に運ぶときは、先端を口にあてて食べる

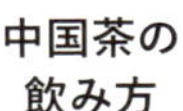

中国茶の飲み方

- ふた付きの中国茶を飲むときは、茶碗を受け皿ごと利き手と反対の手で持ち、利き手でふたを少しずらしながら飲む

column 「ドレスコードは誰のため？」

ドレスコードとは「服装のルール」「服装の格の指定」のことです。その場にふさわしい服装規定、基準、服装のマナーのことを言いますが、このドレスコードは本来、誰のためにあるのかを考えたことがあるでしょうか。

カジュアルなパーティーなどでは、「ファッションに赤を取り入れて」など指定される場合があるので、必ずしも正装がドレスコードというわけではありませんが、一般的には冠婚葬祭などのきちんとした服装を指す場合がほとんどです。

また、レストランで、短パンやノーネクタイを禁止するのもドレスコードの一種です。「店の都合だけで、お客様にドレスコードを押しつけてよいものか。服装はお客様の自由だ」と考える人もいるかもしれません。

華やかなパーティーやレストランは、日常とは別世界の華やいだ雰囲気で食事や会話を楽しみたいという目的があります。例えば、男性のお客様に「ネクタイの着用」をお願いしているレストランに、ノーネクタイでラフな服装のお客様が来たらどうでしょう。その人は間違いなく、「空気が読めない人」のレッテルを貼られ、その人自身は自分の恰好を気にしていなくても、全体への気配りができないマナーを知らない人と見られるでしょう。その場の雰囲気を壊してしまい、華やいだ雰囲気を楽しみたいと思っている周囲の人を不快にしてしまいます。そのようなことがないようにドレスコードは必要なのです。

ドレスコードは、お客様が快適にひとときを過ごしてもらうために必要なルールです。店側が品位を保つためではなく、「お客様」のため。結局はお客様である「自分」のためなのです。

ドレスアップした人々が集まるレストランであれば、お店側がドレスコードを指定しようがしまいが、自分のモラルで服装を考えることが大人の判断です。そこに集う全員がお互いに気遣うということ。これが本来のドレスコードの意味であり、目的であると考えます。

第  章

会社はチーム

コミュニケーションの重要性とモチベーションアップ

会社の一員として目的を共有して進もう

コミュニケーションの重要性

コミュニケーション力とは？

コミュニケーションというと、言葉による伝達方法と思われがちですが、表情や立ち居振る舞いなども重要な非言語コミュニケーション力です。コミュニケーションとは、**目に入るすべての要素を含めた伝達方法**と言っていいでしょう。

素敵な笑顔は、誰もが「感じがいい人」の条件にあげます。言葉は通じなくても笑顔は世界共通です。テキパキした立ち居振る舞いは見ていて気持ちがよく、清楚で控えめな身だしなみは癒しや安心感を。きちんとした言葉遣いや話し方には品位や信頼感を抱きます。その人から伝わってくる見えない何かをつかみ取るのもコミュニケーション力と言えるでしょう。

どんな仕事であっても他人との関わりなしに前へは進めません。人とのコミュニケーションが取れなければ、社会で自分の能力を生かすことはできないのです。自分らしいコミュニケーションスキルを身につければ、さらに実りある人間関係を育むことにつながるでしょう。

会社はチーム　チームは掛け算

会社は大きなチームです。いくつもある小さなチーム（部署）でまとまり、**同じ目的を目指して大きなチームをつくり上げます。**

例えば、同じ大きな目的に向かって、いきなり明日から10倍の成果を上げるのは正直難しいでしょう。しかし、20人のチームとして一人が1日に1できるようになると、「×20」で20倍の前進です。ところがそこに、努力しなくてもいいと思う「0」が一人いたら、19倍進んでいても、「0」を掛けるとすべてが0になってしまいます。「1×19＝19倍。19×0＝0」ということです。

少数精鋭のチームでも、一人ひとりが今より少しだけでも前へ進めば、それが5倍、10倍の成果となり、全員の力では100倍、1,000倍、1万倍になることも可能です。チーム○○（企業）の全員力、チーム力で顧客が増えれば、それは企業がそれぞれ目的にしている使命達成につながります。会社はチーム、チームは掛け算です。

ビジネス社会の人間関係　資格が仕事をするのではない

どんなに難関な資格を持っていても、各種スキルを身につけていても、どんなに有名な大学を出ていても、**人とのコミュニケーションが取れなければ仕事はできません。学んだ知識やせっかく取った資格を生かすことすらできないのです。**

資格取得を目指している人は、少し戸惑うかもしれません。少しでも就職に有利になるように、学生時代は資格取得に努力をした経験がある人は多いでしょう。社会に出てからも、社内での何かしらの試験に挑戦するなど努力を怠らない人もいます。

資格はいらない、資格なんて取っても無駄と言っているわけではありません。習得するスキルはもちろん、取得するまでの努力やプロセスがきっと自分自身を大きく成長させてくれるでしょう。学びの積み重ねが自信を生み、自己実現や自己肯定感につながります。

しかし、1度資格を取得したとしても、世の中の変化に対応しアップデートしながら、新しい知識を習得しなければなりません。さらに学びを重ねる先にキャリアアップが見えてきます。資格があってこその職業やスタートラインもありますが、その資格を生かすも無駄にするのも自分次第です。**資格**

が仕事をするのではありません。それらを生かし、人が人との関わりのなかで仕事をし、共に同じ方向を向いていかなければなりません。**仕事は一人でできるものではなく、また、一人でするものでもないのです。**

よい仕事はよい環境のなかで生まれます。環境とは、社内設備ではなく、人間同士の環境です。人間関係こそが、社会でのキャリアアップに大きく影響していきます。

単純接触効果と相互理解で心の距離を縮める

チーム力、全員力を高めるには、チーム内のコミュニケーションを密にすることが求められます。

単純接触効果で接触する回数が増えれば、**お互いにより好感を持ちやすくなり仕事上でも協力関係が築きやすくなります。**相手への好感や安心感を持つことが第一歩です。必ず毎朝挨拶をする人には親近感がわいてきます。

また、同僚同士の相互理解も重要ですが、上司と部下の関係にもそれは言えることです。しかし、部下が上司に「理解してくれるのが当たり前」と思ったり、理解することを強要するのは、逆に人間関係に悪く影響する場合も。相互理解は強要するものではなく、あくまでも**自発的に相手を理解しようという相手への思いやりです。**お互いに理解が進めば、人間関係のストレスも軽減されるでしょう。

check

単純接触効果とは？

アメリカの心理学者ロバート・ザイアンスが提唱したことから、「ザイアンスの法則」とも呼ばれている心理効果。何度も繰り返して接触することにより、好感度や評価などが高まっていくというもの。人間関係においては「熟知性の原則」と呼ばれ、会えば会うたびに、知れば知るほどに好意を持つといった心理効果を意味する。

例：テレビのCMで何度も目にすると、よい商品のように思えてくる。
　　営業担当者が顧客のもとに特に用事がなくても顔を出す。

「同じ絵」は「同じ目的」

自分が描いてほしい絵を相手にも同じように描いてもらうには、どうすればいいでしょう。「山」「木」「太陽」など、ただ単語だけを並べて、一方的に説明不足な投げかけで同じ絵を描いてもらうことは不可能です。また、描く側も何の質問もなく思い込みで描いても同じ絵にはなりません。これが、**コミュニケーション不足**ということです。お互いに同じ絵を描くためには、どんな山、どんな木を書くのかを説明し、相手の意向を聞き、相手の思いを想像して描いていきます。相手とのコミュニケーションなしでは描けません。「同じ絵」は、「同じ目的」です。

ビジネスの場面であれば、**「同じ絵を描く」ことは、「同じ仕事を一緒にすること」「同じ方向を向くこと」です。**会社単位、部署単位、プロジェクト単位、細々とした仕事一つも同じ目的、同じ絵を描くことです。形は違えども、誰もが山も木も太陽も描けるように、皆、さまざまな能力を持っています。パソコンのスキル、簿記やデザイン、いろいろな資格を持っています。しかし、その能力があっても同じ仕事を一緒にし、しかも成果を生み出すためには（同じ絵を描いていくには）話し合いや質問、いわゆるコミュニケーションが必要です。お客様の要望を形にすることも同じで、プライベートな関係も一緒です。個人個人の思いや意思は違うので、コミュニケーションを図ることで意思を統一し、同じ絵を描いていくことができるのです。仕事はもちろん、日頃からの小さなコミュニケーションの積み重ねが、大きな「人と人のつながり」をつくっていきます。

同じ目的を目指して
同じ方向を向くことが大切

同じ方向を向かなければいつまで
たってもゴールに辿り着かない

目的の共有

経営理念を落とし込む

その会社や組織が何を大切にし、どんなことを目指しているのかは経営理念に表現されています。経営活動を通じて信念や理想を実現するには、社員全員が経営理念や社是を自分のなかに落とし込む必要があります。

どの企業もホームページなどには掲げていますが、突然尋ねられて、社員一人ひとりが自分の言葉で言えるでしょうか。経営理念や今年度の目標、キャッチフレーズなどを目に見える場所に掲げたり、定期的な会議や毎日のミーティングで唱和する企業もあります。紙面上だけで把握するよりも、言葉を声に出して言い続けることは大きな効果があります。

価値観の違いからくるコミュニケーションの食い違いもなくなります。**共に同じ方向に進むためには、全員がこの軸を共有しなければなりません。**

目的を明確に！　ベクトルを合わせる

経営理念を基に、企業の仕事は多くが分業化され、各部署が連携を取ってその目的達成を目指しています。自分の仕事、自分の部署内だけでなく、会社全体の各部署の役割、仕事の流れを知ることは、自分の仕事にもいい影響をもたらします。その仕事が何につながり、最終的に社会にどんな影響を与えるのかを意識して仕事をすることでモチベーションもアップします。最終ゴールの目的を共有していれば、途中でトラブルが起こっても迷いなく修正できます。目的を共有していないと、進む方向がバラバラで目的はいつまでも達成されません。**一人ひとりの仕事は違っても、全員の力が同じ方向に集結したとき、何倍もの力となって成果を生み出します。**ベクトルを合わせることが大切です。

現場の声

事務職員たちがテレホンアポイントの仕事を請け負うことになった。皆で手分けをして配分や担当箇所も決めたのだが、一人が「仕事が忙しいから」と言い訳し、まったく取りかからず、その分を他の社員が負担するはめになってしまった。すると、「なぜあの人の分までしなくてはならないの？」と、怒った事務員がその仕事自体をボイコットする事態に。上司は言い訳をした社員に注意をするわけでもなく、社内の雰囲気が悪くなってしまった。

（事務職　30代）

2

社会にはさまざまな人がいる

良好な人間関係づくりのヒント

多様な人との人間関係をプラスに捉える

せっかく希望どおりの企業に入社しても、人間関係を心配したり、うまくいかず悩むケースもあります。気の合う仲間とだけ過ごせた学生時代とは違い、社会ではさまざまな価値観や考えを持っている人、年代や立場の違う人と仕事をすることになります。人間関係に悩んだり面倒だと考えるよりも、つき合える人の幅が広がり多種多様な人たちと知り合えることは、**自分の視野を広げるチャンス**だと、プラス思考で考えることが大切です。

多様な人間関係を良好にするポイント

①自分自身を知る

自分の長所・短所、強み・弱みなどを自己把握することは、人間関係をつくっていくうえで重要。自分でわかっていないこともあるかもしれない。家族や友人などに指摘してもらうなども必要。

②自分の立場をわきまえる

自分を客観的に見て、自分の置かれた状態を把握する。仕事を教わっている立場か、接客をしている立場か、今何をすべきで何を言うべきか、どのような態度がふさわしいのかを考え、自分の立場をわきまえる。

③感情のコントロール

社会人として感情のコントロールができるかどうかは非常に重要。その場の感情で行動したり、感情をすぐに表情に出して後悔しても取り返しがつかない。日頃から理性的に対処できるように心がける。

④挨拶はコミュニケーションの始まり

挨拶は相手の存在を認め、自分も相手に心を開いている意思表示。自分から気持ちのよい挨拶をすること。

⑤相手を尊重し、思いやる心

自分中心の考え方ではなく、常に相手や周囲の人の気持ちを察知し、場を読み、気配りができることが人間関係に影響する。相手を尊重し、思いやる心がマナーの土台。

⑥職場の規律を守り、積極的に取り組む

職場の決められたルールを守ることは当たり前。当たり前のことが当たり前にできたうえで、さらに仕事に対する姿勢が評価される。自分から進んで行動する積極性はまわりから認められ、その仕事ぶりは人間関係を築くうえでも影響する。

⑦お互いがチームの一員として共通の目標達成に尽くす

自分の仕事だけをしていればいいわけでなく、お互いが助け合い、協力する姿勢が大切。共通の目標に向かって協力し合うこと自体が、いい人間関係をつくっていく。

⑧「一緒に仕事がしたい人」を目指す

いくら仕事ができても、一緒に仕事がしたいと思ってもらえなければ、良好な人間関係は築けない。

上司・先輩とのつき合い方

上司や先輩の期待に応え、信頼を得ることは仕事を円滑に進め、よい人間関係をつくるためにも大切です。最も重要なのは、常に敬意を払い、謙虚な姿勢を心がけることです。キャリアや実績が上の相手に対しては当然のことですが、この姿勢ができていなければ、いかに仕事ができても、信頼を得るのは難しいでしょう。

また、仕事の悩みや仕事の進め方で疑問点があれば、必ず相談するといいでしょう。恥ずかしいことではなく、かえって上司や先輩との関係を深めることにつながるでしょう。

こんなときは?

Q. 昼休みに上司と飲食店に行ったとき、上司よりも高価なものを頼んでもいいでしょうか。

A. 上司に最初から「ご馳走するよ」と言われた場合は、上司の頼んだものと同じか、それよりも安いものを頼みましょう。もちろん、自分で支払うときには、好きなものを選んでも問題ありません。ただし、上司と食事に行くときは、上司が払ってくれる可能性も考えて、基本的に同程度のものを選ぶといいでしょう。

同僚・後輩とのつき合い方

社内で最も親近感を持てるのが同期入社の社員や同じ部署の同僚でしょう。そのため、言動が雑になってしまいがちですが、気軽に発言ができる仲間内であっても、ビジネスシーンのつき合いであることは意識しましょう。

後輩とのつき合いでも、礼儀正しく接します。先輩風を吹かせ傲慢な態度を取り、相手の都合も考えずに仕事を押しつけるなどは厳禁です。相談にのったり、モチベーションを高めるための言葉をかけるなど、社会人としての成長を見守りましょう。

社外での人間関係

ビジネスの世界は、社内の人とだけつき合うわけではありません。顧客がいて初めて会社は成り立っています。一つの仕事を完了させるのにも、取引先はじめ、さまざまな関係者のお世話になります。社外の人たちは、社員を通じて会社を評価します。それは直接、会社の利益に関わってくることです。

現場の声

自分が忙しくて大変なときでも、まわりの状況を見られる人が素敵だと思う。会社の先輩は、クレーム対応であちこちに連絡を取って対処している最中でも、私がしている作業の難しい部分を的確に指示してくれる。いつか、自分もこんなふうになりたいと思う。

（営業職　20代）

こんなときは？

Q. プライベートで会社の人を見かけたら、声をかけたほうがいいのでしょうか。

A. 相手と距離が近かったり、目が合ったら相手の目を見て会釈する「黙礼」を心がけましょう。そのときの相手の反応を見て、声をかけるべきか判断します。相手が上司で、向こうから声をかけてきたら、快く対応しましょう。

指導する立場になったら極めたい

心ある注意・忠告の仕方と褒め方
――指導する立場・指導される立場の心得――

後輩・部下指導　相手を思ってこその注意・忠告

社会人２年目以降は、新入社員を迎え、後輩に教える場面も増えるでしょう。部下を持つ人なら、日々の指導も業務の一環です。

対人関係のなかでも、人に注意・忠告をすることはなかなか難しいものです。ちょっと注意しただけなのに、会社に出てこなくなった、逆ギレされたなど予想外の反応にびっくりした話はいくらでもあります。

後輩・部下指導として、**相手を思ってこそのはずが、自尊心を傷つけてしまうことも。**どうせ言っても無駄、穏便に済ませたいなど、注意すること自体を避ける傾向も見られます。

しかし、一人前の組織人に育てるためには、できたら褒め、できなければ叱る、仕事ができるようになるまではその繰り返しです。素直に注意・忠告を受け入れてもらうためには次の五つの工夫が必要です。

①注意・忠告すべきことが事実かを確認する
②そのときにその場で、そのことだけを１対１の原則で
③人と比べる言い方はしない
④相手の話を十分聴く。言動の理由から改善策も見つかる
⑤注意、忠告をした後にフォローする

指導される立場の心得①　相手が注意・忠告しやすい態度

どんな人でも、注意を受けるといい気持ちはしません。社会に出て初めて厳しい口調で注意される経験をする人も少なくないでしょう。

先輩・上司の立場になっても、そのまた先輩、上司から注意、忠告を受ける場面は多々あるので、**聴く耳を持ち、相手が言いやすい態度が、人間関係を深めていきます。**

指導する立場になればわかりますが、**注意する側も気持ちよく注意しているわけではありません。むしろ、注意される人以上に苦痛を感じながらも、できればしたくないのが本音です。注意、忠告することは、パワーがいるものです。**

苦痛を感じながらもあえてするのは、やはりその人のためを思ってこそ。立場上、あるいは会社の方針で言わなければならないこともあります。**「その組織にいる以上、改めてもらわなければその人のためにならない」と考えてのうえ**だということを理解しなければなりません。

注意してもらえるのは、期待されている証拠です。何か問題行動をしても何も言われなくなったら終わりです。それを素直に受け入れることができるかどうかは、日頃からの人間関係にかかっています。

指導される立場の心得②　メンタルを強くする

新人のうちは、仕事でミスをして注意されたりすると、ひどく落ち込んで、ダメな人間だと自分を責めることもあるかもしれません。また、ほんの些細なことにダメ出しをされると、「こんなことまで言われるのか」と疑問を抱くこともあるでしょう。叱られたり注意を受けるのは誰もが嫌なものです。しかし、それには何かしらの理由があるはずです。

注意を受けたことで、悲しいつらい思いをした自分の感情だけに目を向け

ていては進歩はありません。「なぜ叱られたのか、どの点が悪かったのか」という点に目を向けましょう。**冷静に向き合い、防止するためにはどうすればいいのか、改善策を考えることが大切です。**仕事は楽しいことばかりではありません。目的を達成するにはつらい思いをすることもありますが、それを乗り越える心の強さが必要です。困難を乗り越えて目的を達成する喜びを重ねると、人として成長することができるでしょう。

□ 注意は人格否定ではない

注意や指摘は、人格を否定するものではありません。
実際に起こっていることを改善してほしいと注意しているのです。

例

事　実　売り上げの数字や取引先の**名前が間違っている。**

↓

原　因　数字や名前は必ず確認するもの。確認したのに間違っているのならば、**確認の仕方に問題がある。**

↓

改善対策　確認の仕方を考え直し、次回から同じ間違いがないようにする。

褒め上手・褒められ上手――心に響く褒め方と言葉選び――

子育てでも、「褒めて育てる」という言葉が当たり前のように言われていますが、褒めさえすれば真っすぐ育つかというと、そうはいきません。この言葉の裏には、「叱るときには叱り」という言葉が省略されています。

仕事でも、褒めさえすれば相手が喜び、仕事にも身が入るだろうと思うのは過信かもしれません。肝心なのは、**相手の心に響いているかどうか。**相手が褒められたと感じなければ、ただのたわいのない会話に過ぎません。心に届く褒め方を身につけたいものです。

人間関係を深めるためには、その人を受け入れることが必要になります。その人がどんな人物なのか、その人を丸ごと受け入れ、認めることが、褒めることにつながります。世の中には褒め上手な人と、褒めることが苦手な人がいますが、まずはその人を観察することです。「褒める」行為は、後輩・部下だけでなく、同僚同士のコミュニケーションにも生かせます。

□ 後輩・部下指導　叱るときは叱る。だからこそ、褒めて伸びる褒め方

❶ タイミングよく褒める

仕事を手伝ってもらったときや丁寧な仕事ぶりに感心したときなど、その場で褒める。

さすがに仕事が速いですね。

いつも丁寧な仕事をするから感心するよ。

❷ 漠然とではなく、具体的な事実を褒める

「いつも前向きに頑張っているね」などもうれしい言葉だが、漠然として伝わらないこともあるので、具体的な事実を取り上げて褒めると、この点が褒められたと相手にも伝わりやすい。

頼んでおいた〜だけど、〜な工夫をしたんだね。それは考えつかなかったな。

お願いしようと思っていたのよ。助かったわ。さすが○○さん。

❸ 手伝ってもらった仕事が成功したら、その功績を口外する

「あなたのおかげで、こんなにうまくいった」などと褒め、その功績は自分一人の手柄ではなく、手伝ってもらった人の功績であることを上司や同僚にも伝える。功績を一人占めしない姿勢は、結果、自分自身の評価にもつながる。

❹ 人が褒めていたことを伝えて褒める

直接褒められるのもうれしいことだが、人が褒めていたと回り回って言われるのもうれしいもの。上司や同僚などがその人のことを褒めていたら、そのことを伝え、自分も褒める。

○○部長が、あなたの電話の受け答えは素晴らしいと感心していましたよ。

私も見習いたいと思っているのよ。

5	**人を介して褒めてもらう**	その人のよい点を、上司や同僚、後輩などに話す。人の欠点をうわさするより、人を褒めることは全体のモチベーションアップにもなる。
6	**過去の本人と比べて褒める**	できるようになったことなどを、過去の本人と比べる。成長をしっかり見守っていることを示し、いつも見ていることも伝わる。 前はけっこう時間がかかっていたけれど、慣れるのが早くて効率がよくなりましたね。
7	**なるべく、多くの人の前で褒める**	叱るときは1対1の原則で人がいない場所を選ぶが、褒めるときはできるだけ多くの人の前で。

□ 目上の人を称える場合――上から目線の褒め言葉に注意!――

✕ 感心しました。 ➡

「感心した」は、「素晴らしい行為に対して相手を評価する」という意味合いがあることから、上から目線の表現になる。

〇 感動いたしました。
〇 感銘を受けました。
〇 敬服いたします。
〇 感服いたしました。
〇 尊敬します。

✕ ご助言参考になりました。 ➡

参考程度と見なされるため、上から目線の印象を与えかねない。

〇 ご助言、大変勉強になりました。

□ 目上に対してNGな褒め言葉

さすがですね。

うまいですね。

なかなかのものですね。

大した腕前ですね。

見直しました。

隅に置けませんね。

□ **褒められ上手になろう!**

✖そんなことないですよ。
✖私なんて全然ダメです。

謙遜しすぎると、せっかく褒めてくれた好意を台無しにしてしまう恐れも。素直に感謝の気持ちを表すことも、相手への心配りになる。

➡

◯ **ありがとうございます。励みになります。**
◯ **〇〇さんのご指導のおかげです。**
◯ **〇〇さんにそう言われると、やる気が出ます。**
◯ **〇〇様にお褒めいただき、光栄です。**

check

気遣いができる人は、気づくことができる人

褒めることは、その人に対して「本当に素晴らしい点を指摘して、喜んでもらいたい」「褒めることで、モチベーションをアップしてほしい」など気遣いの一つとも言えるでしょう。
その気遣いができる人は、相手のことをよく見て、気づくことができる人です。例えば、朝の挨拶を交わした瞬間に「今日は元気がないな」と気づいたら、「どこか体調でも悪いの?」と声をかけて気遣うことができますが、気づけなければ、気遣いはできません。気づければ、褒めるべきこと、褒めたいことを見つけることができるのです。

「〇〇〇が一番つらい」

コミュニケーションのポイントは、相手を受け入れ、認め、そして褒めることです。さらには、感謝して応援すること。人間関係を築くなかでは、同じ意見の人がいたり、まったく考え方が違う人がいます。自分の常識は他人の非常識の場合もあります。その違いを受け入れて相手の「〇〇〇」を認めることが大事です。さて、「〇〇〇」とは何を認めることでしょう。

それは、**「価値観」**です。

離婚の理由に「価値観の違い」など

とよく聞きますが、結婚と違って仕事は別れれば済むというものではありません。他人を受け入れて、価値観の違いを認めるところから次のステップに進めるのです。

自分が相手に対して不快に思うことや、相手の欠点は目立つので、すぐにそこに目が行ったり、気になるかもしれません。嫌なところや悪いところは、意識しなくても、感じたり見てしまうものです。

逆に、**よい点を見るには意識して探す努力が必要です。**同僚同士、上司から部下、先輩から後輩、人のよいところを見つけて素直に褒めることができる環境、雰囲気は、必ず仕事にも返ってくるでしょう。

さらに何事にも感謝の気持ちを忘れない心構えは、多くの成功者に共通することです。**応援し、応援されるようになることも大切です。**応援される社員がいる企業は、応援される企業になれるでしょう。社会から認められ、応援される企業になるためには、一人ひとりの社員が仕事関係者に好かれること、それには、コミュニケーション力がとても必要になるということです。

次はマザー・テレサの言葉です。

「すべての人が幸せになる。これを邪魔している最大の敵は、隣人への『○○○』である。愛の反対は『○○○』である」。

また、元プロ野球選手のイチローは、「他人から嫌われるのは怖くないですか?」と聞かれ、「その人たち、僕に対するエネルギー半端ないでしょう?　興味がないことが一番つらいですよ。僕にとっては、『○○○』が一番つらいんですよね」と話しています。

「○○○」には同じ言葉が入るのですが、皆さんはご存じでしょうか。

答えは「**無関心**」です。

人は関心を持ってもらうだけでうれしいと感じるものです。まずは個人個人のレベル、さらに社員同士で関心を持ち合い、相手を受け入れ、認め合うことから始めましょう。

他人を受け入れ、
価値観の違いを認めて
コミュニケーション力を
アップしよう!

会社と共に成長する自分になろう

モチベーションアップの重要性

「一人前」への道

仕事をする以上、その仕事のプロフェッショナル、エキスパートと呼ばれたいものです。その域に達するためには、まずは「一人前」というレベルを目指さなければなりません。

社会人として「一人前」と認められるためには、同じ会社で3年間働いたかどうかを見られることが多いようです。これには個人差もあるため、3年から5年かかると認識しておきましょう。**プロフェッショナルへの道のりは、「一人前」が最初の目標地点です。**

ある領域でエキスパートになるには10年かかるという説もありますが、10年経ちさえずれば誰もがその道のエキスパートになれるわけではありません。同じように3年から5年経っても、自然に一人前になれるわけでもないのです。

スポーツや音楽、芸術でも、基礎練習はつらく、あまり面白いとは言えないことも多いでしょう。しかし、**よく考えられたカリキュラムで練習を積めば、それが実力として身についていきます。仕事の場合の練習は、「仕事の仕方」です。基礎となる仕事の仕方を覚え、繰り返し実行することで上達していきます。**「すべきこと」は単調でつらく、退屈に感じられることも多いかもしれません。しかし、「すべきこと」で基礎力を養い、しっかりした土台をつくることが、プロフェッショナルになるには必要なのです。土台がしっかしていなければ、いくらスキルを積み重ねても、いつか崩れてしまいます。

「一人前」とは？

「全体の仕事をひととおりのことは一人でできる」
「問題解決に関する手順や方法をひととおり理解している」
という状態。

将来の自分を想像する――目的と目標――

一人前、プロフェッショナルへの道を歩むには、1年後、3年後、5年後、10年後など、将来のなりたい自分を想像することが大切です。目的とは「いつかこうなればいいな、運がよかったらこうなれるかもしれない」などといった漠然としたものではありません。

人生の大きな目的から、それを達成するために必要な仕事の目的を明確にします。「一人前になる」「プロフェッショナルになる」ことも大きな目的です。目的を山頂にたとえるなら、その山頂に旗を立てたとき、未来が動き出します。直線ではなく、曲がりくねっているかもしれませんが、山頂に行くにはいろいろな道があるのです。

目的（的（まと））を目指すために、そこに至る道標である目標があります。目標を達成するには、「何を、いつまでに、どんな方法で」と具体的に落とし込んでいきます。一つひとつの目標を達成しながら山頂に辿り着いたとき、そこに立った者にしか見えない景色が広がって、また次の山が見えてくるのでしょう。次の山に登るために、ロープウェイがあるわけではなく、また1度下山して大変な思いをするかもしれませんが、それは必要なこと。登ってみてこの山ではないと思えば、別の山に登ればいいのです。**他人と比べず、自分にとっての山頂の旗を見続けることが、自分に勝つことなのかもしれません。第三者があなたの人生を背負ってくれるわけではありません。あなたの人生は、あなたにしか背負えないのです。**

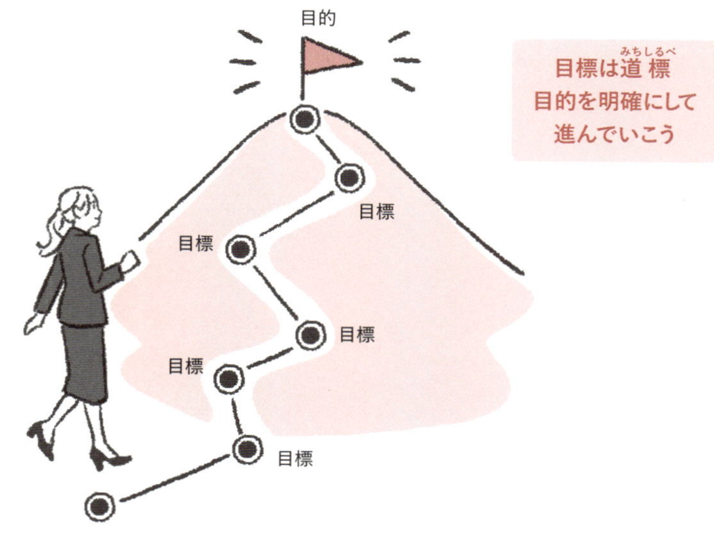

check

夢を叶えるには、「応援される人」になること

夢を叶えている人は、夢を叶えている人と交わり、自分の夢をまわりの人に伝えています。楽しくワクワクと言葉にして発するのです。すると、まわりの人が応援してくれます。情報の提供や、指導、助言をしてくれる人も出てきます。

つまり、夢を叶えたければ、「応援される人」になることです。そのためには人に好かれなければなりません。相手を受け入れ、認め、素晴らしいところを見つけて褒め、いつも感謝し、それを言葉にすることです。人から好かれるためには、コミュニケーション力が大事です。「応援される人」になれば、夢を叶える道も開けてきます。

ハンバーガーの法則――中間管理職の重要性――

ある中学校で、2年生に向けられた先生の言葉です。

「おいしいハンバーガーは中身であるハンバーグが決め手！　このハンバーグが今の君たち2年生の状態です。学校全体をハンバーガーにたとえるならば、2年生はハンバーガーの味を左右する具のハンバーグ。3年生と1年生に挟まれた2年生は、3年生をよく支え、1年生を導く存在。今はおいしいかどうかわからない。でも、1年かけておいしい中身になっていこう！」

学校全体の明るさや活気のある雰囲気は、この中身である2年生の雰囲気で決まるのでしょう。1年生のよい手本となり、3年生のサポート役にまわって、来年のリーダーシップの取り方をうかがう、先輩から学ぶ学年。学校のなかで大事なポジションです。

これは企業や組織にも同じことが言えます。よく聞かれる経営者の悩みに、「若手社員にガミガミ言う前に、管理職自身ができていないこともある」「中間管理職が、伝えたいことを部下に伝え切れていない」などがあります。逆に中間管理職からは「上からも下からもいろいろ言われてつらい」という声もあがります。確かに、組織上は上からも下からも挟まれた立場ですが、その中間層が元気がありやる気のある会社は、活気に満ちています。

やる気だけでなく、仕事のスキルを考えたうえでも、幹部を支え、若手社員を指導していく立場と考えると、中学2年生と一緒です。

それぞれの会社や組織で違いはありますが、中間管理職が「この会社の味を決めているのは自分たちだ！　ハンバーガーのハンバーグだ！」とまずは自覚することが大事でしょう。中堅社員は重要なポジションなのです。

さらに、そのハンバーグを挟んでいるバンズ（パン）も、ふんわりした食感で主役を引き立てることもあれば、時に主役にもなる、なくてはならない存在です。下でしっかり支えるパンと上からふんわり挟むパン。その絶妙なバランスは会社組織と一緒です。

人気の売れるハンバーガー（成功する企業）になるには、中身の中堅社員、中間管理職が決め手です。一日一日の経験が熟成のスパイスです。おいしい中身になりましょう。

チーム競技に学ぶ！　強い会社と弱い会社の違い

スポーツのチーム競技と会社や組織には似た点が多く見られます。

①弱いチームは、返事ができない。強いチームは、自信に満ちた返事ができる

弱い会社はたとえ返事をしても、他につられたり、自信がなく小声。しかし、強い会社は常に気を張り心の準備ができているので、瞬時に返事ができる。

②弱いチームは、挨拶ができない。強いチームは、気持ちのいい挨拶ができる

挨拶は先手必笑。笑顔で先にしたもの勝ち。

③弱いチームは、心配りができない。強いチームは、あらゆる心配りができる

言われてからしか動けないのか、それとも、機転が利き、言われる前に行動に移すことができるのか。

④弱いチームは、グラウンド・部屋や身の回りが汚い。強いチームは、机の回りや部屋がきれいに保たれている

整理整頓ができていない弱い会社に比べ、強い会社は自分のもの以外でも整頓する心がけがある。

⑤弱いチームは「いじめ」がある。強いチームは、先輩が後輩に対して、厳しく指摘することができる

先輩がただ威張り、後輩を恫喝する会社は勝てず、強く偉大な先輩は、後輩に真剣に接するため信頼され、尊敬される。

⑥弱いチームは「練習をやらされている」という意識。強いチームは、チームや個人の目的がはっきりしていて、「自ら練習をする」という意識

弱い会社は仕事をさせられている意識なので力もつかない。強い会社は自ら仕事をするため、どんどん力がついていく。

⑦弱いチームは、言い訳をする。強いチームは、言い訳を一切言わず、自分の反省点を謙虚に受けとめ、次に生かすことができる

弱い会社は取引先、お客様、上司、部下が悪いなどと言い訳をし、自分を正当化する。

⑧弱いチームは、選手（レギュラー）が偉そうな態度を取り、みんなの支えのおかげという感謝の気持ちがない。強いチームは、選手、補欠、応援の選手にかかわらず、自分がチームのためにできることを考えて行動し、いつも感謝している

デキる経営者、管理職ほど、腰が低く、部下に感謝の気持ちを伝えることができる。

⑨弱いチームは、リーダーが機能せず、号令部長となっている。強いチームは、キャプテンが司令塔になり、常にチーム全体を見て、士気を高める的確な指示を出す

的確な指示が出せると、会社の仕事は効率化し、加速度も増す。

⑩弱いチームは、生活にスキがある。強いチームは、スキがないため、最後の勝負のかかったところで全人格を賭けて戦ったときに勝つことができる

仕事のみ頑張ろうとすると、ここぞというときにもろく、崩れる可能性が。生活の基盤を整えることが大切。

縦糸と横糸の関係

歴史ある伝統の織物は、その緻密さに目を奪われます。縦と横の糸の「点と点の交差」により、立体的で深みのある「美」を生み出します。縦糸をしっかり張り、横糸の遊びがあって、生地の強さや柔軟性が生まれます。

組織も、この縦糸と横糸の関係に似ています。縦の糸はどんなことがあっても曲がることがない経営理念。社是やコンプライアンス。横の糸は、ハンドルの遊びのように柔軟な考え方や変化する職場環境など。その縦と横の糸が織りなす布がその組織の強みです。その強みが社会を包み込み、貢献していくのです。さらには、組織の中の一人ひとりの力も同じです。

また、縦糸と横糸の原則は、学校の学級運営のキーワードで使われることもあります。縦糸は、教師と生徒の関係。横糸は生徒同士の関係。縦糸と横糸がうまくつながっていれば、網の目のような人間関係が構築されます。教師が一人の生徒へ取るコミュニケーションが、その生徒とつながっている他の生徒にも伝わっていきます。それはまさに、企業の上司と部下、同僚とのつながりと一緒でしょう。

縦糸と横糸の関係が、組織や人間関係に似ているとはいえ、糸をピンと強く張り続けることは難しいこともあります。あなたは職場や人間関係でどんな布を織りますか？　どんな布を織るにしても、すぐに切れてしまう弱々しい糸ではなく、一人ひとりが、柔軟性を持った強くて丈夫な「太い糸」になりましょう。

こんなときは？

Q. 目標となる先輩や上司がいると、仕事の励みにもなります。しかし、ロールモデルや真似したいと思う人が身近にいない場合は、どうしたらいいのでしょう。

A. 目標とする人物が身近にいないなら、自分にとっての理想を自分でイメージしてみましょう。そして、目指すロールモデルに、自分自身がなってみてはどうでしょう。自分だったらこんな上司になりたい、こういう人がいたらいいなという理想像をまず決めて、そこに近づけるにはどうしたらいいかと考えてみます。具体的にどうすればいいのかを考えると、今すべきことが見えてきます。

Q. 苦手な人と仕事をしなければならないとき、やる気が出ません。

A. 「この人はどうしてこうなのかしら。苦手。嫌だわ」と思うことは、誰にでもあることでしょう。しかし、それは自分の常識のなかで合わないからそう思うのです。大好きな人ばかりに囲まれている生活はあり得ません。合わない人に囲まれている状況のほうが、学びが多くなります。自分では考えつかないことを言われて、いろいろな考え方を知ることで自分の人生もつくられていくのです。苦手な人から気づき、学べることはたくさんあります。「この人のおかげで、こんな考え方もあるとわかった。ありがとう」と思えるようになれればいいですね。

column　声は人なり　言葉は人格なり

系列キー局テレビ朝日のアナウンス部による本の中で出会い、いつも心に留めている言葉があります。少々長いのですが、引用してご紹介します。

「人に何か伝えようとするときの基本、それは、『簡潔』かつ『明瞭』であることだといわれていますが、それだけではなかなか人の心は動かせません。それでは、そこに何をプラスすればいいのでしょうか……。『声は人なり、言葉は人格なり』十人いれば十人の声と言葉があるはずですが、それをつくりだすのは、もちろん発声練習だけではありません。毎日の生活の中で、何を見て笑い、何を見て泣いているのか。何を学び、知り、考えているのか。そうしたすべてのことが自分の声と言葉をつくりだしているのです。ひとつの情報を伝えるにしても、その表現方法や言葉の組み合わせは無数といえます。一言一句違わない話をする場合（同じ原稿を読む場合）にしても、声のトーンや感情の入れ方を変えるだけで、聞く人に与える印象はまったく違ってくるものです。『人に何かを伝える』というのは、それだけで大変なことです。たかが会話と思う人もいるかもしれませんが、たった一回の会話で人生が変わることもあるのです。人との円滑なコミュニケーションや、ビジネスでの成功も毎日の会話を見直すことから生まれるのかもしれません」。(『アナウンサーの話し方教室』テレビ朝日アナウンス部著（角川oneテーマ21）より引用)

いかがでしょうか。毎日の暮らしの中で体験することを通し、どんなことを思い、それをどんな言葉で表現するのか、その積み重ねがその人の声と言葉、その人自身をつくり出しているのです。

人を救うことも出来れば、傷つける凶器にもなりうる言葉。その自分の声と言葉を一番近くで聞いているのは……、まぎれもなく自分自身です。言葉を選び出して、自分にもまわりの人にも使える人間になりたいものです。言葉遣いは、心遣い。心が言葉に表れ、口にしたその言葉は心を変えてくれるでしょう。さまざまな言葉、豊かな表現力を身につければ違う景色が見えてきます。その中から、自分の思いを伝えられる言葉を選び出して使えると、人生を彩ることにつながるのではないでしょうか。

column 「初心」ってどんな心？

「初心忘るべからず」という言葉は、誰もが聞いたことがあるでしょう。「物事を始めた頃の気持ち、初めの志や純粋な気持ちを忘れずに取り組め」というような意味で使うことが多いのではないでしょうか。

紐解いてみると、室町時代に能を大成させた世阿弥が、能役者が芸を極めるために必要なことを書いた伝書『花鏡（かきょう）』に残した言葉です。

「しかれば、当流に、万能一徳の一句あり。初心忘るべからず。この句、三箇条の口伝あり。是非の初心忘るべからず。時々の初心忘るべからず。老後の初心忘るべからず」

つまり、「初心」は三つあったのです。若い時の初心、人生のその時々の初心、そして老後の初心。「初心」とは、芸における「未熟さ」。未熟だったことを忘れてはいけないということです。

世阿弥は、「初心者の頃のみっともなさ」を折に触れて思い出すことで、あの頃には戻りたくないと思い、さらに精進できると説いています。上達して気が緩むときこそ思い出すべきで、若い頃の未熟さだけではなく、人生のどの段階においても人は未熟で、老後になっても変わらないと言っています。大人になったからこそ、また老後になったからこそ直面する壁や試練があり、その壁を乗り越えた経験が、その後の芸の向上に役立つというのです。

「初心忘るべからず」は、仕事や人生そのものに当てはまります。仕事も始めた頃はできないことばかりですが、だからこそ一生懸命成長しようと努力するでしょう。しかし、少しできるようになると、未熟だった頃を忘れて、あたかも最初からできたかのように振る舞いがちです。新入社員よりも、入社2、3年目と少し慣れてきた頃に初歩的ミスをしてしまう社員も多いものです。ベテランになっても、新たな壁に直面するときには、もがき苦しむ未熟者にすぎません。

「初心」とは「未熟さ」、そしてそれを忘れてしまう「未熟な心」ではないでしょうか。

参考文献

『秘書検定集中講義１級　改訂版』
『秘書検定集中講義準１級　改訂版』
『秘書検定集中講義２級　改訂版』
『秘書検定集中講義３級　改訂版』
『秘書検定２級パーフェクトマスター』
『ビジネス文書検定受験ガイド　改訂新版１・２級』
『ビジネス文書検定受験ガイド　改訂新版３級』
（すべて　公益財団法人実務技能検定協会編　早稲田教育出版）

著者略歴

田巻　華月（たまき　かつき）

M＊Fleur エムフルール代表　フリーアナウンサー・ビジネスマナー講師
UX 新潟テレビ 21 ニュース契約アナウンサー
敬和学園大学非常勤講師（ビジネスマナー講座、秘書検定対策等）
新潟医療福祉大学非常勤講師（日本語表現法）
女性の生き方を支援する魅力塾主宰

鹿児島市出身。白百合女子大学卒業後アナウンサーとして KKB 鹿児島放送に入社。報道・情報番組などジャンルを問わず活動後、出産を機に同社社長秘書に。社員採用試験・社員教育他さまざまな業務に携わる。21 年間の勤務を経て 2010 年に新潟市で独立。
秘書検定 1 級、サービス接遇検定 1 級、日本秘書クラブ HES 会員、秘書サービス接遇教育学会会員。公益財団法人実務技能検定協会秘書検定準 1 級・サービス接遇検定準 1 級面接試験実施担当者。
大学・専門学校・企業などで、ビジネスマナー・コミュニケーションスキル・話し方などをテーマに研修・講演活動。一般社団法人プロドラ育成サポートでマナー講師を務め全国各地で活動中。
著書に『「秘書力」で人生を変える！』（中央経済社）などがある。

メルマガ「『人間力』に磨きをかける！メールセミナー」
田巻華月ホームページ　https://www.tamakikatsuki.com/

ホームページ

Instagram

安心と自信を手に入れる！
改訂版　ビジネスマナー講座

2025 年 1 月 2 日　初版発行
2025 年 6 月 5 日　2 刷発行

著　者 ―― 田巻華月

発行者 ―― 中島豊彦

発行所 ―― 同文舘出版株式会社

東京都千代田区神田神保町 1-41　〒 101-0051
電話　営業 03（3294）1801　編集 03（3294）1802
振替 00100-8-42935
https://www.dobunkan.co.jp/

ISBN978-4-495-54177-4
印刷／製本：萩原印刷
Printed in Japan 2025